한국어
어휘 교육론

저자 강현화

한글파크

『한국어 어휘 교육론』은 한국어 교육을 전공하려는 연구자를 위하여 집필된 책이다. 이 책은 한국어 교육 전공자에게 필수적으로 요구되는 어휘 교육에 대한 기본 지식과 더불어 어휘 교육론의 각 쟁점마다 논의해야 할 주제들을 다루고자 했다. 구체적으로는 어휘 교육의 필요성과 목표, 어휘 교육의 원리와 방법과 아울러 의사소통능력의 계발을 위하여 실제 수업에서 어휘를 어떻게 가르쳐야 하는가를 차례로 기술하였다. 각각의 장에서 어휘 교육에 대한 일반적인 지식 외에도 필자가 생각하는 각 영역마다 고심해야 할 논제들을 다루고자 했다.

본서의 내용은 크게 1부 어휘 교육 개괄, 2부 항목별 어휘 교수 방안, 3부 어휘 교수의 실제로 구분하였다.

1부에서는 어휘 교수·학습의 필요성과 어휘 교육의 목표, 어휘 교육의 원리, 그리고 어휘 지식을 다루었다.

2부에서는 어휘 교육의 항목별로 교수의 쟁점과 방안을 다루었는데, 조어법 활용, 의미 관계 활용, 통합 관계 활용, 어휘군 활용의 순으로 어휘 항목의 교수 방안을 기술하였다. 이어 교육용 어휘 항목들을 어떻게 선정하고 배열할 것인가에 대해서도 살펴보았다. 또한 어휘 선정의 원리와 숙달도에 따른 어휘 선정의 방법을 기술하였다.

3부에서는 어휘 교수의 실제를 다루었는데, 어휘 제시의 방법과 기술, 교재에서의 어휘 학습, 말하기·듣기·읽기·쓰기 기능교육에서의 어휘 교육 방안, 화제별 어휘 교수 방안, 기능 및 과제별 어휘 교수 방안, 의미 범주에 따른 어휘 학습 방안도 함께 기술하였다. 또한 어휘 학습 전략과 어휘 과제 활동, 어휘 평가의 방법에 대해서도 살펴보았다. 마지막으로는 학습자 어휘의 보고인 사전의 활용에 대해서도 기술하였다.

　어휘 학습은 기본적으로 학습자의 몫이며 습득에 이르기까지 지속적인 기억과 재생을 요구하는 영역이기도 하여 효율적 교수 방안의 모색은 매우 어렵다. 어휘는 언어 학습에 있어 양적 규모로 볼 때, 학습자들이 많은 부담을 가지게 되는 영역이며 숙달도가 증가해도 지속적으로 학습해야 하는 영역이다. 어휘 학습이 언어 학습의 시작이자 끝이라고 불리는 이유이기도 하다. 언어 교육 연구에서 어휘 교육에 대한 관심과 비중은 점차 커지고 있으며, 특히 맥락 속에서의 어휘 사용에 대한 논의들이 많아지고 있다. 많은 연구자와 교수자들이 어휘 교수 학습의 의미를 다시금 인식하고 효율적인 어휘 교수 학습의 방안을 모색하는 데에, 본서가 작은 도움이 되기를 희망한다.

2021. 9

강현화

목 차

머리말 ··· 2

1부 어휘 교육 개괄

제1장 어휘 교육의 목표 ·· 9

제2장 어휘 지식 ·· 23

2부 항목별 어휘 교수 방안

제3장 조어 단위를 활용한 어휘 교수 ···························· 47

제4장 계열적 관계에 따른 어휘 교수 ····························· 73

제5장 통합 관계에 따른 어휘 교수 ······························· 99

제6장 어휘군별 어휘 교수 ·· 123

제7장 교육용 어휘 항목의 선정과 배열 ································· 147

3부 어휘 교수의 실제

제8장 어휘 제시와 교수 기술 ·· 173

제9장 어휘 학습과 교재 ·· 203

제10장 의사소통 기능과 어휘 교육 ······································ 227

제11장 어휘 교육과 과제 활동 ·· 253

제12장 어휘 평가 ·· 277

제13장 어휘 학습과 사전 ·· 303

참고문헌 ·· 324

1 부

어휘 교육 개괄

제1장   어휘 교육의 목표

제2장   어휘 지식

제 1 장

어휘 교육의 목표

① 어휘 교수 · 학습의 필요성

1.1 어휘 학습에의 요구

어휘 학습은 언어 습득의 시작이라고 알려져 있다. 모국어 습득에서도, 아이가 처음 언어를 배우기 시작할 때에 단어 단위로 시작한다. 외국어를 학습할 때에도 해당 언어의 음소를 간단히 학습한 후에는 단어를 학습하게 되는데, 이런 의미로 어휘 학습은 언어 학습의 출발이라고 볼 수 있다.

또한 어휘의 학습은 다른 영역 학습의 매개체가 된다. 발음의 연습이나 문장의 이해, 문법의 이해, 문화의 이해도 단어를 매개로 하여 이루어지기 때문이다. 그리하여 어휘는 어휘 교육이라는 자체 영역뿐만 아니라 문법 교수(덩어리 문형), 담화 교수(담화표지), 문화 교수(문화어휘, 관용구, 속담)에서도 주요 요소가 된다. 어휘는 때로 고정 구의 형태로 문법 항목이 되기도 하고 문화 이해에 키워드가 되며, 담화 맥락을 이해하는 데에 중요한 역할을 한다.

어휘력은 언어 능력의 발달에 매우 중요한 역할을 한다. 학습자들은 문법 지식이 다소 부족해도 어휘력이 풍부하면 의미를 이해하거나 의사소통의 흐름을 파악할 수 있어서, 언어 학습에서 어휘의 역할은 매우 크다. 또한 학습자의 어휘 학습은 표현 영역이나 이해 영역 모두에서 주요 역할을 하는데, 간단한 단어로 최소한의 의미를 표현하거나, 어휘 지식을 활용해 읽기나 듣기의 내용을 짐작하는 일이 가능하다. 또한 숙달도가 올라갈수록 학습해야 할 화제 및 기능 영역이 확대됨에 따라 이에 따른 어휘에 대한 요구는 더욱 커진다. 이런 이유로 많은 연구자들은 어휘 교육의 중요성을 역설해 왔고 최근 언어교육에서도 더욱 주목받고 있다. 어휘 학습이 언어 학습에서 중요한 이유를 요약해 보면 아래와 같다.

- 외국어 학습은 어휘 학습으로부터 시작된다.
- 어휘 학습은 발음, 문법, 담화, 문화 교수 영역에서도 주요 요소가 된다.
- 어휘 습득은 개념 습득이며, 인지 능력을 구성하는 핵심 요소가 된다.
- 어휘력이 부족하면 언어활동을 원활하게 할 수가 없다.
- 어휘는 표현 영역과 이해 영역 모두에서 주요한 역할을 한다.
- 중급, 고급으로 숙달도가 올라갈수록 어휘에 대한 요구는 더욱 커지게 된다.

1.2 어휘 학습의 어려움

이렇듯 언어 학습에 있어 어휘는 의미 전달의 시작이 된다는 점에서 매우 중요하며, 어휘 학습은 언어 학습을 완성하기 위한 필수적 요소라는 점에 모두들 동의한다. 하지만 어떻게 해야 양질의 어휘 학습에 도달할 수 있는지에 대한 대답은 쉽지 않은데, 외국어 학습에서 어휘 학습이 어려운 몇 가지 원인을 찾아볼 수 있다.

첫째는 어휘 영역의 변화의 특성에 기인한다. 비교적 목록이 고정이 되어 있는 음운이나 문법의 영역과는 달리, 상대적으로 어휘는 의미의 변화가 많으며 생성과 사멸의 추이가 빠르다. 새로운 단어들이 끊임없이 만들어지며 이미 있는 단어의 의미가 바뀌기도 하고 새로운 의미를 부가하기도 하므로, 모국어 화자들도 어휘의 습득은 평생 지속적으로 이루어져야 하는 영역이다.

둘째는 언어 간 어휘의 차이로 인한 것이다. 학습자들은 외국어를 학습하면서 모국어의 단어로는 간단하게 설명할 수 없는 개념들을 만나기도 한다. 구체물인 경우 일부 어휘들의 개념은 유사하기도 하지만, 대부분의 많은 어휘는 다의적 의미나 연어 관계 등에서 많은 차이를 가진다. 이는 각각의 언어들이 개념을 조직하는 방식이나 개념의 세분화에 있어서 다르기 때문이며, 그 문화만의 독특한 의식은 다른 언어권의 개념에 존재하지 않을 수도 있기 때문이다. 이런 이유로 학습자들이 번역의 짝으로 어휘를 학습할 경우, 흔히 과확장 및 미확장이 일어나기 쉽다.[1] 또한 외국어의 어휘 형태는 학습자에게 매우 낯선 모양이 되기도 하는데, 접사가 활발히 사용되고 용언의 활용이 활발한 한국어의 형태 변화는 또 다른 장벽이 되기 쉽다. 언어 간에서 예측할 수 있는 어휘의 대조 양상은 다음과 같이 구분해

---

1) '과확장(overextension)'이란 자신의 모국어가 가진 의미와 대응의 짝이 되는 어휘를 모국어의 의미에 기대어 목표어에는 없는 의미로 확장해서 사용하는 경우이다. 예를 들어 한국인 영어 학습자가 '먹다'와 'eat'를 짝으로 학습하고 나면 '밥, 물, 욕, 뇌물, 나이' 등의 명사를 영어에서도 대역하여 확대해서 사용하는 오류를 범할 수 있다. 반대로 '미확장(underextension)'이란 모국어에 기대어 목표어에 있는 의미를 사용하지 못한 채 제한적으로만 사용하는 경우를 의미한다.

볼 수 있다.

어휘 대조의 양상

- 모국어와 목표어의 의미가 대응되는 경우
  : 영어의 'apple'이 '사과'로 대응되듯이 대개 물리적 실재를 나타낸다.

- 대응하는 단어가 다양한 언어 형태로 나타나는 경우
  : 연어 관계에서 영어의 'put on'에 대응하는 한국어는 각각 '쓰다, 입다, 신다, 걸치다, 매다, 뿌리다' 등으로 신체 부위에 따라 각기 다른 단어를 사용한다.

- 의미의 대응 짝의 품사가 달라지는 경우
  : 한국어의 '늙다'(동사)와 영어의 'old'(형용사)와 같이 번역 짝의 품사가 다른 경우가 있다.

- 대응하는 단어들이 확장 의미가 상이한 경우
  : 다의어의 경우 기본 의미 항목은 동일하나 확장 의미가 상이하거나, 화용 정보가 다른 경우도 있다.

- 대응되는 단어가 없는 경우
  : 물리적 구체물이 존재하지 않거나, 추상 어휘의 경우에도 해당 개념이 존재하지 않을 수 있다.

셋째, 음운이나 문법에 비해 어휘의 학습 부담량이 매우 많다. 특히 초기 학습자들은 알고 있는 외국어의 어휘 수가 매우 제한되어 있는데, 의도된 의미를 위해 알맞은 단어를 찾을 수 없거나, 심지어 제한된 저장 안에서조차 단어들이 서로 혼동될 때 심한 좌절을 겪게 된다. 학습해야 할 양적 범위가 음운이나 문법에 비해 현저히 많으며, 심지어 유사한 단어들이 존재하므로 학습에 어려움을 겪게 된다.

② 어휘 교육의 목표

2.1 어휘 교육의 목표

언어 교육에서의 어휘 교육의 목표는 학습자의 어휘력을 제고하는 것에 있다. 어휘력이라 하면 어휘에 대한 지식, 맥락에서의 어휘 이해 능력, 효율적인 어휘 운용 능력을 모두 포함한다. 즉 어휘의 양적 지식과 질적인 지식을 포함하며 이해 능력과 사용 능력을 포함하는 개념이다. 궁극적으로는 효율적인 의사소통 능력을 제고하기 위해 기반이 되는 능력을 함양하는 것이며, 의사소통 능력으로서의 어휘 능력은 언어적 지식 외에 사회언어학적, 담화적, 전략적 지식으로서의 능력을 말한다. 또한 어휘는 읽기와도 밀접한 관련을 가지므로, 사고력을 증진시키는 주요 요소가 되며 타 문화 이해에도 필수적인 요소가 된다. 따라서 어휘 교육의 목표는 정확하고, 유창하며, 적절한 어휘 능력을 바탕으로 효율적인 의사소통을 이룰 수 있는 게 하는 것이 궁극적인 지향점이 될 것이다.

외국어 습득에서의 어휘 교육에는 모국어에서의 어휘교육과 무엇을 달리 고민해야 하는지도 중요한 문제이다. 외국어를 배울 때, 단어를 많이 아는 것과 어느 정도의 아는 단어의 다양한 용법을 깊이 아는 것 중에 무엇에 방점을 두어야 하는지, 그리고 숙달도별로 교육의 내용을 달리 해야 하는지도 고민할 필요가 있다. 또한 모국어에서의 초기 어휘 습득은 아동이 처하는 물리적 환경이나 상황에 따라 자연스럽게 이루어지는 경우가 많은데, 외국어에서의 어휘 학습은 단계 설정을 위한 인위적인 노력과 절차가 필요한지에 대한 고민도 필요하다.

또한 보통 짧은 시간에 집중적인 어휘 교육을 필요로 하는 외국인 학습자들이 가장 효율적으로 어휘를 학습하는 방법은 무엇일지, 모든 어휘를 학습하는 것이 불가능하다면 이미 배운 어휘를 가지고 모르는 단어의 의미를 유추하거나 짐작하는 전략을 어떻게 가르칠 것인지도 논란거리가 된다. 결국 이러한 문제들은 구체적으로 어떤 내용을, 어떠한 방법으로 가르칠 것인가의 문제와 연동된다. 아울러 학습자의 어휘 습득 여부를 판단하고 단계적 교육과 연계하기 위해서는 어휘 평가가 필수적인데, 어휘 지식에 대한 효용성이 높은 평가는 어떻게 이루어져야 하는지에 대한 문제도 쟁점이 된다. 이러한 쟁점들은 그간에 이루어져 온 어휘 교육에서의 연구에 기대어 짐작해 볼 수 있을 것이다.

2.2 어휘 교육 연구

어휘 지식

한국어교육 초기의 학습자들이 주로 초급에 머물던 것과는 달리 중·고급 학습자들이 점차 증가하면서 이에 따른 어휘 교수에 대한 관심도 더욱 증가하고 있다. 학습의 초기 단계에서 일어나는 어휘적 오류는 주로 철자와 모국어 간섭에 의한 것이지만, 고급 단계로 갈수록 의미적, 문체적, 연어적 오류를 많이 범하게 된다. 결국 어휘 학습에 대한 요구는 초급부터 고급에 이르기까지 지속적으로 확대되어 간다.

언어교육의 역사에서 보면 어휘 교육의 주류 편입이 다소 늦기는 했지만, 이후 어휘 교수·학습에 대한 많은 연구가 이루어지고 있다. 효과적인 어휘 교수·학습을 논의하기 위해서는 어휘 교육과 관련된 다양한 참여자들을 고려해야 한다. 학습자, 교사, 교재 개발자 및 교재 연구자들 모두가 긴밀히 연계되어 있다. 어휘 교수 및 학습의 목표 설정도 중요한 논의거리가 되는데, 정확성(accuracy), 복잡성(complexity), 유창성(fluency)의 목표들을 어떤 방법으로 구현할 것인가에 따라 구체적인 교수 방법이 정해진다. 아울러 교재나 교수 요목들에 대한 논의도 중요한데, 문법이나 주제 영역에 비해 어휘에 대한 구체적인 교수요목의 기술이 필수적이며, 어휘 실러버스 기반의 단계적 어휘 학습의 설계도 필요하다.

한국어교육에서도 어휘 교육에 대한 관심과 연구가 활발해지고 다양한 연구 성과들이 산출되고 있다. 첫째, 가장 활발히 연구된 분야는 어휘 교육 자료 구축 분야이다. 데이터를 기반으로 하는 어휘 선정 연구나 어휘 관계 교수를 위한 어휘 자료 연구, 양 언어 간의 어휘 대조 자료 연구, 교재나 사전 등의 어휘 자료집 연구 등이 이루어졌는데 이들 분야들은 모두 어휘 교육의 주요 관심사들이다.

- 기본어휘 선정과 숙달도별 어휘 목록에 대한 연구
- 어휘 관계에 따른 어휘 자료 연구
  : 복합어, 연어, 관용어휘 등의 어휘 통합관계 연구와 유의어, 반의어, 상위어/하위어 등의 어휘 의미관계에 따른 어휘 교수 자료 연구 등
- 대조 언어적 관점에서의 어휘 대조 연구
- 어휘 교수 자료 구축 연구
  : 어휘 교재 및 외국인을 위한 학습사전, 이중 언어 학습사전, 길잡이말 연구 등의 사전 편찬에 대한 연구 등

둘째, 어휘 교수의 단위에 대한 논의도 많다. 언어 교육에서 활발히 활용되는 단어를 넘어서는 덩어리 어휘 표현에 대한 것으로, 이들에 대한 목록 구축과 담화 기능 규명에 많은 관심이 있었다. 덩어리 어휘 표현들은 모든 언어에서 일반적으로 나타나는 단위로 언어 교육에서의 산출과 이해 영역 모두에서 매우 중요한 역할을 한다. 덩어리 표현들은 메시지의 전달, 의사소통 기능의 확인, 사회적 유대관계 지속, 특정 정보 나누기 등 다양한 의사소통 활동에 사용되어, 유창성 증진에 도움을 준다.

셋째, 산출과 이해를 위한 어휘량에 대한 논의도 많다. 우선 학습자들이 목표어를 자유롭게 사용하기 위해서는 일정 규모의 어휘가 필요하므로, 교수 학습에 필요한 목표 어휘 수를 산정하거나 학습자가 알고 있는 어휘량을 진단하는 방법과 절차에 대한 논의가 많다. 다음으로는 읽기나 듣기에 필요한 이해 어휘 규모에 대한 관심도 많다. 학습자가 전체 읽기 텍스트를 이해하기 위해서 알고 있어야 할 어휘의 수에 대한 연구도 활발했는데, 텍스트의 이해를 위해서는 어휘력이 매우 중요한 요소이기 때문이다.

넷째, 어휘의 형태 교수의 중요성에 대한 논의들도 있다. 학습자가 단어 형태를 잘못 분석하면 어휘 이해가 어렵다. 이에 철자가 유사한 어휘들의 혼동, 잘못된 형태 짝꿍으로 인한 혼동 등의 어휘 학습의 어려움이 예상되는 어휘의 목록을 정리하거나 이에 대한 변별적 교수에 대한 논의가 이루어졌다.

어휘 교수 · 학습 방안

어휘 교수·학습 방안에 대한 연구도 활발한데, 어휘 학습의 전략의 문제부터 효율적 어휘 교수 방안까지 다양한 논의가 있었다.

첫째, 목표어의 어휘 학습에 있어서 학습자 모국어의 역할에 대한 논의가 있는데, 모국어의 활용은 초급 학습자에게 도움을 줄 수도 있지만, 간섭 오류를 일으킬 수도 있는 양면성을 가진다. 모국어와 연계된 단어의 암기가 초기 학습에서는 도움이 될 수 있지만, 중·고급에 이르면 오히려 어휘 오류로 이어진다는 논의가 많기 때문이다. 이는 학습자 모국어의 간섭 현상에 관한 것으로, 어휘 오류는 '명사 + 동사' 구성과 같은 연어의 오류가 가장 많다고 알려져 있으며, 연어 오류는 초급뿐만 아니라 중급이나 고급에 이르기까지도 지속될 수 있다. 이밖에도 학습자의 머릿속 어휘에 대한 연구와 이중 혹은 다중 언어 화자들의 언어 간 내적 구조에 대한 연구도 이루어졌다.

둘째, 어휘 학습 방안에 관한 논의이다. 우선 어휘력을 증진하기 위한 교수학적 방법으로 학습자의 '집중'에 대한 연구가 많다. 학습자들이 어휘에 주의를 기울이고 스스로 학습에 참여하는 방법이 가장 중요한 요소이며, 직접 해당 항목들을 조작해 보는 것이 기억에 도움을 준다. 이에 학습자들이 목표 어휘에 충분히 노출되고, 어휘 항목에 주의를 기울이고, 인지하고, 학습하려는 의지와 노력을 가져야 한다고 보았다. 즉 학습자 주도의 어휘 학습이 중요하다. 다음으로 학습자의 어휘 학습 전략에 대한 논의도 많았는데, 주로 성별, 나이, 언어 숙달도에 따른 개인적 전략과 학습자의 국적별 전략의 방법과 차이에 대한 논의들이 많다.

셋째, 어휘 교수의 방법에 대한 논의들이다. 어휘를 명시적으로 가르칠 것이냐, 아니면 암시적으로 가르칠 것이냐의 논의이다. 초급 학습자들에게 문맥 없이 단어를 명시적으로 가르치는 것은 어느 정도 효과가 있다고 알려져 있다. 하지만 암시적 효과에 대한 논의가 더 활발한데, 읽기에서의 암시적 어휘 학습은 어휘의 부분적 학습이 아닌 전체적 학습을 가능케 하고 장기 기억으로 가져가게 하기 때문이다. 듣기에서의 부차적 어휘 학습에 대한 논의도 활발한데, 다양한 화자와 다양한 유형(매체)의 목소리를 듣는 게 도움이 되며, 들으면서 읽는 병행 학습이 도움이 된다. 암시적 학습 상황에 명시적 활동을 더함으로 해서 두 학습 방법을 상호보완적으로 활용하여 효과적으로 통합하는 방안도 제시된다. 예를 들어, 읽기 활동 중에 주석이나 사전을 활용하여 명시적으로 주의를 기울여 어휘를 강화하는 활동의 효과를 논의한 연구도 있다. 읽기 후 어휘 활동을 강화하거나, 듣기 후 과제 활동도 어휘 학습을 돕는다.

넷째, 어휘 능력을 개발하는 데 있어서 문맥적 요소의 중요성에 대한 논의가 많다. 학습자들은 문맥 안에서 어휘 추측 전략을 사용하고 있는데, 이렇게 문맥 추론을 통한 어휘 학습이 효과적이며 고급 학습자에 이를수록 문맥 추론의 도움을 더 받는다. 학습자에게 제공되는 어휘 목록은 수업 중의 과제 수행이나 개인의 유의미한 맥락에서 사용되어야 하며, 충분한 연습과 활동이 주어져 상호작용을 통해 효과를 극대화해야 한다. 또한 목표 어휘 항목의 반복된 노출의 필요성에 대한 논의도 활발했는데, 교재나 활동에서 어휘의 반복적인 노출을 통해 학습자들이 자연스럽게 어휘를 습득할 수 있도록 도와야 한다. 어휘 학습을 위해서는 문맥을 넘어서서 언어 외적인 요소인 사회적 맥락까지 도움을 받을 필요가 있으며 확장적 읽기를 통해 부차적 어휘 학습을 하는 것이 유용하다고 본다.

다섯째, 어휘 학습에 있어서의 주석의 활용의 문제로, 교재의 본문에서 목표 어휘에 대한 주석의 효과와 주석의 방법 등에 대한 논의도 활발하다. 주석은 학습자의 읽기에 도움을 주며 의미를 명확히 이해할 수 있도록 돕는다는 게 일반적이지만, 주석의 효과에 대해 부정적 시각도 있다. 주석이 제공되면 즉각적인 의미 이해에는 도움이 되지만 주석이 제공되는 당시에만 효과가 있을 뿐 장기적인 어휘 학습으로 이어지기 어렵다. 사전을 찾는 것이나 사전의 도움 없이 추측하는 방법보다는 덜 효과적이라고 알려져 있다. 또한 주석을 제공한다면 학습자의 모국어로 제공할 것인지, 목표어로 제공할 것인지 여부도 논란이 되는데, 초급에게는 모국어 주석이 더 효과적이라는 논의도 있으나 궁극적으로는 목표어로의 주석이 문맥 제공의 측면에서 효과적일 것이다. 주석의 위치에 대한 논의도 있는데, 목표 단어 옆에 즉각적으로 나오는 주석이 효과적인지, 별도의 난외 주석이나 텍스트가 모두 끝난 뒤에 나오는 미주 형태의 주석이 효과적인지에 대한 논란도 있다.

❸ 언어 교육 이론과 어휘 교육

언어 교수법의 발달사에서 어휘 교수에 대한 것은 얼마나 주목을 받아 왔는지를 살펴보면, 어휘 교수는 그 중요성에도 불구하고 다른 영역에 비해 주목받지 못한 측면이 있다. 그간 언어 교육에 있어서 수많은 교수법이 등장했고 각각의 교수법에 따른 어휘 연구 및 어휘 교수에 대한 태도 역시 바뀌어 왔다. 시대별 교수법을 살펴보면 어휘가 언어 교육의 중요한 요소인지 아닌지에 대한 논쟁이 이어져 왔음을 확인할 수 있다.

| 문법 번역식 교수법 | ⇒ | 직접 교수법 | ⇒ | 청각구두식 교수법 | ⇒ | 인지적 접근법 | ⇒ | 의사소통적 접근법 |

체계를 갖춘 언어 교수법으로서의 시작은 문법 번역식 교수법에서 출발한다. 그 이전의 어휘 학습에 대한 기록은 많지 않다. 로마 시대에 아동들이 그리스어를 학습할 때 주제별로 어휘가 분류된 교재를 사용했다는 기록이 있다. 중세 시대는 라틴어를 배우면서 문법 학습이 우세해지면서 언어 교수에서 문법이 매우 강조되던 시기였다. 1611년 윌리엄 베스에 의해 약 1,200여개의 라틴어 숙어 어휘가 제시되어 활용되었으며, 코메니우스는 어휘에 기반한 교재를 제작하여 약 1,000개의 라틴 어휘를 목록화하고 이를 주제별로 분류했다는 기록이 있다. 이 시기까지의 어휘 학습은 단순한 목록에 머물렀다고 볼 수 있다.

19세기에 이르러, 비로서 체계적인 교수법인 문법-번역식 교수법이 등장했다. 이 시기는 연역적 연구 방법이 팽배하여 문법이 어휘를 압도하는 시기로, 어휘는 문법을 설명하기 위한 보조 수단에 불과하였다. 작은 규모의 어휘 사전들이 만들어지기 시작하였고, 학습자들은 주로 스스로 번역의 짝을 가지고 어휘를 학습하였다. 이 때의 어휘 학습은 어휘의 번역(등가물)을 활용한 학습이 주를 이루었으며 어휘 목록 형태의 고립적 어휘를 암기하는 방식이었다.

직접 교수법이 등장하면서 어휘는 의사소통 중 자연스럽게 학습되는 것으로 간주되었다. 구체어는 주위의 친근한 환경에서의 그림이나 동작으로 설명되었으며, 추상어는 주제나 개념의 연상에 의해 교수되었다. 목표어를 사용한 어휘 학습이 처음으로 이루어졌으며, 일상어로서의 어휘 학습에

주목하기 시작한 시기였다.[2]

구두청각 교수법에서는 문법적 패턴을 반복적으로 학습하는 데에 초점을 맞추었으며, 따라서 어휘는 부수적인 것으로 취급되었다. 구조주의 접근을 배경으로 하는 구두청각 교수법은 외국어를 배우는 데에 있어서 제일 중요한 것은 소리 체계와 문법 구조를 배우는 것이며, 어휘는 통사적 구조를 연습하는 데 필요한 정도만 알고 있으면 충분하다고 보았다. 따라서 기능어, 대용어, 부정어와 긍정어는 완전히 알아야 하지만, 내용어는 조금만 알아도 충분하다는 입장이었다. 어휘는 문법의 훈련 연습에 필요한 최소한의 교육으로 그쳤다.

인지주의 접근법에서도 어휘를 중시하지 않고 문법에 초점을 두었다. 촘스키의 영향으로 변형문법에서의 어휘는 주변적인 것이며 질서 있는 문법의 불규칙한 부분으로 보았으므로, 어휘 학습은 단순한 어휘의 축적에 불과하다고 여겼다. 다만 어휘 형성의 원리를 통해 어휘도 문법처럼 체계적으로 학습해야 한다는 의식이 함께 하기도 했다.

의사소통 교수법에 이르러서는 어휘 교수의 중요성이 부각되었다. 직접 교수법에 이어 다시 어휘에 대한 관심이 되살아나면서 성공적인 목표어의 사용을 위해 적당량의 어휘 습득은 필수적이라는 인식이 자리잡았다.

초기에는 '의사소통적 능력' 개념이 도입되어 언어 사용의 적절성에 초점을 두었으며, 언어의 기능(요청, 사과 등)과 더 큰 담화에서의 상호관련성에 주된 초점을 두어 어휘는 차선으로 다루어졌다. 하지만 점차 단순한 노출이나 의사소통 기능의 연습만으로는 적절한 어휘(혹은 적절한 문법)의 습득이 이루어지지 않음이 입증되면서, 제2 언어 학습에서 어휘의 숙달이 중요한 영역임을 인식하게 되었다. 이로 인해, 후기에 이르러서는 어휘의 체계화된 선정과 어휘의 의미 있는 교수 방법론의 적용이 중요성을 인식하게 되었다. 어휘 의미론 연구는 번역의 과정을 이해하게 도와주고 어휘 목록을 조직화할 수 있게 하였으며, 의미 관계를 공부하는 것은 단어의 완전한 의미를 이해하게 해 준다고 보았다.

---

2) 같은 시기에 '읽기 교수법(reading Method)'라는 이름으로 읽기를 통한 어휘 학습 개선 방안이 주장되기도 하였다.

이에 어휘가 언어 기술 중의 하나라는 입장이 나타나기 시작했다. 어휘 접근법(Lexical Approach)은 문법과 어휘를 포괄하는 입장으로, 언어 학습이나 의사소통의 단위를 형성하는 것은 문법, 의사소통 기능, 개념 등이 아니라 어휘(단어와 단어의 결합)라고 보는 관점이다. 화자의 창조적 능력은 소수의 '구어 문장'에 국한될 뿐이며, 암기된 다중어휘 단위가 유창한 일상 대화의 대부분을 형성한다고 보았다.

이러한 어휘 접근법은 최근 전산 언어학의 발달과 더불어 자료 중심 언어 연구와도 맥을 같이 하게 된다. 물론 어휘 접근적 연구가 어휘 교수 학습에 효용이 있는지 여부에 대해서는 반대 의견들도 있는데, 어휘 결합체나 배열을 인지하는 것은 중요하지만 언어 입력이 곧 언어 수용이 되지는 못한다는 점을 지적한다. 어휘의 유사성, 차이점, 제약 및 예시들은 입력을 수용으로 받아들이는 데에 일부 공헌하나, 어휘 형성 규칙에 대한 형식적인 기술은 수용에 곧바로 도움이 되지는 못한다고 보았다. 실제 담화에서 어휘적 구를 사회적 상호작용, 화제, 담화 장치로 구분하여 교수하는 것은 언어교육의 측면에서는 유용할 것이지만, 이를 구체적으로 언어 교수에 적용하는 데에는 보다 구체화하려는 노력이 필요하다.

④ 어휘 교육의 원리

효과적인 어휘 교수 학습을 위해서는 어휘 교육의 원리를 이해하는 것이 중요하다. 어휘 교수 학습의 효율성을 극대화하기 위하여 몇 가지 고려해야 할 사항들이 있다.

● **문맥의 원리**
어휘는 고립적인 학습이 아니라 문맥 안에서 이루어져야 한다는 원리이다. 문맥 추론을 통한 어휘 학습이 효과적이며, 학습자에게 제시되는 어휘는 실생활에서의 과제 수행이나 유의미한 맥락에서 사용되어야 한다. 맥락을 통해 어휘가 교수되며 의미 있는 학습 활동이 이루어질 수 있어야 한다.

● **사용의 원리**

어휘는 특정한 상황에서 사용될 수 있는 유용성을 갖추어야 하며, 학습자의 요구가 기반이 되어야 한다. 어휘 학습은 실제적인 사용을 전제로 해야 한다는 원리이다. 따라서 이를 위해 듣기나 읽기를 위한 이해 어휘와 말하기와 쓰기를 위한 표현 어휘로 구분하고 이해와 산출을 위한 어휘의 학습 범위를 구분해야 한다. 또한 말하기와 듣기에서의 구어 어휘와 읽기와 쓰기에서의 문어 어휘에 대한 구분이 이루어져 효과적인 어휘 사용에 이르게 해야 한다.

● **경제성의 원리**

필수적인 최소 어휘로 효율적 의사소통이 이루어져야 한다는 원리이다. 학습 어휘는 해당 사회에서 자주 사용되는 단어여야 하며, 한 가지 단어로써 표현할 수 있는 사물의 수가 많을수록 유용하다. 또한 어휘 제시는 해당 어휘의 특성에 따라 그림, 번역, 상황 설명, 문맥 제시 등의 방법 중 가장 효율적인 방법으로 다루어져야 한다.

● **관련성의 원리**

어휘 학습은 어휘 간의 연관성에 기반하여 의미 확장을 해야 한다는 원리이다. 어휘의 계열 관계나 통합 관계 등을 활용하여 효과적으로 학습할 필요가 있다. 또한 몇몇 어휘는 개별 단어로 학습하기보다는 문법 범주와의 연관 속에서 학습해야만 하는 것들도 있다.

● **학습자 주도의 원리**

효율적인 어휘 사용을 위해서는 학습자 개인 주도의 어휘 학습이 중요한데, 학습자는 효과적인 어휘 사용을 위한 성별, 나이, 언어 숙달도에 따른 학습 전략을 구사할 수 있어야 한다. 필연적으로 만나게 되는 낯선 단어를 이해하려면 모르는 단어의 의미를 추측하고 짐작하는 전략이 필요하며, 기존의 어휘를 바탕으로 새로운 어휘를 더해가는 전략도 필요하다. 어휘는 쉽게 잊어버릴 수 있으므로 지속적이고 충분한 반복 연습을 통해 습득으로 이어지게 해야 하며, 이미 배운 단어를 기억하는 전략도 필요하다.

제 2 장

어휘 지식

① 어휘란

1.1 어휘 항목

한국어교육에서 필요한 어휘 지식은 무엇일까? 어휘 지식에 대해 논의하기 위해 우선 '어휘소', '어휘 항목', '어휘', '단어'와 같은 용어에 대해 살펴보자.

먼저, '어휘소'(語彙素 lexeme)란 의미를 가진 언어의 기본 단위이다. 어휘소란 한 언어 체계에서 어휘를 형성하는 자료가 된다. 학자에 따라 어휘소를 정의하는 시각은 다를 수 있다. 단어 이하의 단위만을 일컫는 의미로 쓰기도 하고, 단어보다 큰 단위인 구와 절을 포함한 보다 확장된 것으로 해석하기도 한다. 이런 시각에서 보면 어휘소는 단어뿐만 아니라 접사, 어근, 관용어를 모두 포함하므로 '단어'와는 구분된다. '어휘소'는 '의미 단위'에 초점을 두는 어휘론 혹은 의미론의 영역에서의 용어이며, '단어'는 '형태 단위'에 초점을 두는 통어론적 관점에서 언어의 단위를 '음소, 형태소, 단어, 어절, 구, 절, 문' 등의 일련의 단위로 구분할 때 활용되는 개념이므로, 다른 층위의 용어이다. 어휘소는 변이형을 가지는데, 이들 중 사전에 올림말로 오르게 되는 것을 대표 어휘소라고 한다. 예를 들면 '작다'라는 용언은 '작으니', '작아서', '작고' 등과 같이 다양한 활용형이 있지만, 이때 '작다'는 대표 어휘소로 사전에 오르게 되고, 나머지는 변이 어휘소들로 사전에 오르지 않는다.

어휘소는 사전에 올림말이 된다는 점에서 등재소(登載素)라는 이름으로 불리기도 한다. 그것이 전체로서 하나의 사물과 대응되어 있거나 한 사물의 존재·상태·움직임 등을 대표한다면 모두 등재소가 될 수 있다. 사전에 오르는 등재소는 단어일 수도 있고, 접사일 수도 있으며, 구 단위가 되기도 한다. 예를 들면 사전에는 '과일'과 같은 단일어뿐만이 아니라, '풋과일', '책상다리'와 같은 복합어, '풋―', '―쟁이'와 같은 접사, '사회^복지'와 같은 구도 등재된다. 이밖에 '미역국을 먹다(관용구)', '삼고초려(사자성어)', '닭 잡아먹

고 오리발 내민다(속담)'와 같은 관용 표현도 등재어가 될 수 있다.[3]

언어 교육에서는 어휘소를 '어휘 항목(lexical item)'이라고 부르는 경우가 많다. 어휘 항목은 새로운 언어의 학습이나 언어 간에 번역의 '자연 단위'로 인식하는 것으로, 어휘 단위(lexical unit)라는 용어를 사용하기도 한다. 언어 교육에서는 표현하고자 하는 '의미 단위'가 매우 중요한 요소가 되므로, 단어 차원의 논의보다는 어휘 차원의 논의가 중요하다. 따라서 어휘소나 등재소, 어휘 항목은 서로 다른 관점에서의 같은 용어라고 하겠다.

1.2 어휘

어휘(語彙, vocabulary)는 어휘소의 집합으로, '색채 어휘', '문화 어휘', '한자 어휘' 등과 같이 사용된다. 단어를 어휘라고 일컫는 일이 있으나 단어는 어휘를 구성하는 자료일 뿐이다. 또한 이러한 어휘가 저장되어 있는 곳을 어휘집(lexicon)이라고 하는데, 어휘집은 한 언어의 어휘 창고, 어휘들의 집합을 말한다. 어휘집에는 단어는 물론이고 형태소나 합성어, 관용 표현, 때로는 연어까지도 포함되어 있으며 사전에 올라 있는 어휘의 총합을 말한다.

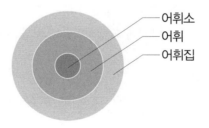

어휘소
어휘
어휘집

흔히 '어휘소'와 '어휘'에 대한 구분을 명확하게 하지 않고 사용하거나, '단어'를 대신하는 말로 혼용하여 쓰기도 한다. 이는 어휘소 중 가장 많은 비중을 차지하는 것이 단어이고 어휘소라는 말이 너무 전문적 용어이기 때문일 것이다. 예를 들면, 아래 예의 '어휘'는 개별적인 요소를 지칭하므로 엄격하게는 '어휘소'로 쓰는 것이 옳다.

---

3) 관용 표현은 핵심 단어 아래에 부표제어로 올라 있는 경우가 많다.

> (가) <u>어휘(→ 어휘소)</u> 하나하나를 열심히 공부해야 한다.
>
> (나) 이미 알고 있는 <u>어휘(→ 어휘소)</u>를 바탕으로 ….
>
> (다) 개별 <u>어휘/어휘소</u>의 문맥적, 관용적, 비유적 의미

언어 교육 현장에서는 '어휘소'라는 용어를 대신해 '단어', '어휘 항목'이라는 말을 대체하여 사용하는 경우가 많다.

1.3 단어족

언어 교수의 언어 단위 중 단어족(單語族, word family)을 아는 것도 중요하다. 언어 교육에서 가장 활발히 사용되는 개념이기 때문이다. 단어족이란 한 단어의 굴절형이나 파생어를 포함해서 하나의 단위로 상정할 때 사용하는 개념이다. 파생의 기본이 되는 단어의 어근을 알고 있다면 관련되는 파생어는 학습 부담이 크지 않기 때문에, 언어 교육에서는 관련 파생어를 묶어 단어족을 어휘 단위로 삼기도 한다.[4] 아래 예와 같이 용언의 활용형이 다양하더라도 용언의 활용형은 모두 하나의 단어족이며, '친절'이라는 어근이 다양하게 파생되더라도 이들은 하나의 단어족이 된다.

> - **[길다]** 단어족 : 길-고, 길-어, 길-어서 …
> - **[친절]** 단어족 : 불-친절, 친절-하다, 친절-히 …

하지만 굴절 접사가 붙은 경우에는 쉽게 하나의 단어족임을 알지만, 나

---

4) 사전에서도 모든 파생어가 표제어로 오르지는 않는다. 예를 들면 '선생'과 '-님', '선생님'은 각각 표제어지만 '회장님'은 표제어로 오르지 않는다. 이는 어느 정도 단어족의 개념을 반영한 등재 방식으로 구체적인 파생어는 어근과 접사를 앎으로써 확장할 수 있다고 보기 때문이다.

머지 접사가 붙은 파생어들은 별개의 단어들로 인식되기 쉽다. 예를 들어 '경제력'은 '(개인의 경우에는) 보통 재산의 정도를 이르고 (국가나 기업의 경우는) 생산력이나 축적된 자본 따위를 종합한 힘'을 일컫는 것으로 단순히 '경제'라는 어근과 '-력'이라는 접사의 의미를 안다고 해서 전체의 의미를 파악하기란 쉽지 않다.

- **파생어:** 경제-성, 경제-학, 경제-적, 경제-력, 경제-계,
  경제-관, 경제-권, 경제-난, 경제-범, 경제-인

특히 외국인 학습자들이 이를 파악하기란 쉽지 않아서 사전에서도 굴절어는 따로 등재어로 삼지 않지만, 나머지 파생어는 독립된 등재어로 다루고 있다.[5] 한국어의 활발한 파생법을 고려한다면, 어휘 항목의 단위를 단어족으로 제한하기는 어려운 측면이 있다.

1.4 내용어와 기능어

어휘에는 내용어와 기능어가 있는데, 이들 중 무엇을 어휘 교수의 대상으로 삼을 것인가의 문제가 있다. 보통 어휘 교수는 실질 어휘를 대상으로 한다는 점에서 내용어만을 대상으로 하며, 조사나 어미는 기능어휘이므로 문법 교수의 대상이 된다.

- 내용어: 체언, 용언, 부사, 감탄사 / 의존명사, 접사
- 기능어: 조사, 어미

그런데, '의존명사'와 '접사'는 실질어이기는 하나 때로는 기능어적인 양상도 보인다. 특히, 접사는 어휘적 의미의 정도나 결합성에 따른 차이가 다양

---

5) 합성어는 단어족에 속하지 않으나, 의미의 연계는 가진다. (예) 경제-관념, 경제-면, 경제-법, 경제-생활, 경제-속도, 경제-주의, 경제-표, 공-경제, 공공-경제'

하기 때문이다.

- **생산성이 낮은 접사**: '맨-, 늦-, 장이' 등
- **생산성이 높은 접사**: '-적, -하다, -거리다' 등

특정 어근과만 결합하는 제한된 접사가 있는가 하면 다수의 어근에 매우 생산적으로 결합하여 해당 어근의 문법적 기능을 바꾸는 역할을 하는 접사도 있다. 생산성이 낮은 접사는 어휘의 실질적 의미가 많으나, 생산성이 높은 조사는 실질적 의미보다는 기능적 의미에 가깝다. 이에 이러한 생산적인 접사는 문법 항목으로 다루어지기도 한다. 또한 '-는 바람에'에서의 '바람'과 같은 의존(성)명사 역시 내용어와 기능어의 경계에 서는데, 고정된 덩어리 구의 형태로 나타나 문법 항목의 기능을 대신하기도 한다.

1.5 구 단위 어휘 항목

어휘 항목은 의미를 중심으로 구 단위로 확장되기도 한다. 모어 화자들은 상투적인 언어 표현을 즐겨 사용하는 경향이 있으며, 이러한 상투적 표현은 미리 조립되어 통째로 사용된다.[6] 덩어리 어휘 표현들은 언어 교육에서 매우 중요한 어휘 항목을 이루면서 아래 (가), (나)와 같이 어휘 교수의 개별 단위가 되기도 한다. 이들은 때로 (다), (라)와 같이 문법 항목으로 교수되기도 한다.

---

6) 어휘 구는 사람의 총 어휘량의 상당한 부분을 차지하고 있다. 또한 자주 사용되는 어휘 덩어리를 별도의 통합 단위로 저장해 둔다. 어휘 구는 단어를 선택하고 문법적으로 배열하여 내용을 구성하는 과정을 거치지 않고도 손쉽게 검색되고 사용될 수 있다.

예

(가) 담화 표지: 말하자면, 우선적으로, 가만 있자

(나) 관용적 고정 표현: 안녕하세요, 여보세요

(다) 교체 가능한 고정 구: N마다, N으면 V르수록

(라) 덩어리 표현: -라고 생각하다, -은 것 같다. 등

이들 표현은 아주 빈번하게 여러 상황에서 활발히 사용되며, 덩어리 표현 전체로 어휘 교수의 단위가 될 수 있다. 이들은 특정 맥락이나 특정 장르에서 담화적 기능을 얻어 매우 활발히 사용되기도 한다. 구 단위 어휘 항목의 학습은 모국어 직역식의 오류를 방지하고, 유창성이 있는 대화를 유지해 갈 수 있게 하는 좋은 어휘 표지들이 된다.

② 학습자의 어휘 지식

'어휘 지식'은 어휘를 이해하고 구사하는 데에 관련된 일체의 능력을 말하며 '어휘력' 혹은 '어휘 능력'이라고도 불린다. 흔히 학습자의 어휘 능력은 학습자의 '어휘량'으로 생각되기 쉽다. 학습자 어휘량이란 '개인 화자가 동원할 수 있는 어휘 목록의 범위'를 의미하는 것으로 학습자가 얼마나 많은 단어를 알고 있느냐 하는 문제로 이것은 어휘에 관한 양적인 능력을 가리키는 것이다. 하지만 언어 교육에서 '어휘량' 못지않게 중요한 것이 어휘에 대한 질적 능력이다.

어휘력이 풍부하다는 것은 개인의 인지적 능력과 연계되는 개념 지식이 풍부하다는 것을 의미한다. 왜냐하면 어휘력은 기본적인 사고 활동이나 학술 활동에 반드시 필요한 능력으로, 개별 단어의 의미는 물론 그것을 문장 속에서 운용하는 지식까지가 모두 여기에 포함되는 인지적 능력을 의미하게 되기 때문이다. 따라서 어휘 지식 혹은 어휘 능력은 어휘에 대한 양적인 지식과 더불어 질적인 지식을 모두 합친 개념이다. 하나의 어휘소를 안

다는 것은 해당 어휘소에 대한 깊이 있는 지식을 의미하며 아래와 같은 요소를 포함한다.

- 형식에 대한 지식 (단어의 음과 단어의 철자, 단어의 형태와 조어법)
- 의미에 대한 지식 (단어의 의미, 단어의 개념 및 연상적 의미)
- 문법에 대한 지식 (단어의 문법적 기능)
- 용법에 대한 지식 (연어 관계에 대한 지식, 사용 제약, 빈도 등)
- 능동적인 사용을 위해 단어를 상기할 수 있는 능력
- 구어나 문어 텍스트에 있어서 단어가 나타날 가능성에 관한 지식, 화용적, 담화적 기능과 그 문체 수준에 대한 지식, 해당 단어가 가지는 문화적 함의

따라서 어휘 지식은 이러한 개별 어휘소에 대한 지식과 더불어 어휘 체계에 대한 지식 모두를 아는 것을 의미하며, 언어 내적 지식과 더불어 언어의 외적 지식까지를 모두 포함한다. 네이션(1990)에서는 어휘 능력에 대해 아래와 같이 세분하여 구어와 문어, 이해(수용)와 표현(생산) 어휘로 구분하여 구체적인 지식 내용을 제시한다. 아래는 형태, 구조, 기능, 의미의 영역에서 구어나 문어의 사용역에서 생산과 수용의 측면에서 어떤 지식을 갖추어야 하는지, 그 때의 정보 유형은 어떤 형태인지를 도표로 보인 것이다. 이들은 결국 음성, 문자, 문법, 공기, 난이도, 문체, 관련어 정보 등의 다양한 언어 지식의 정보 내용에 관여하게 된다.

[표 1] Nation(1990)의 어휘 지식에 대한 구분

구분		사용	지식 내용	정보 유형
형태	구어	이해	어떻게 들리는가?	음성 정보
		표현	어떻게 발음되는가?	
	문어	이해	어휘소가 어떻게 생겼는가?	문자 정보
		표현	어떻게 쓰는가? 철자는 어떤가?	

위치	문법 구조	이해	어떤 구조에서 어휘소가 나타나는가?	문법 정보
		표현	어떤 구조에서 어휘소를 써야 하는가?	
	공기 관계	이해	앞뒤에 어떤 유형의 어휘가 올 것으로 예상되는가?	공기 정보
		표현	어떤 유형의 어휘와 같이 써야 하는가?	
기능	빈도	이해	수준은 어느 정도인가?	난이도 정보
		표현	얼마나 자주 사용해야 하는가?	
	적절성	이해	이 어휘소를 어디서 만날 것으로 예상되는가?	문체 정보
		표현	이 어휘소를 어디에다 써야 할 것인가?	
의미	개념	이해	어휘소의 의미는 무엇인가?	관련어 정보
		표현	이 뜻을 표현하기 위해서는 어떤 어휘소를 써야 하는가?	
	연합	이해	이 어휘소가 연상시키는 다른 어휘들은 무엇인가?	
		표현	이 어휘소 대신에 쓸 수 있는 다른 표현은 무엇인가?	

　　학습자를 위한 사전 정보를 통해서도 학습자가 필요로 하는 어휘 지식의 구성 요소에 대해 살펴볼 수 있다. 한국어 학습자를 위해 개발된 『한국어 기초사전(2012)』의 경우, 개별 등재어에 대해 다양한 정보를 제공하는데, 이는 학습자가 필요로 하는 어휘 지식의 범위라고 볼 수 있다. 해당 사전에 담긴 개별 표제어의 어휘 정보는 아래와 같다.

● 〈한국어 기초사전〉의 표제어 관련 정보
: 품사, 원어, 발음 정보(표준 발음과 현실 발음), 의미 및 멀티미디어 정보(사진, 그림, 동영상), 활용 정보(용언), 파생어 정보, 관련어 정보(유의어, 반대말, 큰말, 작은말, 센말, 여린말, 참고어, 본말, 준말, 높임말, 낮춤말), 통사 정보(용언의 격틀), 오류 정보, 화용 정보

　　위의 개별 표제어의 정보 외에도 사전의 표제어의 선정에는 어휘의 빈도나 중요도 등이 반영되므로, 사전을 통해서도 학습자가 필요로 하는 어휘

지식의 범위를 가늠해 볼 수 있다.[7]

아울러 어휘 지식은 양적 질적 지식 외에도 어휘를 사용할 수 있는 전략적 지식을 포함한다. 다양한 어휘 전략을 사용하여 효과적으로 어휘를 이해하고 사용하는 모든 전략적 능력 역시 어휘 지식의 일부가 된다. 따라서 어휘 지식은 양적 지식, 질적 지식, 전략적 사용 지식을 모두 포함한다고 하겠다.

③ 이해 어휘와 표현 어휘

'이해 어휘'란 문자로 보거나 음성으로 듣고 그 의미나 뉘앙스를 이해할 수 있는 어휘를 말하고, '표현 어휘'는 실제로 말이나 글로 표현할 때 사용할 수 있는 어휘를 말한다. 학습자의 어휘의 습득 순서를 보면, 먼저 이해를 하고 그 다음에 표현할 수 있게 된다. 의사소통 영역에서 말하기와 쓰기 영역은 생산적인 표현 영역이며, 듣기와 읽기는 수용적인 이해 영역이다.

어휘를 습득한다는 것은 여러 가지 단어 지식을 형성하는 구성 요소를 안다는 것을 뜻한다. 그런데 어휘의 지식의 깊이는 여러 가지 측면에서 어휘의 숙달을 필요로 하며, 이러한 다양한 어휘에 대한 지식이 한 번에 완벽하게 습득될 수는 없다. 즉, 어휘 지식의 양상은 동시에 이루어지지 않고 어떤 한 부분이 먼저 향상되고 나머지 부분이 뒤따라 숙달되게 된다. 먼저 새로운 단어에 노출되면 어느 정도의 형태와 의미를 자연스럽게 얻는다. 구어에서의 노출이라면 단어의 전체적인 발음을 기억할 수도 있고 또 어떤 단어는 음절의 수만을 기억할 수도 있다. 문어에서의 노출이라면 단어의 처음 몇 글자만을 기억할지도 모른다. 또한 일회적인 노출일 경우 그 문맥

---

7) 중요도를 표시하기 위한 별표나 등급 표시를 제공하는 경우도 있다.

안에서 사용된 하나의 의미만을 이해할 수 있을 것이다. 때로는 문맥 안에서 품사의 인지도 가능하다. 조금 더 노출이 이루어지면 이러한 특성들은 서로 통합되기도 하고 몇몇 다른 의미들은 충돌되기도 할 것이다. 학습자는 백지 상태에서 부분적 또는 완전한 범위의 지식으로 넓혀가게 된다. 즉, 모든 단어 지식은 알고 있는 것과 모르는 것으로 구분되는 것보다 연속적으로 배열된다고 볼 수 있다. 따라서 어휘에 대한 수용적인, 생산적 숙달은 연속적인 것으로 봐야 한다. 학습자들은 생산적인 지식보다 수용적인 지식을 쉽게 실현할 수 있지만 부분적으로 겹쳐지기도 한다.

이해 어휘는 표현 어휘로 점진적으로 전환되지만 모든 이해 어휘가 전환되는 것은 아니어서, 학습자의 이해 어휘의 수는 표현 어휘의 수보다 많다. 교사는 의사소통 영역에 따라 또는 학습자의 수준을 고려하여, 수업 당 혹은 시간 당 습득되어야 할 이해 어휘와 이해 어휘의 양을 정해야 한다.

④ 한국어 어휘 정보

개별 단어의 어휘 정보에는 음성 음운론적 정보, 문법적 정보(맞춤법, 조어법, 굴절법, 품사, 호응, 연어 등), 의미론적 정보(내포 의미, 외연 의미, 연상 의미, 비유적 의미 등), 문법 정보, 화용론적 정보(기능, 사용역 등) 등이 포함된다.

이러한 어휘 정보를 모두 담아 제시하는 것은 사전이다. 사전은 그 목적이나 사용자에 따라 제시하는 어휘 정보의 범위에 차이를 가질 수 있다. 우선 구체적인 어휘 정보의 목록은 다음과 같다.

철자 정보 (맞춤법, 동형어 정보, 가표제어 정보)
품사 정보 (품사 유형, 준꼴, 세부 품사 포함)
원어 정보 (한자, 영어)
발음 정보 (소리 표기, 녹음 자료)
활용 정보 (굴절법 정보, 조사결합 정보)
파생 정보 (조어법 정보)

의미 정보 (사진, 영상, 번역 정보, 의미론적 정보)

문법 정보 (용언의 격틀 정보)

화용 정보 (고어/신어, 지역 변이형, 사회 변이형, 여성어/남성어, 비속어, 구어/문어, 전문어 등)

관련어 정보 (유의어, 반대말, 큰말, 작은말, 센말, 여린말, 참고어, 본말, 준말, 높임말, 낮춤말 등)

용례 정보 (연어 정보, 호응 정보)

관용구/속담 정보 (목표 단어가 포함된 관용 표현)

각각의 정보에 대해 차례로 살펴보면 다음과 같다.

● 철자 정보

: 맞춤법에 따른 단어의 철자가 제시되며, 동일한 철자를 가진 동형어 번호나 길잡이 말이 제시되어 동일한 철자를 구분하게 돕는다. 학습자가 자주 산출하는 오류 표현이나 혼동하기 쉬운 어휘의 철자에 대해서 가상의 표제어를 제시한 뒤, 옳은 철자로 안내해 준다.

- **날으는(X)** → (새가) 나는
- **가는** → 가는(가늘다) 철사, 길을 가는(가다) 사람, 사과를 가는(갈다) 기계

● 품사 정보

: 「명사」, 「의존명사」, 「대명사」, 「수사」, 「동사」, 「형용사」, 「보조 동사」, 「보조 형용사」, 「관형사」, 「부사」, 「감탄사」, 「조사」, 「어미」, 「접사」 등의 정보가 제시된다. '게 (것이)', '얘(이 아이)'와 같이 문법적으로는 한 단위가 아니지만 형태적으로 하나의 단위처럼 줄어들어 쓰이는 말은 품사 정보 대신 '준꼴'로 제시한다. 구어에서 줄어들기 이전의 말보다 훨씬 높은 빈도로 사용되므로 학습자에게는 중요한 학습 단위가 되므로 표제어로 제시한다.

줄임말을 알 필요도 있다. 한국어에서 줄임말의 사용이 늘어가고 있는데, 어휘의 경제성과도 맞물리며 집단 간에 즐겨 사용하는 유행어의 측면도 가지고 있다. 줄임말은 그 유형이 다양하고 사용 범위가 넓을 뿐만 아니

라 규범에서 벗어난 표현들도 많아 범위를 정하기 쉽지 않지만 고빈도 줄임말은 학습자들에게 별도 제시될 필요가 있다. '수능(대학 수학 능력 시험)', '지자체(지방자치단체)'와 같은 예가 있다.

독립된 품사는 아니지만 고유 명사는 학습자의 필요에 따른 선택적인 어휘 항목이 되는 특성이 있다. 고유 명사는 선행 단어에 대한 단계적인 지식을 요구하지 않기 때문이다. 사람 이름이나 지명, 음식 이름, 물건이나 건축물 등의 많은 단어들이 고유 명사의 목록을 이룬다. 고유 명사 중에는 고빈도 단어도 많아서 한국어 교재의 초급에도 고유 명사가 대거 출현하게 되는데, 학습자 입장에서는 이들 역시 학습의 대상이 된다. 어휘 선정의 대상으로 대표적인 나라 이름, 도시 이름, 음식 이름, 명절, 유적 등의 문화 어휘를 포함할 수 있을 것이다.

아울러, 품사 정보에서 고려할 것이 하나의 형태가 여러 품사로 사용되는 품사 통용어가 있다. 예를 들어 '사실'은 명사와 부사로 사용된다. 이러한 품사통용어의 경우, 학습자들에게는 품사에 대한 이론적 엄격함보다는 의미 중심으로 접근하는 게 바람직하다. 의미 차이가 거의 없는 것은 한 목록으로 다루되, 의미 차이가 명확한 경우에는 별도로 제시한다. 예를 들어 수사와 관형사로 사용되는 '다섯'은 품사는 다르지만 의미에 차이가 없으므로 하나로 제시할 수 있다. 반면에 "어디에 가요"에서의 지시 대명사인 '어디'와 "어디, 말이나 들어보자"와 같이 '벼르거나 다짐할 때, 되물어 강조할 때, 남의 주의를 끌 때 등'에 사용하는 감탄사인 '어디'는 의미가 변별되므로 별개의 단어로 제시될 수 있다.

- ● **원어 정보**
  : 영어나 한자어에서 온 외래어의 경우, 정보를 제공하여 어휘 이해를 돕는다.

- ● **발음 정보**
  : 소리 나는 대로의 표기나 녹음 정보를 제공한다. 모어 화자도 구분하기 어려운 장단음 정보는 필수적이지 않다. 외래어의 한국식 발음이나, 음운 현상, 복수 표준 발음 등에 대한 정보 등이 제공된다.

- ● **활용 정보**
  : 용언의 활용 정보는 이에 익숙하지 않은 학습자에 유용하다. 불완전 동사의 활용 제약형 정보와 체언에 붙는 조사 정보 역시 유용한 정보가 된다.

- **먹다**: 먹는, 먹어, 먹습니다 / **가다**: 가는, <u>가</u>, 갑니다
- **데리다**: 데리고, 데리러, 데려

● **파생 정보**

: 접사의 의미 외에 접사와 결합하는 고빈도 어휘 정보를 제공한다. 아울러 접미사의 품사 전성 정보와 유사한 의미 접사들의 변별 정보도 필요하다. 한자권 학습자(중국, 일본, 동남아 일부)들은 한자 접미사의 용법에 차이가 있을 수 있으므로 대조적으로 접근할 필요가 있다.

- **사람을 나타내는 접미사**: '-가(家), -객(客), -관(官), -꾼, -녀(女), -님, -사(師), -사(士), -생(生), -원(員), -인(人), -자(者), -장(長)'

● **의미 정보**

: 뜻을 정확하게 풀이할 수 있는 가급적 쉬운 말을 사용하는 것이 중요하며, 가능한 통제된 수의 단어로 설명하는 게 바람직하다.

하지만 한국어에 낯선 초급 학습자들에게는 목표 언어로의 뜻풀이는 한계가 있으므로 번역어나 그림이나 사진 등의 정보가 제공되기도 한다. 기본 의미를 넘어 연상이나 내포 의미까지도 포함해야 하며, 필요한 경우 한 단어에 대한 (실세계를 반영하는) 백과사전적 지식에 대한 배려도 필요하다.[8] 한 단어의 의미는 다의 항목으로 나타나기도 하는데, 구체적인 의미에서 추상적인 의미 관계를 지니는 등의 비유적으로나 의미가 달라지는 경우를 말한다. 의미 항목별로 문법 정보나 관련어 정보가 달라진다면 항목별로 구분하여 제시할 필요가 있다.

---

8) 한국에만 존재하는 사물이나 개념에 대해서는 필요에 따라서는 문화적인 배경의 설명도 제시되는 백과사전적 기능을 가질 수도 있다.

[예] 짜다: 팀을 짜다 (유의어: 조직하다) 계획을 짜다 (유의어: 세우다)

[예] 뜨다: 물 위로 뜨다 (반의어: 가라앉다) 뜨는 가수 (반의어: 지다)

● **문법 정보**

: 용언의 경우 언어 산출에 도움이 되는 논항 정보가 필요하다. 학습자의 산출(말
하기, 쓰기)에서는 문형 정보에 대한 지식이 필수적이므로 매우 중요한 정보가
된다.

● **화용 정보**

: 화용적 실패는 고급 학습자라도 모어 화자와의 의사소통에서 결정적 실패를
야기하므로, 화용 정보는 학습자가 알아야 할 정보이다. 단어의 핵심 의미 외에
그 단어에 대한 부차적인 의미 정보(함축적 의미)나 사용역에 대한 정보이다. 예
를 들면 '고어/신어, 지역적 변이형, 사회적변이형, 여성어/남성어, 비속어, 구어/
문어, 전문어'등의 정보가 제공될 수 있다.

● **관련어 정보**

: 관련어 정보는 유의어, 반대말, 큰말, 작은말, 센말, 여린말, 참고어, 본말, 준말,
높임말, 낮춤말 등이 제시되는데, 파생어 관계, 피사동 관계 등을 포함하기도 한
다. 언어교육에서는 관련어의 범위를 비교적 폭넓게 인정하는데, 한국어에서는
관련어가 아닌 것이 학습자의 모국어에서는 관련어를 이루어 학습자로 하여금
큰 틀의 관련어로 인식될 가능성이 있기 때문이다.

우선 유의 관계는 너무 엄격하게 접근하기보다는 학습자가 혼동할 수 있
는 범위 내에서 다소 폭넓게 제시할 필요가 있다. 문맥 내 교체가 불가능
하더라도 기본 개념이 유사한 것은 함께 다룰 수 있다. 유사 관계를 가진
단어들은 다양한 모습으로 나타날 수 있으며, 학습자들에게 이들은 혼동
의 대상이 될 수 있다.

[예] 건물-빌딩, 안다-포옹하다, 사귀다-교제하다, 팔-여덟, 잔-컵 ☞ 어종별

[예] 가령-이를테면, 오류-잘못 ☞ 순화어

[예] 시늉-척, 체, 간-사이, 관계 ☞ 명사-의존명사

[예] 날씬하다-마르다, 웃기다-우습다 ☞ 형용사-동사

많은 어휘적 오류는 유의어를 변별하지 못하는 데에서 기인하므로, 유의어 변별에 대한 자료 제시는 중요하다. 학습자는 흔히 목표어의 의미 관계를 모국어의 관계에 기대지만 학습자의 모국어와 목표어와의 어휘 연상이 언제나 동일한 것은 아니므로 학습에 어려움을 겪는다. 따라서 혼동하기 쉬운 단어들의 비교 혹은 대조적인 설명과 함께, 필요한 경우에는 격자틀 등을 활용하여 이를 구별해 줄 필요가 있다.

	문제	양	부끄러움	사람	재산
거대한	X	O	X	O	X
커다란	O	X	O	O	X
큰	O	X	X	O	O
막대한	X	O	X	X	O

반의어 역시 성별 반의어, 정도 반의어, 방향에 대한 대비를 포함하는 반의어, 부정의 의미를 갖는 반의어들이 폭넓게 포함된다. 이 외에도 어휘의 의미적 배타성이 아니라 사회·문화적으로 대립성을 갖는 것으로 인식되는 어휘들도 반의어의 범위에 포함되기도 한다.

예 성별 반의어: 남자 ↔ 여자
예 정도 반의어: 덥다 ↔ 춥다
예 방향 반의어: 가다 ↔ 오다
예 부정 반의어: 합격 ↔ 불합격
예 사회·문화적 반의어: 동양 ↔ 서양

상위어와 하위어, 자매어 관계는 학습자의 어휘 확장에 매우 도움을 주며, 의미의 이해에도 관여한다. 전체와 부분 관계에 있는 어휘도 상위어와 하위어의 범주로 다룰 수 있다.

예 식당: 양식집, 일식집, 중국집, 한식집
예 과일: 귤, 딸기, 바나나, 배, 복숭아, 사과, 수박 등
예 몸: 가슴, 다리, 등, 머리, 목, 발 등

어휘 교재에서 제시되는 상하 관계는 꽃 이름들을 함께 묶는다거나 옷이나 가구의 개별 항목들을 어휘장 묶음이 포함되기도 한다.

　　예 헤어스타일: 단발머리, 파마머리, 곱슬머리, 생머리
　　예 경조사: 결혼식, 돌잔치, 장례식
　　예 행정구역: 동, 면, 읍, 군, 구, 도, 시
　　예 세계 화폐 단위: 달러, 엔, 유로, 원, 위안, 파운드
　　예 세계의 자모: 한글, 한자, 알파벳

　　또한 한국어 교육 현장에 제시될 만한 상황, 맥락, 장르에서 함께 쓰이는 어휘들을 참조어로 제시하기도 하는데 여기에는 문화적인 맥락에서 함께 제공될 만한 어휘들이 포함된다. 동사나 형용사 중에 서로 같은 개념의 범주 안에 묶일 수 있다면 하나로 묶어 가르치기도 한다.

　　예 교수–학습 현장에서 자주 사용되는 어휘인 {듣기, 말하기, 읽기, 쓰기}
　　예 교실 물건과 관련된 {분필, 칠판, ...} 등
　　예 기후 현상과 관련된 {눈, 번개, 비, 안개, ...} 등
　　예 역사 시대 구분과 관련된 {고대, 중세, 근대, 현대} 등
　　예 착용(동사)과 관련된 {끼다, 메다, 신다, 쓰다, 입다, 차다} 등
　　예 색(형용사)과 관련된 {까맣다, 노랗다, 빨갛다, 파랗다, 하얗다} 등
　　예 맛(형용사)과 관련된 {고소하다, 달다, 담백하다, 맵다, 싱겁다, 쓰다, 짜다} 등

　　엄격하게 보면 어휘 관계로 보기 어렵지만, 유사 맥락에서 사용되어 혼동을 불러일으키는 단어쌍을 참고 어휘로 제시하는 경우도 있다. '상–중–하', '초–중–고' 등과 같이 단계, 등급 등에 관련된 어휘들의 집합과 지시어와 관련된 어휘들의 폐쇄 집합을 묶기도 한다.

　　예 추돌, 충돌 / 송금, 입금
　　예 단계 및 등급 {초등, 중등, 고등}, {상류층, 중류층, 하류층}
　　예 지시어 {거기, 여기, 저기}, {얘, 걔, 쟤}, {이거, 그거, 저거} 등

● **용례 정보**
　　: 맥락 안에서의 의미를 파악하게 하고, 표제어와 통합적 관계를 이루는 단어에 대한 지식을 얻게 한다는 점에서 매우 중요한 정보이다.

예문은 목표 언어의 실제 자료가 효과적이기는 하나, 초급 학습자들이 단어의 의미를 이해하게 도울 수 있는 단순화된 예문 제공도 중요하다. 또한 예문을 통해 그 단어의 가장 전형적인 관습적인 결합 관계를 익히게 하는 것이 중요하다. 예문은 문어체가 아닌 구어체가 적극 도입되어야 하며, 필요한 경우 대화체를 활용한다. 구 단위 표현이나 관습적으로 공기하는 단어의 정보를 충분히 제공할 필요가 있다.

가까이1명

1. 멀지 않고 가까운 곳. 가까이로 가다.(반대말. 멀리)
   - # _가까이로_ 오다. / _가까이에_ 있다.
   - # 학생들은 봄이 되자 학교 _가까이에_ 있는 공원으로 소풍을 갔다.
   - # 지수는 내 목소리가 잘 들리지 않는지 내 _가까이로_ 바싹 다가앉았다.
   - # 가: 저기 저 사람 승규랑 많이 닮지 않았니?

     나: 에이, _가까이에서_ 보니까 하나도 안 닮았다.

2. 어떠한 기준에 거의 다다를 정도. 가까이가 되다.
   - # 우리는 과제를 하느라 이틀 _가까이를_ 한숨도 못 자고 있었던 것 같다.
   - # 눈금이 백 _가까이에_ 가면 위험하다는 신호니까 그때는 나를 불러야 된다.
   - # 그는 사업 실패로 인해 부모님이 물려준 재산 절반 _가까이를_ 잃게 되었다.
   - # 가: 물고기는 몇 마리나 낚았어요?

     나: 두 시간 _가까이를_ 앉아 있었지만 한 마리도 못 낚았어요.

가까이2부

1. 거리가 멀지 않게. (반대말. 멀리)
   - # _가까이_ 다가가다. / _가까이_ 살다. / _가까이_ 오다.
   - # 너도 이리 _가까이_ 와서 우리랑 같이 밥 먹자.
   - # 학교가 집에서 _가까이_ 있어 나는 매일 걸어서 통학했다.
   - # 칠판에 있는 글씨가 잘 안 보이면 _가까이_ 와서 보도록 하세요.
   - # 가: 너 아직 회사지? 나 좀 늦을 것 같아.

     나: 그럼 회사 _가까이_ 오면 다시 연락 줘. 그때 내가 나갈게.

2. 어떠한 기준에 거의 다다르게.

  # 이틀 <u>가까이</u> 남다. / 일 년 <u>가까이</u> 늦어지다.

  # 김 선생님은 마흔 <u>가까이</u> 되어 보였다.

  # 포탄을 맞은 건물은 절반 <u>가까이</u> 파괴되었다.

  # 아버지는 회사에서 삼십 년 <u>가까이</u> 일하고 지난해에 회사를 그만두었다.

  # 가: 손님들이 얼마나 온 것 같나?

    나: 좌석이 거의 다 찬 것을 보니 이백 명 <u>가까이</u> 온 것 같습니다.

3. 서로 친하게.

  # <u>가까이</u> 굴다. / <u>가까이</u> 느끼다. / <u>가까이</u> 대하다.

  # 지수네 가족과 우리 가족들은 서로 <u>가까이</u> 지내는 사이였다.

  # 승규는 나에게 친하게 굴었지만 나는 왠지 그가 <u>가까이</u> 느껴지지 않았다.

  # 가: 유민이가 우리들 욕을 하고 다닌다면서?

    나: 그러게 처음부터 그런 애랑 <u>가까이</u> 지내는 것이 아니었어.

● **관용구, 속담 정보**

  : 목표 단어가 포함된 연어, 숙어, 속담을 충분히 제공할 필요가 있다. 이들의 의미뿐만 아니라 결합 관계 정보를 제공해야 하며, 이들 표현이 실제로 사용되는 양상– 문형 및 논항 정보, 활용 제약 등이 있다면 이에 대한 상세한 정보 제공이 필요하다. 아울러 이들이 사용되는 맥락과 사용할 때의 화자의 의도 등과 맞물려 화용 정보가 제공되는 것이 좋다.

속 명

[관용구] 속(을) 긁다: 기분이 나쁘게 얄미운 행동이나 말을 하다. (문형: 1이 2의 속(을) 긁다) # 시험에서 떨어진 내 앞에서 그는 시험에 합격했다고 자랑하며 내 <u>속을 긁었다.</u>

[관용구] 속(을) 끓이다: 자꾸 신경을 쓰며 마음을 태우다. # 나는 내가 저지른 실수로 <u>속을 끓이며</u> 안절부절 못하고 있었다.

[관용구] 속(을) 떠보다: 남의 마음을 알아보려고 넘겨짚다. (문형: 1이 2의 속(을) 떠보다) # 두 사람은 서로의 속마음을 캐내려고 이리저리 서로의 <u>속을 떠보고</u> 있었다.

[관용구] 속(을) 썩이다: 뜻대로 되지 않아 걱정하고 괴로워하다. (문형: 1이 (2의) 속(을) 썩이다) # 일이 잘 풀리지 않아 나는 한동안 <u>속을 썩였다.</u>

[관용구] 속(을) 차리다. 1. 생각이 있게 행동하다. # 너도 나이가 서른인데 속 좀 차려라. 언제까지 그러고 살래? 2. 자기의 실속이나 이익을 챙기다. # 김 선생이 다른 건 몰라도 제 속은 확실하게 차린다.

[관용구] 속(을) 태우다: 몹시 걱정이 되어 마음을 졸이다. # 석 달 동안 지수에게서 아무 연락이 없어 온 가족들이 속만 태우고 있었다.

[관용구] 속(이) 뒤집히다. 1. 비위가 상하여 토할 것 같이 되다. # 냄새가 너무 지독해서 저도 속이 뒤집힐 것 같아요. 2. 몹시 아니꼽고 얄밉게 느껴지다. # 사사건건 일에 트집을 잡으니 아주 속이 뒤집혀 죽겠어요.

[관용구] 속(이) 보이다: 의도가 뻔히 드러나다. # 가: 너 오늘따라 너무 예쁘다. 나: 속 보이는 소리 하지 마. 뭐 부탁할 거 있지?

[관용구] 속(이) 시원하다: 그 동안 신경이 쓰였던 일이 해결되어 마음이 홀가분하다. #고민해오던 문제가 해결되고 나니 속이 시원했다.

[관용구] 속(이) 타다: 걱정이 되어서 마음이 조마조마하다. # 두 시간이 넘도록 그가 전화를 받지 않자 나는 까맣게 속이 탔다.

[관용구] 속에 없는 말/소리: 속마음과 다르게 하는 말. # 그는 속에도 없는 말을 하며 사장에게 잘 보이려 애를 썼다.

[관용구] 속을 달래: 거북하고 메스꺼운 속을 편안하게 만들다. # 나는 죽을 먹으며 속을 좀 달랬다.

[관용구] 속이 끓다: 화가 나거나 분해서 격한 감정이 마음속에서 치밀어 오르다. # 내 사정은 헤아려주지 않고 일을 시킨 그가 원망스러워 나는 부글부글 속이 끓었다.

[관용구] 속이 떨리다: 마음속으로 몹시 겁이 나고 두렵다. # 나는 내가 한 거짓말이 탄로가 날까 속이 떨렸다.

[관용구] 속이 시커멓다: 순수하지 않고 생각하는 것이 엉큼하고 음흉하다. # 그들은 모두 자신의 이득만 챙기려는 속이 시커먼 사람들이었다.

[속담] 속 빈 강정: 겉만 그럴듯하고 실속은 없음. # 그 회사는 규모는 크지만 부채가 많아서 속 빈 강정이라는 소문이 있어.

[속담] 속이 빈 깡통이 소리만 요란하다: 요란한 겉과는 달리 실속이 없다. # 그 책은 제목만 거창했지 속이 빈 깡통이 소리만 요란하다는 말처럼 별 내용은 없었다.

외국인 학습자의 오류의 대부분은 이러한 결합 관계에 대한 모국어의 간섭 현상에 기인하는 바가 크며, 이는 고급 학습자에 이르러서도 쉽게 바뀌지 않는 특성을 나타낸다. 따라서 이러한 결합관계에 대한 기술은 반드시 번역어가 동시에 제공되어 오류를 방지할 수 있게 하는 것이 좋다.

2 부

항목별 어휘
교수 방안

제3장   조어 단위를 활용한 어휘 교수

제4장   계열적 관계에 따른 어휘 교수

제5장   통합 관계에 따른 어휘 교수

제6장   어휘군별 어휘 교수

제7장   교육용 어휘 항목의 선정과 배열

제 3 장

조어 단위를 활용한 어휘 교수

① 조어 단위와 어휘 교수

한국어는 단일어에 비해 복합어의 형성이 활발한 언어이다. 학습자가 한국어의 조어법을 이해하는 것은 어휘 학습에 도움을 받을 수 있는데, 예를 들어 어근이나 접사의 의미를 활용하여 모르는 단어의 의미를 짐작하는 활동이 가능하고, 조어 단위를 통해 어휘를 확장하는 활동이 가능하다. 조어법에 대한 활용은 아래와 같은 어휘 학습의 효율성을 기대할 수 있다.

우선, 단어 형성 원리를 익혀 체계적인 어휘 학습이 가능해진다. 초급에서는 기초 어휘를 중심으로 모어에 기댄 단순 암기를 통해 어휘 기억에 초점이 두는 반면, 중급에 이르면 조어법의 원리에 대한 교수를 통해 생산적인 어휘 교수가 가능해진다. 조어법의 원리를 익힌 학습자들은 조어 단위를 중심으로 하여 스스로 어휘를 파악하고 이해하는 활동이 가능하다. 한국어에서 점차 증가하는 혼성법에 의한 어휘나 구어에서 나타나는 줄임이나 생략 등의 특수한 조어법도 학습자가 신어를 이해하는 데에 효과적인 방안이 될 것이다.

둘째, 조어 단위에 대한 인식과 이해는 모르는 단어를 만났을 때, 추측하기 전략을 활용할 수 있다는 점에서도 효용이 있다. 학습자들이 단어 형성 과정에 대한 지식을 알게 되면 형태소를 인식함으로써, 조어 단위 분석을 통해 단어의 의미를 추측할 수 있다. 한 언어의 어휘는 너무 방대해서 목표어의 모든 어휘를 학습하는 것은 사실상 불가능하므로, 모르는 단어를 추측하는 활동은 낯선 어휘의 이해에 도움을 준다.

셋째, 생산적 조어 단위 목록을 활용한 어휘 확장도 가능하다. 파생어의 경우, 고빈도로 사용되는 접사나 파생력이 큰 접사의 목록을 통해 어휘를 확장시키는 활동이 가능하다. 의미가 크게 달라지지 않는 병렬 합성어의 경우에도 조어 단위가 되는 고빈도 어근을 활용하여 어휘 확장을 도모할 수 있다. 또한 실생활 언어에서 사용이 증가하고 있는 외래어 접사나 어근을 활용한 어휘 확장 교수도 가능하다.

넷째, 한자어 접사 간 대조 연구를 바탕으로 학습자의 어휘 오류 방지도 가능하다. 예를 들면 한자어 접사 중 부정 접두사 '無, 未, 不, 非'와 대비되는 한국어 접사를 비교하여 그 차이를 교수함으로써, 학습자의 모국어에 의한 부정적인 전이를 방지할 수도 있다. 반대로 중국어나 일본어권 등

한자권 학습자에게 유사 의미를 가지는 한자어 접사를 활용하여 한자어 파생 어휘 확장을 유도할 수 있다.

이러한 측면에서 조어 단위를 바탕으로 한 어휘 교수는 학습자의 어휘 분석, 어휘 추측, 어휘 확장과 오류 방지 등의 다양하게 도움을 준다.

② 한국어의 단어형성법

2.1 단어

단어는 외국어를 배울 때 가장 익숙한 학습의 단위가 된다. 하지만 학술적으로 단어를 정의하거나 단어를 구별하는 일은 모국어 화자들에게도 쉬운 일은 아닌데, 일반 구와 합성어를 구별하거나 의존명사 여부에 대한 판단이 쉽지 않은 경우가 있다.

구가 관용적으로 사용되면서 의미의 굳어짐에 따라 합성어의 지위를 얻기도 하므로, 모어 화자라도 단어 여부를 판단하기가 어려워 사전을 찾을 때가 많다. 예를 들어, '학교생활'은 한 단어인 합성어이지만, '직장 생활'은 구이며, '고속버스는' 합성어이지만 '고속 도로'는 구이다. 이들을 구분하여, 단어 여부에 따라 띄어쓰기를 하는 일은 쉽지 않다.

- 학교–생활, 사회–생활, 직장 생활
- 고속–버스, 고속^도로, 자전거^전용^도로

또한 의존명사 여부에 대한 판단도 쉽지 않은데, 아래 예문에서 '데'는 의존명사이므로 띄어 써야 하고, '–는데'는 연결어미이므로 붙여 써야 하는데, 모어 화자도 이를 구분하지 못하고 혼동하는 일이 잦다.

예

- 밥을 먹는 <u>데(에)</u>, 숟가락이 필요하다. (의존명사)
- 밥을 <u>먹는데</u>, 숟가락이 떨어졌다. (연결어미)

　　외국인 학습자에게 단어 여부에 따른 띄어쓰기의 어려움은 더욱 가중될 수 있는데, 학습자의 모국어의 단어의 의미에 대응하는 한국어 표현은 단어가 되기도 하지만 구가 될 수도 있기 때문이다. 또한 한국어의 단어 부류가 모국어에는 존재하지 않거나 세부 부류가 다를 수도 있으므로 모국어의 단어 개념을 안다고 해서 한국어의 단어 개념을 이해하는 일은 쉽지 않다. 단어 여부는 띄어쓰기의 문제와도 연계되고, 전자 사전에서의 검색 키워드와도 연계된다는 점에서 어휘 학습에서 다루어야 할 문제이다.

　　한국어의 단어는 국어학적 관점에서 체계성을 가지고 분류하였음에도 불구하고, 단어의 정의와 그에 따른 실제 분류된 단어 목록의 특성이 늘 부합하는 것은 아니다. 우선 학교 문법에서의 단어는 '<u>의미</u>를 가진 <u>최소</u>의 <u>자립형식</u>'으로 정의되지만, 단어로 분류되는[9] 조사가 실질적 의미를 가졌는지 자립할 수 있는 형식인지 여부는 논란의 여지가 있다. 보조사를 제외하고는 실질적 의미로 보기 어려운 문법적 의미가 대부분이다. 또한 '돌다리'와 같은 합성어의 '돌', '다리'는 각각 최소의 자립 형식이 합친 것이어서 '최소'라고 보기 어려운 측면이 있다.

예

- 돌—다리(돌로 만든 다리), 봄—비(봄철에 오는 비)
- 영수가 공부를 한다.

　　자립성 여부에 있어서도 조사는 앞선 체언의 받침 여부에 따라 형태가 달라지며, 앞의 체언에 붙여 쓴다는 점에서도 완전한 자립형식으로 보기 어렵다.[10]

---

9) 학교 문법에서 어미와는 달리 조사를 단어로 보는 이유는 조사에 선행하는 체언의 자립성이 어미에 선행하는 용언 어간의 자립성보다 훨씬 높다고 보기 때문이다.

10) 일부 한국어 교재에서는 조사의 첨가적 성격을 드러내기 위해, '-가', '-를'과 같이 단어임에도 불구하고 접사에 붙이는 줄표를 제시하는 경우도 있다.

이밖에도 띄어쓰기에서 허용 규정을 가지고 있는 것들, 예를 들어 보조 용언이나 전문용어 등은 띄어 씀을 원칙으로 두었음에도 하나의 의미 단위로 인식되므로, 이러한 단위들은 학습자의 모국어에서는 한 단어에 대당할 수도 있어 혼동을 주기 쉽다.

- 밥을 다 먹어 간다. / 밥을 다 먹어간다. (보조동사)
- 급성 감염 후 여러 신경 염 / 급성감염후여러신경염 (전문용어)

이러한 단어 정의의 모호성을 이유로 해서, 언어 교육에서는 단어 단위보다는 '의미 단위'에 중점을 둔 '어휘 항목'을 교수의 대상으로 삼는다. 물론 어휘 항목은 단어 단위가 가장 많겠지만, 의미의 단위가 된다면 때로는 형태소 단위나 구 단위도 어휘 항목이 될 수 있는 것이다.

의미 단위에 대한 논의 외에도 품사 정보에 대한 문제도 고려의 대상이 된다. 학교 문법에서 조사인 '이다'는 명사에 붙여 쓴다는 점에서는 조사라고 보지만 용언과 같이 활용을 하며 서술의 문법적 의미를 가진다는 점에서는 용언과 유사하다. 학습자들에게 영어의 'Be 동사'와 가깝게 인식되므로 대부분의 한국어 교재에서는 용언처럼 다룬다.

- 이것은 책이다. / 책이니, 책이어서, 책이고, 책이지만 / 책이었다.

또한 학교 문법에서 형용사인 '없다'의 반의어인 '있다'는 동사와 형용사의 양면의 성질을 가지고 있어, 존대어 역시 '(돈이 많이) 있으시다'와 '(댁에) 계시다'로 구분된다.[11]

---

11) 이런 이유로 학자들은 '이다'에 따로 '지정사'라는 품사를 부여하기도 했고, '있다, 없다'에 존재사라는 품사를 부여하기도 했다.

- 김 선생님은 돈이 많이 <u>있다</u>.(소유하다) / 있으시다.(존대어)
- 그는 내일은 집에 <u>있는</u>다고 <u>했다</u>.(머물다) / 계신다.(존대어)

'있다'는 '먹고 있다' '앉아 있다'에서처럼 보조동사로 사용되기도 하는데, 이러한 다양한 용법은 학습자들에게는 매우 혼란스럽다. 따라서 교사는 품사 전반에 대한 인식은 학교 문법의 틀에 따르되, 실제 교수에서는 학습 자가 이해하기 쉬운 방식으로 구분하여 제시하는 게 바람직하다.

2.2 단일어와 복합어

한국어 단어는 그 형성 방식에 따라 단일어와 복합어로 나뉘며 복합어 의 비율이 높은 편이다. 이에 어휘 교수에서는 복합어 교수에 주목하게 된 다. 우선, 단일어란 '집, 신, 높다' 등과 같이 하나의 어근으로 이루어진 단 어를 말하며, 복합어란 '집안, 높푸르다, 덧신, 높이, 드높다'와 같이 두 개 나 그 이상의 형태소로 이루어진 단어를 말한다. 복합어는 다시 파생어와 합성어로 나뉘는데, 파생어란 어휘 의미를 가진 요소에 접두사나 접미사와 같이 형식 의미 요소가 결합한 단어를 말하며 합성어는 어휘 의미를 강하 게 띠는 요소끼리 결합한 단어를 말한다. 복합어 구성을 인식하고 구성 요 소의 의미를 아는 것은 전체 단어의 이해에 도움을 준다.

단일어		하나의 어근으로 이루어진 단어 (예) 손, 허리, 개나리
복합어	파생어	어근과 접사로 이루어진 단어 (예) 풋-과일, 가위-질
	합성어	둘 이상의 어근으로 이루어진 단어 (예) 책상-다리, 눈-사람

두 개 이상의 형태소로 구성되어 있는 단어 중, 합성어인지 파생어인지의 구별은 직접구성성분에 의한 분석으로 판단한다. 예를 들어, '코웃음'은 '코', '웃-', '-음'의 3개 형태소가 결합한 것인데 직접구성성분 '코'와 '웃음'이 모두 어휘 의미를 강하게 띠는 요소들이므로 합성어이다. 반면에 '비웃음'은 '비-', '웃-', '-음'의 3개 형태소가 결합한 것이지만, 직접구성성분이 '비웃-'과 '-음'이 접미사이므로 파생어이다.

[코-웃음]- 합성어   [비웃-음]- 파생어
코 + 웃음   비웃(다) + 음(접사)

학습자들에게는 파생어냐 복합어냐가 중요하기보다는 복합어의 내부 구성요소를 분석하고 이를 단어의 학습에 활용하는 것이 중요하다. 복합어는 명사 복합어가 가장 수가 많고, 동사 복합어, 형용사 복합어, 부사 복합어의 순이어서 학습자가 명사 복합어를 접할 빈도가 높다. 복합어의 구조를 인식함으로 해서 복합어의 구성 요소를 분석하고, 고빈도 조어 단위가 되는 요소를 파악하는 일은 중요하다.

2.3 파생어

파생어는 접사를 통해 새로운 단어를 만들어 내는 방식으로 때로는 단어의 품사를 바꾸기도 한다. 접사에 대한 인지와 접사를 활용한 어휘 교수는 어휘량 확대에 도움을 준다.

파생어에는 접두사에 의한 파생어와 접미사에 의한 것이 있다. 접두사에 의한 파생어는 '늦잠, 늦심다'에서의 '늦-'과 같이 접두사 뒤에 오는 요소에 의해 단어의 품사가 결정된다.

우선, 접두사는 접미사에 비해 문법적인 의미보다는 어휘적인 의미가 더

두드러지는데, 이런 이유로 접두사는 관형사나 부사와 구별이 어려운 경우가 있다. 관형사는 대부분의 명사에 결합하며 독립적으로 사용됨에 반하여, 접두사는 결합하는 제한된 수의 어근과 결합하는 차이가 있다. 아래의 '서툰' 또는 '충분치 않은'의 뜻의 '선-'은 '선무당, 선잠, 선웃음' 등의 단어로만 제한되므로, 결합 어근이 제한되는 접사의 경우에는 접사에 초점을 두어 가르치기보다는 파생어 전체로 가르치는 것이 효율적일 수도 있다. 하지만 접사 중에서도 아래의 '비-'와 같이 매우 생산적인 것도 있다. 이렇게 다소 생산적인 접사의 경우에는 접사를 통한 단어의 의미 파악과 접사를 포함한 단어족 교수로 확대가 가능하다.

이런 이유로 관형사와 접사의 구분은 띄어쓰기의 오류 문제와 연계되기도 한다.

- **관형사:** 전(全) 세계, 전(前) 시대, 구(舊) 건물
- **접두사:** 선-잠, 비(非)-공식, 신(新)-기록

아래의 '새-'나 '전-'의 예처럼 형태만으로는 관형사, 접두사 간의 구분이 어려운 경우도 있다. 이들은 의미 또한 크게 다르지 않아, 학습자는 물론 모국어 화자에게도 구분이 어려울 수 있는 것들이며 띄어쓰기 오류로 나타날 수 있다.

(관형사) 새 책, 새 옷, 새 집 vs (접두사) 새신랑, 새살림, 새판
(관형사) 전 부인, 전 시대, 전 학기 vs (접두사) 전처, 전날, 전달

다음으로, 접미사는 의미를 더하는 일 이외에 문법적 성질을 바꾸어 품사를 바꾸기도 한다. 접두사에 비해 접미사는 생산성이 높은 것들이 많으며, 의미가 뚜렷하여 새 단어를 만드는 데에 큰 역할을 하므로 어휘 교수에서의 활용도가 크다.

- 명사파생: (예) 굵-기, 달리-기, 죽-음, 웃-음

- 동사파생: (예) 공부–하다, 가공–되다, 각성–시키다
  - (예) 괴롭–히–다, 긁–히–다, 튀–기–다
  - (예) 까딱–거리다, 까딱–이다, 까딱–하다
- 형용사파생: (예) 가난–하다, 걱정–스럽다
- 부사파생: (예) 많–이, 멀–리, 같–이, 자연–히

하지만 의미가 유사한 접미사 간에 혼동이 있을 수 있으므로, 결합하는 어근 정보에 대한 정보 제공이 중요하다. 예를 들어, 형용사 파생접미사인 '–답다'과 '–스럽다'는 의미가 유사하나 차이가 있고, 결합 어근에는 차이를 보이기 때문에 이를 변별하여 교수해야 한다.

- 정답다, 꽃답다 / 어른답다, 엄마답다
- 복스럽다, 자랑스럽다, 조잡스럽다 / 어른스럽다, *엄마스럽다

개별 접사 교육의 우선순위는 얼마나 다양한 복합어를 만들어 내느냐(조어 단위로서의 역할)와 만들어진 파생어가 얼마나 많이 쓰이느냐(사용 빈도), 그리고 파생어의 숙달도별 교육과정 적합도 등을 함께 고려하여 결정해야 할 것이다. 전체 복합어의 조어 방식을 보면 접미 파생어가 가장 많고, 합성어, 접두 파생어의 순으로[12] 복합어가 활발하게 사용된다. 접사는 특성별로 무리지어 교수할 필요가 있다. 예를 들어, 접두 파생어 중, '풋–, 짓–, 샛–' 과 같은 고유어는 주로 의미를 강조하여 어휘 이해에 활용하고, 한자어 '비–, 불–, 무–, 민–'등은 반의어 형성에 관여하고 있으므로 어휘 의미 관계의 교수에 활용할 수 있을 것이다.

---

12) 교재 분석 결과, 복합어는 접미 파생어(50%)가 가장 많고, 합성어(44%), 접두파생어(6%)의 순이었다.

2.4 합성어

합성어는 둘 이상의 어근(실질 형태소)으로 이루어진 단어를 말한다. 합성어에는 통사적 합성어와 비통사적 합성어로 구분할 수 있는데, 통사적 합성어는 두 요소가 결합하는 방식이 구를 이룰 때와 같은 단어를 말한다.

- 논밭, 작은집, 새신랑, 들어가다 (통사적 합성어)

그런데, 통사적 합성어는 구와 같은 방식으로 만들어지므로 구와의 구별이 어렵다. 우선 통사적 합성어의 경우에는 일반구와는 의미적으로 구분되며 띄어쓰기에도 차이가 있다. 또한 구와는 달리 합성어는 한 단어이므로 그 내부에 다른 요소가 개입될 수 없다.

- (평수가) 작은 집 vs (작은 아버지가 사시는) 작은집
- 깎아 먹다 / 깎아(서) 먹다 vs 뛰어나다 / * 뛰어서나다 (X)

이에 반해 비통사적 합성어는 구의 방식과는 다른 특이한 결합 방식을 보인다. 구의 경우에는 '초(의) 불'이나 '덮은 밥' 등으로 나타나나, 합성어는 이와는 다르다. 비통사적 합성어는 구성 요소의 단순한 합이 아니라 사이시옷이 삽입되거나 일부 어미가 탈락되고, 일반적 어순과 달라지는 등 일반 구의 형태와는 다르다. 구성 요소의 의미로 전체 의미를 파악하는 것은 어렵지 않으나, 철자의 달라짐에 주의하면서 단어의 형태를 학습할 필요가 있다.

- 초의 불, 덮은 밥, 높고 푸르다, 바람이 산들 (분다) – (구)
- 촛불, 덮밥, 높푸르다, 산들바람 – (비통사적 합성어)

합성어는 어근 간의 관계에 따라 대등 합성어, 수식 합성어, 융합 합성어로 구분되기도 한다. 대등 합성어나 수식 합성어의 경우에는 구와의 의미 구분에 주의해야 하나 어근 의미의 이해를 통해 전체 의미를 파악하는 데에 큰 무리가 없는 반면, 융합 합성어는 결합된 어근이 이루는 단어의 의미가 변화하거나 품사가 바뀌는 경우도 있어, 어근의 의미에 주목하기보다는 단어 전체를 통째로 학습하는 게 바람직하다.

- **대등 합성어**

  : 두 단어나 어근이 병렬 관계, 곧 본래의 의미를 가지고 대등한 자격으로 연결되는 단어 (예) 손발, 높푸르다

- **수식 합성어**

  : 두 단어나 어근이 서로 주종 관계로 연결되는 단어. 앞의 어근이 관형어나 부사어의 의미를 가지게 되는 경우 (예) 손가방, 밤나무

- **융합 합성어**

  : 두 단어나 어근이 융합 관계, 곧 각각의 뜻이 없어지고 하나의 새로운 뜻을 나타내는 단어. (예) 돌아가시다(죽다), 밤낮(매일), 피땀(노력)

또한 합성어는 품사에 따라 명사 합성어, 동사 합성어, 형용사 합성어, 관형사 합성어, 부사 합성어 등으로 나뉠 수 있으며, '구석구석, 하나하나, 오래오래'처럼 같은 어근이 반복되면서 만들어 내는 반복 합성어도 있다.[13]

복합어의 품사별 분포를 보면 한자어의 경우에는 명사의 비중이 압도적으로 많으며, 주로 전문적인 용어에 많이 사용되므로 학문목적 학습자들은 한자 복합어에 주의를 기울일 필요가 있다.

---

13) 최근 '여자여자하다' 등과 같이 단어를 반복하거나 '부끄부끄'처럼 어근을 반복하여 합성으로 만들기도 하는데, 일시적인 유행어는 학습자 흥미를 위해서 이해 차원의 설명은 가능하나, 교수 대상이 되기는 어렵다.

③ 조어 단위 교수 방안

3.1 복합어와 어휘 확장

복합어는 아래와 같이 파생어나 합성어로 어휘가 확장될 수 있음에 주목할 필요가 있다. 이러한 조어 방식에 의한 어휘의 확장은 중급 이상의 학습자에게 새로운 어휘를 습득하는 중요한 방법이 된다. 이들은 접사든 어근이든 해당 조어 단위를 중심으로 생산적으로 새말이 만들어지고 있음에 주목해야 한다.

- **조심**: 말조심, 몸조심, 불조심, 조심성, 조심하다, 조심조심, 조심히
            (명사)   (동사)   (부사)
- **결정**: 결정권, 결정적, 결정타, 결정되다, 결정짓다, 결정하다
            (명사)   (동사)
- **우려**: 우려감, 우려되다, 우려하다, 우려스럽다
            (명사)   (동사)   (형용사)

3.2 파생어 교수

접사를 활용한 어휘 교수는 어휘 이해 교수와 어휘 확장 교수로 구분해 볼 수 있다. 우선 접사의 이해를 통해 모르는 단어를 예측할 수 있다. 학습자는 접사와 어근의 분석을 통해 의미를 짐작할 수 있다는 점에서 어휘를 짐작하기 전략으로 활용할 수 있다. 접사의 결합 양상과 접사의 기능 및 의미에 관하여 학습하면 단어의 확장에 도움이 되기 때문이다. 예를 들어 '풋-과일'을 배우면서 '풋 + 과일'를 분리하여 '풋-'의 의미를 학습하게 된다면, '풋-사과, 풋-고추' 등의 단어를 만났을 때, 해당 단어의 의미를 짐작할 수 있다. 이러한 어휘 짐작하기 전략은 '풋-사랑, 풋-내기' 등과 같이 추상 어휘로 확장될 수 있다. 하지만 '미숙하거나 서툰'이라는 의미를 가지는 모든 단어에 사용되는 것은 아니므로, 결합 가능한 어근에 주의를 기울여야 한다.

  구체적인 파생어 교수의 방안을 제안해 보면 아래와 같은 것들을 생각해 볼 수 있다. 첫째, 교재나 교육 현장에서는 구체적인 접사의 목록을 만들고 해당 접사의 의미와 접사가 만드는 단어를 집중적으로 학습하게 할 수 있다. 교사나 교재 개발자는 대상이 되는 접사의 목록을 정하고 빈도나 조어력이 높은 것을 우선 학습 접사로 선정한다. 접사 중 사용 빈도가 높고 다양한 텍스트에서 고루 사용되는 것, 각 텍스트 당 분포 빈도도 높은 것이 직접 교수의 대상이 된다. 학습 목표가 되는 접사를 선정하는 데에는 한 접사가 얼마나 다양한 어근과 결합할 수 있는가 하는 접사의 조어력을 기준으로 교수 목록을 정할 수 있다. 생산성이 강한 주요 접두사와 접미사 목록을 활용하여 해당 접사를 직접 교수한다면 그만큼 많은 수의 단어에 대한 이해와 확장이 가능해지는 것이다.

  다음으로, 접사의 생산력 외에도 접사가 포함된 파생어 자체의 빈도도 중요하다. 해당 접사가 포함된 단어 자체의 빈도가 높을수록 학습자가 자주 만나게 될 가능성이 높기 때문이다. 예를 들어 접미사 '-비(費)'와 '-료(料)'를 비교해 볼 때, '-비'와 결합하는 어근의 빈도가 높아 해당 단어들이 더 자주 사용될 가능성이 있기 때문이다.

  또한, 교수 현장에서 적용하려면 생산력과 빈도 외에도 숙달도에 적절한 접사를 고르는 것도 중요하다. 예를 들어 '-님'은 매우 생산적인 접사인 동시에 결합하는 단어의 수준이 초급 학습자 대상 교육에 적절하다. 예를 들어, '-님'은 '사장님/총장님, 부처님/예수님'과 같은 사람을 높이거나 '달님/별님/토끼님/해님'처럼 동물의 일부를 인격화해서 높임을 나타내는데, 결

합하는 어근 역시 고빈도 단어로 초급 수준이기 때문이다.[14]

- **−님**: 선생님, 사장님, 이사님, 달님, 별님 등 ☞ 초급에 적절
- **−질**: 가위질, 곁눈질, 입질, 노름질, 딸꾹질 등 ☞ 중급 이상에 적절

마지막으로 유사 의미를 가지는 접사 군 내에서의 상대 빈도 역시 교수 우선순위 조정에 고려 대상이 될 수 있다. 유사 의미의 접사를 한 번에 가르치기보다는 순차적으로 제시하는 것이 효과적일 것이다.

- **'돈' 관련 접사**: −금(金), −액(額), −비(費), −료(料), −세(稅)
- **'장소' 관련 접사**: −장(場), −실(室), −처(處), −점(店), −구(口), −터
- **'행사' 관련 접사**: −식(式), −전(展), −제(祭), −회(會)

둘째, 접사를 중심으로 하여 어휘를 확장 학습을 할 수 있다. 예를 들어 접미사 '−인(人)' 역시 아래와 같이 분화된 의미로 다양한 확장이 가능하며, 학습자들은 이를 통해 어휘를 확장할 수 있다.

---

14) 한편 접사 '−님'은 의존명사의 용법으로 확대되어 '김철수 님'과 같이 이름 뒤에 활발하게 붙어 나타나기도 한다.

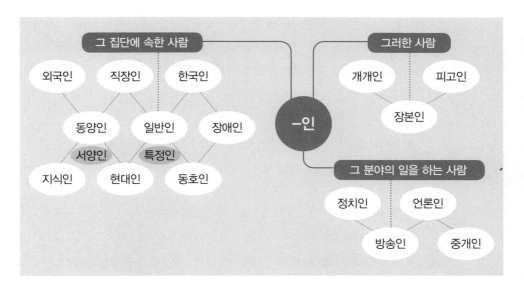

셋째, 접사의 다양한 의미 항목의 확장을 통해 어휘를 늘려가는 방법도 가능하다. 예를 들어 접미사 '-질'은 결합하는 어근의 의미에 따라 도구, 신체, 행위, 직업 등을 나타낼 수 있다. 학습자는 결합 어근의 부류에 따른 기본 의미와 확장된 의미를 단계적으로 학습할 수 있다.

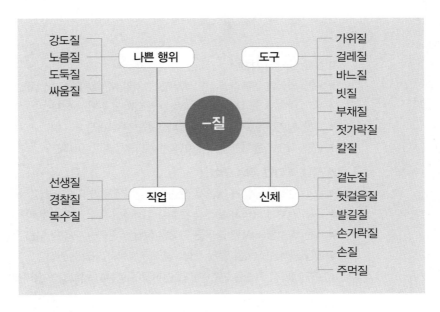

넷째, 파생어의 품사 변화에 주목하여, 품사 전성에 대해서도 가르칠 수 있다. 품사를 바꾸는 문법적 의미를 가진 접미사의 목록들로 문법 교수에

활용되기도 한다. 예를 들어, 형용사 '넓다'는 접미사 '-이'를 붙여 명사를 만드는데, '-이'를 붙여 명사를 만드는 단어의 목록을 제시하여 다른 품사로의 어휘 확장을 유도할 수 있다. 아울러 접사는 피동, 사동을 만들기도 한다.

- **명사화 접미사**: -이(넓이, 길이, 높이, 깊이), -기(굵기, 달리기)
- **용언화 접미사**: -하다(공부하다, 일하다), 되다(사용되다, 거짓되다), -시키다(오염시키다)
- **부사화 접미사**: -히(조용히, 무사히), -이(깊숙이, 높이)
- **피동 접사에 의한 파생**: -이, -히, -리, -기(먹히다, 닫히다)
- **사동 접사에 의한 파생**: -이, -히, -리, -기, -우, -추, -구(낮추다, 알리다)

다섯째는 유사 의미를 가진 접사를 묶어, 결합 어근별로 구분하여 의미를 구분하는 교수도 가능하다. 예를 들어 한국어에는 사람을 나타내는 접사가 매우 다양한데, 해당 의미군에 쓰이는 접사를 의미별로 구분할 수 있다. 또한 이들 접사들은 같은 의미에 속하더라도 접사별 결합의 제한이 있으므로 어근별 결합 접사를 따로 학습해야 한다.

1) 집단, 집단의 사람
- -인: 외국인 연예인 직장인 동양인 정치인 지식인 현대인 언론인
- -자: 과학자 노약자 사회자 교육자 근로자 소비자 시청자
- -진: 경영진 연구진 의료진 제작진 출연진 취재진
- -민: 수재민 원어민 원주민 이주민 새터민 실향민 이재민

2) 직업, 직업인, 직업 구성원
- -가: 음악가 사업가 소설가 전문가 예술가 작곡가 미술가 법률가
- -사: 간호사 요리사 운전사 변호사 미용사 조종사 선교사 통역사
- -원: 종업원 회사원 공무원 안내원 상담원 연구원 구성원 팀원 은행원 경비원
- -관(공적인 직책을 맡은 사람): 경찰관 소방관 외교관 면접관
- -장이(특정 기술을 가진 사람): 간판장이 땜장이 양복장이 옹기장이 칠장이

3) (집단의) 우두머리
- -장: 주방장 팀장 학교장 단체장 구청장 지점장 협회장 위원장 이사장

4) 손님

- −객: 관광객 관람객 탑승객 방청객 등산객 여행객 방문객 이용객 투숙객

5) 학습하는 사람

- −생: 대학생 유학생 졸업생 모범생 장학생 동창생 재수생

6) 어떤 특성을 가진 사람

- −꾼: 구경꾼 낚시꾼 사냥꾼 일꾼 장사꾼 농사꾼 심부름꾼
- −쟁이: 거짓말쟁이 겁쟁이 고집쟁이 수다쟁이 욕심쟁이 심술쟁이

7) 가족, 친족, 혈족

- 시−: 시부모 시동생 시어른 시누이
- 친−: 친딸 친아버지 친언니 친형제
- 외−: 외삼촌 외할머니 외손자

여섯째, 유사 의미를 가져 혼동이 되는 파생 접사를 변별하여, 오류를 방지하는 교수도 가능하다. 장소를 나타내는 유사 접미사도 다양하다. 장소를 나타내는 접미사들은 규모나 공간의 형태, 공간의 목적 등에서 의미에도 차이가 있고, 각각 결합하는 어근에 차이를 보이므로 이를 변별하여 학습하여야 한다. 한자권 학습자의 경우, 모국어와 비교하여 결합 방식이 일치하지 않는 경우에는 오류로 이어지므로 대조적 관점에서 비교를 하는 것도 필요하다.

−관 대사관, 도서관, 박물관, 미술관, 영화관, 체육관	−실 교실, 사무실, 화장실, 거실, 욕실, 침실, 미용실, 연구실
−장 수영장, 시장, 운동장, 경기장, 주차장, 야구장, 축구장, 예식장, 스키장	−점 백화점, 서점, 음식점, 제과점, 편의점, 할인점, 매점

또한 형태와 의미의 유사함으로 혼동되는 접사도 있다. 예를 들어 '홑'의

'여러'에 대응하는 말로, '홑'은 '짝을 이룬 것 혹은 제한된 무리 중 하나'를 의미하는 말로 사용하므로, 그 중 한 개의 의미이면 '홑', '짝이나 제한된 범위의 무리' 안에서 완전체가 아닌 하나를 의미한다면 '홀'을 사용하도록 구분하여 교수한다.

> **예**
> - **홑-**: 홑몸/홑바지/홑옷/홑이불
> - **홀-**: 홀몸/홀시아버지/홀시어머니/홀아비/홀어미

일곱째, 접사가 덧붙으며 반의 관계를 보이는 경우도 있다. 접사를 더해 '구속:불구속', '등록:미등록'과 같은 반의어로 나타나기도 하며 '홑바지'와 '겹바지'처럼 대립적인 단어를 형성하기도 한다. 이때는 반의어나 관련어의 짝에 대한 교수가 필요하다. 예를 들어, '아님'을 나타내는 부정적 의미를 가지는 한자 접미사인 '미-', '비-', '불/부-'는 대립어별로 매우 상이하게 나타나므로 구분해서 교수한다.

> **예**
> - 등록:미등록, 완성:미완성, 해결:미해결, 개발:미개발
> - 공식:비공식, 정상:비정상, 무장:비무장, 민주:비민주
> - 가능:불가능, 평등:불평등, 공정:불공정 / 도덕:부도덕, 자유:부자유

여덟째, 어종별 접사 교육을 고려할 수도 있다. 한자권 학습자의 경우, 어종별로 고빈도로 사용되는 목록을 중심으로 별도의 교수 목록을 정해 교수할 수도 있을 것이다. 접사의 종류는 한자어가 많으나, 사용 빈도 면에서는 고유어가 한자어에 비해 더 높다. 이는 고유어 접사의 생산성을 의미하는 것으로 접사의 결합력에 대해 주목해야 한다. 아래는 한국어 교재에서 많이 나타난 접사를 어종별로 구분해 보인 것이다.

- **고유어 고빈도 접사**
  : 사람들, 이쯤, 조금씩, 백 원짜리, 우리끼리, 건강하다, 교육시키다, 첫째, 갑순이, 선생님, 많이, 여인네, 천 원어치, 보이다, 취소되다, 안기다, 깨우다, 맨주먹

- **한자어 고빈도 접사**
  : 제삼, 이틀간, 십여 년, 추가분, 경찰관, 경부선, 시간당, 주택가, 고가구, 상품권, 추모제, 한 시간가량, 학년별, 저학년, 서울행, 일반적, 회의실, 9시경

접사의 생산성은 구어인지 문어인지에 따라서도 달리 나타나기도 하는데, '-드리다', '-시키다'나 '-별', '-적'과 같은 접미사는 상대적으로 구어보다는 문어에서 활발히 사용된다.

3.3 합성어 교수

합성법은 새로운 단어의 형성에 중요한 역할을 하므로, 합성어의 구성 요소를 파악하는 활동은 어휘력 확장에도 큰 도움이 된다. 합성어 역시 어휘 이해 활동과 어휘 확장 활동이 가능하다.

첫째, 한자어로 이루어진 단어 역시 해당 한자어를 이루는 조어 단위를 이용해 어휘의 의미를 추측하거나 확장하는 학습을 할 수도 있다. 일 음절 한자는 단독 단어로 쓰이지 않으나, 의미를 가진 독립 어근으로 기능하면서 마치 접사처럼 새로운 단어를 만들어내는 경우가 많다. 예를 들어 '學(배울) 학'은 접미사 또는 어근으로도 사용된다. 먼저, 접미사 '학'은 수학, 물리학 등의 다양한 파생어를 만들어내는데, 이 때 '학'의 의미를 안다면 쉽게 학습할 수 있다. 또한 '학'이 '학문, 학생'과 같이 단어의 어근으로 쓰이는 경우에도, 학습자가 '배우다'의 의미를 가진 것을 안다면 단어의 전체의 의미를 이해하는 데에 도움이 된다. 이렇듯 일 음절 한자어의 의미를 파악하여 다양한 한자어의 의미를 파악할 수 있는 경우가 많은데, 특히 고급 수준의 학문 목적 학습자의 경우 이런 원리를 활용할 수 있는 장점이 있다. 일 음절 한자어 어근은 접사가 되는 일도 있으나 접사인지 어근인지 여부가 중요한 것은 아니고, 어휘 확장에 활용하는 것이 중요하다.

- '수<u>학</u>, 물리<u>학</u>, 공<u>학</u>, 국문<u>학</u>' ☞ 접미사
- '<u>학</u>문, <u>학</u>생, <u>학</u>교, <u>학</u>습, <u>학</u>업, <u>학</u>술' ☞ 어근

둘째, 합성어의 구성 요소 중 생산성이 있는 어근에 주목하여 어휘 교수에 활용할 수 있다. 합성어의 어근 분석을 통해 어휘 의미 짐작하기 활동과 더불어 어휘 확장 활동이 가능하다. 병렬 합성어는 비교적 의미적 투명성이 유지되어, 구성 성분의 의미를 알면 전체의 의미를 쉽게 짐작할 수 있는 장점이 있다. 상대적으로 의미 변화가 없는 병렬 합성어의 경우에도 굳어진 의미를 가르쳐야 하며 한 개념이 되었음을 강조해야 한다.

그런데 이러한 유형의 합성어들은 일반 구와의 구별이 쉽지 않다. 예를 들면 아래는 '버스'가 포함된 합성어와 일반 구인데, 구성 요소의 의미만으로 전체의 의미를 유추할 수 있으며, 유사한 표현들 중 아직 합성어가 되지 않은 것들이 존재하기 때문에 둘 간의 구별이 쉽지 않다. 따라서 지나치게 띄어쓰기에 주목하기보다는 해당 어근이 가지는 생산성에 주목하여 어휘 확장 활동으로 연계하는 게 좋다.

- 고속버스, 직행버스, 마을버스, 좌석버스, 공항버스 ☞ 합성어
- 심야 버스, 간선 버스, 지선 버스, 광역 버스, 급행 버스 ☞ 구

하지만 합성어는 기본적으로 의미가 변화하여 한 단어를 이룬 것이므로 합성에 의한 어휘 의미 변화도 교수의 대상이 된다. 모든 합성어가 의미를 유추할 수 있는 것은 아니며 전체가 비유적으로 사용되어 의미가 투명하지 않은 것들도 있다. 즉 단어나 접사의 결합으로 인하여 합성어와 파생어가 비유적 의미를 갖는 경우는 조어 단위를 분석하기보다는 전체를 하나의 단위로 가르치는 게 합리적일 것이다.

예 가시: 가시방석
　☞ '가시가 박힌 방석에 앉는 것처럼 불편하다'는 의미를 유추

예 상자: 바보상자
　☞ '텔레비전'에 대한 비유적인 표현

셋째, 합성어 교수는 합성에 중심적인 역할을 하는 대표 어휘를 빈도수 및 생산성에 의하여 선정하여 어휘 교수에 활용할 수 있다. 합성어의 어근 중 조어력의 측면에서 생산성이 높은 순으로 자료를 제시하는 것은 의미가 있다. 이는 한 어근이 만들어내는 단어의 생산력을 조사한 것으로, 조어력을 기반으로 한 어휘 확장 교수에 있어서는 접사뿐만 아니라 생산적 어근에도 주의를 기울일 필요가 있음을 의미하는 것이다. 한국어 교육 자료에 다수 나타난 고빈도 어근에는 다음과 같은 것들이 있다.[15]

● **고빈도 어근**
: 가까워지다, 가정집, 거듭나다, 가려내다, 강물, 걸려들다, 거짓말, 뒤꿈치, 겨울날, 가시밭길, 가져가다, 빈손, 가져오다, 한구석, 거침없다, 국화꽃, 마당발, 눈가, 국밥

넷째, 합성어 교수에서 주의할 것 중, 사이시옷이 첨가된 합성어의 형태에 관한 것도 있다. 한자어와 한자어의 결합에는 사이시옷을 사용하지 않으며, 그리고 고유어와 고유어 혹은 한자어와 고유어가 결합할 때는 사이시옷을 사용하는 게 일반적이다. 다만, '곳간'처럼 한자어와 한자어의 결합에서 예외적으로 사이시옷을 사용하는 경우도 있으니, 이를 주의해서 가르쳐야 한다.

예 전세-방(傳貰房), 기차-간(汽車間)
예 나뭇-잎, 윗-집, 찻-집[16], 세숫-물(洗手-)
예 곳-간(庫間), 셋방(貰房), 툇간, 숫자(數字), 찻간(車間), 횟수

다섯째, 합성어를 제시할 때는 해당 단어의 다의 관계를 고려하여야 한다. 같은 단어가 포함된 합성어의 경우에도, 원래 단어의 개별 의미 항목

---

15) '지다'는 120개의 합성어의 구성 요소이다.
16) 차(茶)는 한자도 존재하나 표준국어대사전에서의 '차'는 고유어로 보고 있다.

에 따라 결합되는 합성어는 다른 양상을 보이기 때문이다. 예를 들면 '뜻풀이'와 '뜻깊다'의 '뜻'은 각각의 의미 항목에 따라 합성어를 이루는 결합 어근이 달라진다. 따라서 합성어를 교수할 때는 구성 성분이 되는 단어의 다의적 의미를 연계하여 합성어 전체의 의미를 교수하는 게 바람직하다.

● 뜻:
1) 말이나 글, 또는 어떠한 행동 따위로 나타내는 속내. (예) 뜻풀이, 뜻하다
2) 어떠한 일이나 행동이 지니는 가치나 중요성. (예) 뜻밖, 뜻깊다, 뜻있다

3.4 복합어 교수에서 고려사항

합성어와 파생어는 복합이라는 조어 방식을 통해 새로운 의미를 가지게 된 단어들이다. 하지만 모든 복합어가 사전에 등재되는 것은 아니므로, 교사는 교수 대상이 되는 복합어의 선정에 있어 몇 가지 요소들을 고민할 필요가 있다.

첫째, 모든 파생어가 사전에 오르는 것은 아니라는 점을 고려해야 한다. 따라서 교사는 사전에 오르지 않은 파생어라도 이를 목록화할 필요가 있다. 목표가 되는 조어 단위를 선정한 뒤, 이와 연관되는 파생어를 숙달도별로 정리하여 이를 어휘 확장 교수에 활용해야 한다. 수업 시간에 모두 다루지 못한다면, 과제 등을 활용하여 어휘 확장을 도울 수 있다. 학습자 워크북이나 학습용 어휘 사전, 어휘 평가 등의 자료에 적극 활용할 수 있다.

둘째, 합성어는 구와는 달리 새로운 의미를 획득한 단어임에는 분명하나, 상대적으로 의미의 투명성 높은 병렬 합성어의 경우에는 구성 요소 중의 하나인 어근을 통해 전체 합성어의 의미를 짐작하는 활동이 가능하다. 특히 한자 어근이나 외래어 어근의 경우, 생산적 어근을 중심으로 목록을 마련하여 이를 교수 어휘 학습 자료로 활용할 필요가 있다.

셋째, 사전에도 등재어로 오르는 복합어에 준하는 구 단위 복합 형식에도 주목할 필요가 있다. 〈표준국어대사전〉에서는 아직 단어화 하지는 않았으나, 하나의 개념으로 수렴되는 복합적인 구에 대해 기호(˘)를 사용하

여 이를 표제어로 제시하고 있다. 이들은 일상생활에서 통상 하나의 의미 단위로 해석되거나 특정 분야에서 단일 개념으로 사용되는 점을 고려하여 일반 구와의 쓰임과는 다른 단어 간 긴밀성을 드러내고자 한 것이다.

- 자전거 전용 도로, 버스 전용 차로제, 도로 교통법, 자동차 경주
- 고속 기억 장치, 컴퓨터 단층 촬영기, 전국 소년 체육 대회

이런 이유로 일반인의 인식에는 매우 밀접하게 연관되어 하나의 의미 단위로 인식되기도 한다. 이렇게 하나의 의미 단위로 해석되는 '구 단위의 복합 형식'의 경우, 학습자에게는 주요한 학습 어휘 목록이 될 수 있다는 점에서, 하나의 단위로 제시하는 것이 효율적일 수 있다.

넷째, 사전에서 하나의 등재어로 제시하지는 않으나, 부 표제어나 예문 등의 형식을 통해 긴밀한 사용을 드러내는 예시에도 주목할 필요가 있다. 한국어 교육 자료에 자주 등장하는 구 단위로 예시들은 다양하다.

여자 친구	대인 관계	교통 카드	여가 생활
봉사 활동	취미 활동	인터넷 사이트	체험 학습
남자 친구	관리 사무소	인터넷 쇼핑	부하 직원
설문 조사	개인 정보	전래 동화	식사 예절
하루 종일	안내 방송	감시 카메라	정보 통신
신입 사원	인터넷 쇼핑몰	향토 음식	대형 할인점
생일 파티	유실물 센터	스마트 기술	불우 이웃
신문 기사	외국 사람	전통 놀이	전기 자동차
취미 생활	전기 요금	하루 일과	취직 시험
주의 사항	외국인 등록증	근무 조건	분실물 센터
생활 습관	음식물 쓰레기	안내 말씀	오염 물질
버스 정류장	대안 학교	여가 시간	
조기 유학	미래 사회	인성 교육	
여가 활동	기분 전환	회원 가입	
서비스 센터	편의 시설	공포 영화	

이들에는 몇 가지 유형이 있다. 우선, 합성어에 이르는 수준으로 사용되

는 구도 있다. '여자 친구'나 '남자 친구'는 친구의 성별을 의미하기도 하지만, 일상생활에서 '사귀는 사람'의 의미를 가지기도 한다. 이런 이유로 단순한 이성 친구는 '여자 사람 친구(여사친), 남자 사람 친구(남사친)'와 같이 줄여 부르기도 하고, '사귀는 사람'의 경우에는 '여친, 남친'과 같은 준말을 사용하여 둘 간의 의미를 구분해서 사용하기도 한다. '서비스 센터, 관리 사무소, 유실물 센터, 개인 정보, 회원 가입, 인터넷 쇼핑몰'처럼 특정 사용역에서 구 단위 전체가 하나의 단어처럼 기능하는 경우도 있다.

다음으로, 단순히 공기 빈도가 높아서 한 덩어리로 인식되는 경우가 있는데, '봉사 활동, 안내 방송, 신문 기사, 취미 생활, 하루 종일, 주의 사항'과 같은 구들은 두 단어의 공기 빈도가 매우 높아 모국어 화자도 띄어쓰기에 어려움을 겪을 수 있다. 또한 외국어로 번역하면 한 단어로 인식되는 '아침 식사, 저녁 식사'와 같은 예는 외국인 학습자에게는 단어 단위로 인식되기 쉬워 언어 간 번역에서 경계에 서는 구들이라고 하겠다.

어휘 교수에서는 이들이 단어이냐 구이냐 여부에 초점을 두기보다는, 하나의 의미 단위로 해석될 수 있는 이들 구를 폭넓게 수용하여, 어휘 교수에서 적극 활용하는 것이 중요하다.

❹ 조어법과 신어 교수

한국어의 신어는 기존 어휘와는 다른 다양한 조어 양상을 보인다. 아래는 국립국어원의 신어 조사에 나타난 신어의 조어 방식이다.[17]

---

17) 남길임 외(2014) "2014 신어' 자료집

분류		단어수	비율(%)	예
단일어	생성	8	3.25	광삭, 두둠칫, 삼귀다
	차용	12	4.88	기프, 베이핑, 셀피
복합어	합성어 · 합성	56	22.76	곰손, 공명버딩, 로열와이프
	합성어 · 혼성	64	26.02	꾸러기템, 넌치, 먹부심
	합성어 · 축약	44	17.89	개총, 너곧나, 베커상, 성장
	파생어 · 접두파생	6	2.44	개소름, 극호감, 역쇼루밍
	파생어 · 접미파생	56	22.76	나빙족, 반도녀, 심쿵하다, 고급지다
계		246	100	

한국어 교재에서는 상대적으로 보수적으로 신어를 담고 있으나, 매체에 노출된 학습자의 언어 사용 현황을 고려한다면, 고빈도로 사용되는 접사나 새로운 조어 방식에 대한 교수도 이해 교육의 차원에서 다루어야 할 필요도 있다.

> **예**
>
> - **'-친'(친구)** : 여친(여자친구), 멜친(이메일 친구), 절친(가까운 친구)…
> - **'-러er' (무엇을 습관적으로 하는 사람)** : 악플러(악성 댓글을 다는 사람), 혼술러(혼자 술을 마시는 사람), 혼밥러(혼자 밥을 먹는 사람)…
> - **'-돌' (아이돌을 줄인)** : 짐승돌, 최애돌, 연기돌, 예능돌, 대세돌…
> - **'-신神' (무엇을 굉장히 잘하는 사람)** : 식신, 공신, 지름신, 먹방신…
> - **'직-' (직접)** : 직구, 직찍, 직관, 직구입, 직샷…
> - **'-충蟲' (어떤 성향을 가진 사람을 비하)** : 설명충, 진지충, 급식충…
> - **'꿀' (매우 뛰어나거나 좋음)** : 꿀팁, 꿀잼, 꿀피부, 꿀보이스…
> - **'-족族' (그런 특성을 가지는 사람들)** : 캠핑족, 혼밥족, 딩크족…

이들 신조어의 조어 단위의 특색은 어근을 삭감하여 사용하는 특징이 있으며, 상대적으로 고유어에 비해 외래어나 한자어 어근을 활발히 사용한다는 점이 특색이다. 신조어는 특정 사용역(인터넷)이나 특정 세대(젊은

층)에만 국한되어 사용되기도 하나, 매체 등에서 매우 활발히 사용되기도 한다는 점에서 주목할 만하다.

다만, 이들은 지속성을 가지지 못한다는 점, 대화 상대나 맥락을 고려해서 사용해야 한다는 점, 일부 비속한 느낌을 주는 표현일 수 있다는 점에서 표현보다는 이해 차원에서 다루어지는 게 중요하다. 또한 지나치게 일시적이거나 제한된 환경에서만 사용되는 경우, 이들 어휘를 목표 어휘로 다룰 필요는 없을 것이다.

제 4 장

계열적 관계에 따른
어휘 교수

① 계열적 어휘 의미 관계 교수

어휘는 개별 단위로 교수하는 것보다 어휘 간의 계열적 관계를 활용하는 것이 효과적이라고 알려져 있다. 이런 이유로 언어 교육에서는 의미 관계를 이용한 어휘 교수에 대한 많은 관심을 보여 왔다. 의미 관계에 기초한 어휘 교수는 학습자의 인지적 부담을 덜어 결과적으로 많은 양의 어휘를 학습하게 한다. 또한 학습자를 위한 어휘 체계에 기초한 체계적인 학습이 가능하게 하므로, 학습자의 어휘력의 양적 확대뿐만 아니라 질적 확대에도 효과적이다. 어휘는 개별적으로 존재하는 게 아니라 아래와 같이 서로 연관되어 나타난다.

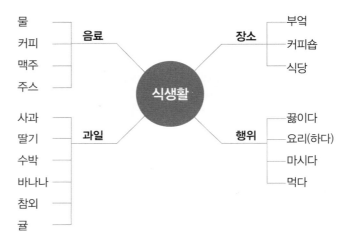

그런데, 어휘 간 의미 관계의 명확한 기술은 쉽지 않다. 우선 개별 단어의 관련어들은 고정적이지 않으며 우리 머릿속에 있는 어휘망 역시 '특정한 구문의 공기 빈도'에 따라 유동적으로 만들어지기 쉽기 때문이다. 이로 인해 그간 출간된 사전들의 어휘 기술과 관련어 범위는 사전마다 늘 일치하는 것은 아니다. 예를 들어 교실 수업에서 '(빨래를) 널다'의 반의어를 '(빨래를) 걷다'로 제시하기 쉽지만 사전에는 이러한 반의 관계가 명시되어 있지는 않다. 또한 '입사'의 반의어는 '퇴사'이지만 '입학'의 반대어는 사전에 따라 '퇴학'이나 '졸업' 등 해당 기술이 동일하지 않다. 이러한 점들을 고려한다면, 한국어 교육에서는 특정 사전이나 이론에만 기대기보다는, 사전에 기반을 두되 실제 언어 사용에서의 모국어 화자의 직관적인 인식을 포함하여 일상생활에서의 사용의 효율성 면에서 어휘 의미 관계를 이해하고 사용하도록 하는 것이 더 실제적일 수 있다.

학습자의 숙달도가 증가할수록 어휘력의 확장이 요구되며, 이에 어휘 간의 계열적 관계를 익히는 다양한 교육 활동이 필요하게 된다. 초급에서 배운 어휘가 다의 관계를 보이며 확장되면, 개별 다의 항목별로 다양한 유의어, 대립어 등의 어휘 관계가 나타나므로, 다의 항목별 교수도 중요하다. 학습자는 이러한 다양한 어휘 간의 관계에 대한 효율적이고 체계적인 학습을 통해 어휘 사용의 유창성과 정확성이 증가된다.

② 유의 관계, 대립 관계 교수

2.1 유의 관계

유의어와 유사 어휘

유의어란 '의미적으로 중첩되거나 포함되는 부분이 있는 두 개 이상의 어휘'로 규정할 수 있다. 유의어는 두 단어 간의 의미적 겹침이 아주 많은 완전 동의어에 가까운 것부터 약간의 겹침만이 있는 부분 동의어까지 다양한 양상으로 나타날 수 있다.

영어의 'synonym'은 '동의어'라 번역하기도 하고, '유의어'라 번역되기도 한다. 한국어 어문 규범에서는 동의어를 인정하고 그 예시를 보이기도 하지만, 단어의 다양한 쓰임의 양상을 고려한다면 모든 문맥에서 교체 가능한 완전한 동의어는 없다고 보는 게 적절하다. 이러한 관점에서 보면 '유의어'는 기존의 동의어와 유의어를 합한 개념으로 보는 게 타당하다.

그런데 '유의어'는 동일한 지시물을 가리키는 것이 아니라 유사한 '개념'을 표현하는 것임에 주의해야 한다. 동일한 지시물이더라도 개념이 동일하지 않은 경우가 있기 때문이다. 예를 들어 한 가족에게 '친정, 외가, 처가'는 동일한 지시물을 가리키지만 개념에 있어서는 차이가 있다. 우선 '친정'은 '결혼한 여자의 본집'이고 '외가'는 '어머니의 친정'이고 '처가'는 '아내의 본집'이다. 즉, 이들은 동일한 지시물을 가리키지만 동일한 개념을 의미하지는 않으므로 이들을 유의어로 보지는 않는다. 따라서 유의 관계를 형성하려면 두 단어 간에 개념이 유사하고, 대부분의 맥락에서 유사하나 특정 맥락에서는 차이점을 가지는 것이어야 한다. 유의 관계는 아래의 조건들을 갖추어야 한다.

- 개념적 의미가 유사하다.
- 대부분의 문맥에서 교체 가능하다.
- 내포 의미, 형태, 결합 관계, 사용역, 사용 범위 등에서 차이가 있어, 특정 맥락에서는 교체가 어색하다.

한국어에서는 고유어와 한자어, 외래어 등의 어종 간의 차이를 갖는 말들이 서로 유의 관계를 보이는 경우가 많다. 한자 명사에 접사 '-하다'가 붙어 고유어 용언과 유의 관계를 만들기도 한다. '한자어+하다' 용언과 고유어 용언의 유의 관계는 '-하다' 구성 외에도 '되다, 당하다'까지 확장되기도 한다.

예 명단-리스트, 안다-포옹하다, 사귀다-교제하다, 여덟-팔 …
예 감사(하다)-고맙다, 감소(하다)-줄다, 교환(하다)-바꾸다 등
예 다치다-부상당하다.

유의 관계의 두 단어는 의미상의 유사성에도 불구하고 모든 사용 맥락에서 대체되지는 않으므로, 아래와 같이 사용 상황이나 결합 관계의 차이가 있는 경우에는 대체될 수 없다.

예 도와줘서 고마워. /*(??) 감사해.
예 빨래를 했더니 옷이 줄었다/(??) 감소했다.

그런데 구체적인 유의어 짝의 범위에 대한 인식에는 한국인 화자마다 다소 편차가 존재할 수 있다. 또한 외국인 학습자에게는 모국어에 의한 영향으로 유의어의 범위가 더 넓어질 수 있다. 의미적 연관성을 가지는 목표 언어의 두 단어가 자신의 모국어에는 한 단어로만 존재하는 어휘의 갭(gap)이 있을 때에는 이들 두 단어가 유의 관계에 있다고 생각하기 쉽다. 예를

들어, '아름답다'와 '예쁘다'는 유의어로 보기는 어려우나, 학습자의 모국어에 한 단어만 존재한다면, 두 단어를 유의어로 간주할 가능성도 있다.

실제 언어생활에서의 유의 관계에 대한 판정은 직관에 따라 다소 차이를 보일 수 있는데, 사전마다 유의 관계의 짝이 모두 일관되지 않기도 한다. 따라서 한국어 교육에서의 유의어의 범위는 보다 확장적으로 고려할 필요가 있다. 언어학에서 논의하는 엄격한 의미적 유의 관계를 넘어서서, 두 단어가 형태적, 통사적, 화용적 측면에서 겹치는 부분이 있다면 이를 어휘 교수의 대상으로 고려할 필요가 있다.

아래 단어들은 엄밀히 말하면 유의 관계로 보기 어렵고 사전에서도 유의 관계로 제시하지는 않지만, 외국인 학습자들에게는 자주 혼동하는 유사 어휘일 수 있다.

예 웃기다–우습다, 자라다–성장하다 …
예 예쁘다–아름답다, 날씬하다–마르다 …
예 내막–속사정, 동물–짐승, 잔–컵 …
예 시늉–척/체, 간–사이 …

또한 일부 순화어 중 아래와 같은 단어들의 짝도 학습자에게는 유사 어휘로 분류될 수 있다.

예 가령–이를테면, 소요되다–걸리다, 해소–풀이 …

아울러, 일반 국어사전에서는 일상생활에서 거의 사용하지 않는 말이나 오래된 말을 유의어로 제시한 경우도 있는데,[18] 언어 교육에서는 이들 저빈도 단어까지 포함하여 가르칠 필요는 없다. 학습자에게 필요한 실제 사용되는 어휘로 제한하되, 유의 관계의 쌍이 되는 단어들의 숙달도 수준을 고려하여 해당 숙달도에 적합한 단어들을 중심으로 확대해 가는 게 바람직하다. 유의 관계를 이루는 단어 간에도 보다 기본적이거나 전문적인 것이 있고, 보다 난이도가 높거나 하는 것이 있어서 교수의 순서에서 우선순

---

18) 사전에는 '분유–가루우유', '객실–빈실' 등의 예시가 있으나, 흔히 사용되지 않는다.

위가 존재할 수 있기 때문이다. 이러한 어휘 간의 단계적 특성은 유의 관계의 순차적인 교수에서 중요한 정보가 된다.

유의 관계의 유형

유의 관계의 두 단어는 공통 의미를 가지게 된다. 어휘 의미의 공통점을 매개로 한 유의어 교수는 어휘력의 단계적 확장을 위해 교수 학습 현장에서 활발히 사용될 수 있다. 유의 관계의 유형은 다양하다.

- **차용에 의한(어종의 차이) 유의어**: 한자어, 외래어가 유입되면서 기존에 있던 고유어와 의미의 중첩 관계를 가지게 됨. 예 같다–동일하다, 열쇠–키, 시위–데모 등
- **사회적 변이에 의한 유의어**: 지역 방언, 사회계층 간 차이를 드러내는 것으로 본래는 방언이었다가 표준어가 됨. 예 옥수수–강냉이 등
- **성별, 연령의 사용 차이에 의한 유의어**: 특정 연령대, 특정 관계에서 주로 사용되며 유의 관계를 이루는 것. 예 맘마–밥, 까까–과자 등
- **금기에 의한 유의어**: 성(性)이나 죽음, 배설물, 신앙 등에 관련된 것들을 금기시하고 이를 완곡어로 대체하면서 생김. 예 '변소–뒷간/화장실', '죽다–돌아가다–숨지다–눈감다–사라지다–입적하다–열반하다' 등
- **글말/입말 환경에서의 유의어**: 주로 입말 혹은 글말에만 높은 빈도로 사용됨. 예 '매우(글말)–되게(입말)' 등
- **사용역에 따른 유의어**: 일상어와 전문용어가 특정 학술 영역에서 달리 사용됨. 예 '소금(을 먹다)–염분(섭취)'
- **화용상의 차이(어감의 차이)에 의한 유의어**: 어감의 차이를 가짐. 예 입–주둥이(속되게), 머리–대갈통(속되게)

대부분의 유의 관계는 기본적으로 의미론적인 관계이지만, 때로는 언어적 특성에 따라 아래와 같이 분류할 수 있다.

- **음운론적 유의어**: 구성 요소의 음운 차이를 보임
  예 까맣다–꺼멓다, 깜깜하다–컴컴하다.
- **문법적 유의어**: 문법 의미 간에 차이를 보임
  예 (~에) 대해 – (~에) 관해, (~은) 것 같다–(~을) 듯싶다–(~을) 성싶다

유의어는 실제 사용에서는 담화적 맥락에 따라 달리 선택되어 구분되므로, 이를 고려한 맥락 기반의 유의어 변별 교수가 이루어질 필요가 있다. 단순 유의 관계를 넘어서 해당 단어의 공기하는 단어까지를 포함한 연어 관계를 고려하여 사용할 수 있는 능력을 키워야 하기 때문이다.

유의어의 교수 방안

유의 관계를 활용한 어휘 교수는 전통적으로 가장 널리 활용되어 온 어휘 교수 방법으로, 교육 현장에서 유의어를 이용해 어휘 확장하는 활동들이 자주 이루어진다. 하지만 유의어가 모든 상황에서 대체되어 사용되지는 않으므로, 대체될 수 있는 경우와 대체하지 못하는 경우를 구별하여 교수하는 것은 중요하다. 유의 관계를 통해 쉽게 어휘를 확장할 수 있는 반면, 유의어 간의 혼동으로 인해 오류가 발생하는 경우도 많기 때문이다. 이에 유의어 간의 의미 차이가 드러날 수 있도록 다양한 방법으로 설명할 필요가 있으며, 관련어 관계 등의 방법을 이용하여 유의어를 변별하여 오류를 줄이는 노력도 필요하다. 유의어 간의 차이를 변별하는 방법에는 아래와 같이 다양한 것들이 있다.

첫째, 예문 대체를 통해 변별하는 방법이 있다. 예를 들어 '기르다'와 '키우다'는 사람, 동물, 식물에 고루 사용될 수 있지만 모든 문맥에서 대체할 수는 없다. 예문을 통해 살펴보면 '크기'와 연계된 것은 '키우다'로 '길이'와 연계된 것은 '기르다'와 어울리는 게 자연스럽다.

> 예 나는 아이를/개를/꽃을 {기르고, 키우고} 있다.
> 　요즘 남자 대학생들은 머리를 {기르는, *키우는} 것이 유행이다.
> 　재산을 {키우기, *기르기} 위해서는 저축을 하는 것이 우선이다.

둘째, 정도의 차이를 보임으로써 유의어를 변별할 수 있다. 예를 들면 시간적인 빈도를 나타내는 부사들은 그 의미 풀이만으로는 정도를 쉽게 구별해 내기 힘들므로, 그림과 같은 정도 차이의 상호 비교 통해 구분하게 하는 것이 효과적이다.

[+ 잦음] ──────────────────────────────────── [+ 희박함]
항상/언제나↔자주↔종종/가끔↔때때로/이따금/간간이↔더러/어쩌다가↔간혹↔드문드문/띄엄띄엄

날씨를 나타내는 형용사도 정도의 차이로 구별할 수 있다. 온도가 높은 것부터 낮은 것까지를 나열함으로써 온도의 높낮이 정도를 상대적으로 구분할 수 있다.

[+ 온도 높음] ──────────────────────────────── [+ 온도 낮음]
(날씨가) 무덥다 ↔ 덥다 ↔ 따뜻하다 ↔ 시원하다 ↔ 선선하다 ↔ 서늘하다 ↔ 쌀쌀하다 ↔ 춥다

이러한 정도 차이를 활용한 교실 활동에서는 경사선에서의 특정 지점들을 보여주고, 학생들에게 주어진 단어와 관계하여 가장 적절한 자리에 넣어져야 할 단어를 써 넣게 하는 활동을 할 수 있다.

셋째, 격자형 비교표를 활용하여 유의어를 변별하는 방법이 있다. 격자표는 한쪽 편에 위에서 아래로 단어의 목록이 제시되고, 다른 편에 그 단어들을 분류하는 다른 방법이나 의미들로 구성된 목록을 활용해 볼 수 있다. 표를 바탕으로 유의어 간의 구별은 학습자들에게 개별 단어와 함께 나타나는 단어에 대한 인식과 더불어 단어 간의 의미 차이를 파악하게 해 준다.

	날씨	음식물의 온도	사람의 태도	장소명사
선선하다	○		○	○
시원하다	○	○	○	○
서늘하다	○			○
싸늘하다	○		○	○
쌀쌀하다	○		○	
차다/차갑다	○	○	○	
춥다	○			○

넷째, 연어 관계의 차이로 변별하는 방법이 있다. 단어의 의미는 보통 연관되는 단어와 관련이 깊으므로 함께 나타나는 단어를 활용하는 것은 기

억에 도움이 될 뿐 아니라 그 단어의 의미 영역을 아는 데에 도움을 주며, 곧바로 산출과 연계될 수 있다. 학습자로 하여금 어떤 종류의 단어가 서로 어울릴지 예상할 수 있는 활동을 제공할 수도 있다. 아래의 '관객, 관람객, 관중'은 한자로는 유사하나, 연어 관계를 통해 사용 양상을 변별할 수 있다. 선행 명사와 함께 관용적으로 쓰이는 경우가 많으므로 이를 학습한다면 유창성 증진에 도움을 줄 수 있다.

> 예 (영화, 연극) 관객 : 주로 앉아서 보거나 들으며 감상하는 사람
> 예 (미술관, 동물원, 박물관) 관람객 : 이동하며 감상하는 사람
> 예 (야구, 축구) 관중 : 경기 따위를 구경하기 위하여 모인 사람들

다섯째, 선택 제약이나 격틀의 차이로 변별하는 방법이 있다. 용언 유의어 간에는 격틀의 차이를 활용하여 구분할 수도 있는데, 아래 문맥에서의 '타다, 섞다'는 두 물질을 혼합하는 면에서는 의미가 유사하지만, 함께 어울리는 조사에 차이를 보인다.

> 예 커피<u>에</u> 우유를 **타서** 주세요.
> 먼저 커피<u>와/에</u> 우유를 **섞은** 뒤, 다음에 물을 넣으세요.

다음으로, 교실에서 유의 관계를 교수할 때 고려해야 할 몇 가지 사항들이 있다.

우선, 유의 관계를 가지는 단어들은 한꺼번에 교수할 경우 혼동의 우려가 있으므로 동시에 제시하는 것은 바람직하지 않다는 연구 결과가 많다. 따라서 한 단어를 충분히 익힌 뒤에 순차적으로 제시하는 게 바람직하며, 앞서 배운 유의어와 변별하여 설명하는 것이 좋다.

아울러, 실제 의사소통 환경에서 사용되는 않는 빈도가 낮은 것들이 있으므로, 가능하면 고빈도 목록의 짝을 선정하여 교수할 필요가 있다. 모든 유의어를 가르칠 필요는 없으며 자주 쓰이는 유의어를 선별하여 유의 관계 단어 간의 교수의 우선순위를 정해 교재에 반영하는 것도 좋은 방법이다.

또한 유의어의 변별 관계를 위해서는 유의어의 의미, 관련어, 용법, 차이점, 문맥 안에서 대체 여부, 문맥 사용을 통한 연습 등의 다양한 준비가

필요하다. 예를 들어 '물고기'와 '생선'을 변별적으로 교수하기 위해 다음과 같은 자료를 준비하여 정리할 수 있을 것이다.

표제어	물고기 fish	생선 fish
복합어	–	생선회
의미	물에서 사는, 아가미와 지느러미가 있는 동물	먹기 위해서 물에서 잡아 올린 신선한 물고기
공통 예문	물고기/생선 한 마리, 물고기/생선 꼬리	
차이점	 보통 물고기는 살아 있고, 생선은 죽어 있어요. 생선은 주로 요리의 재료로 사용해요.	
주요 용법	물고기가 살다 / 물고기를 잡다 물고기가 죽다 / 물고기를 키우다	냉동 생선 / 구운 생선 / 말린 생선 싱싱한 생선 / 생선 가게 / 생선 요리 생선을 먹다 / 생선을 굽다
연습	1. 아빠, 저 {물고기/생선} 키우고 싶어요. 2. 최근 환경오염으로 인해 많은 {물고기가/생선이} 죽는 일이 발생했다. 3. 오늘 저녁은 신선한 {물고기를/생선을} 넣고 끓인 얼큰한 매운탕이다. 4. {물고기/생선} 가격이 어떻게 되나요? 5. 연못에 {물고기가/생선이} 몇 마리 살고 있다.	

유의어의 짝이 숙달도 차이를 보일 때에는 높은 숙달도를 가진 단어의 학습 시기에 유의어의 짝이 제공되는 것이 좋다. 이때에는 그 이전에 학습한 유의어 짝을 상기시키면서 그 차이를 비교할 수 있을 것이다. 하지만 유의어 짝의 숙달도가 비슷한 경우에는 목표어를 가르치면서 유의어 짝을 순차적으로 제공하여 어휘 확장을 유도하는 방법이 있을 것이다.

2.2 대립 관계에 따른 교수

대립어의 개념

대립어는 흔히 반의어라고도 불리는데, 대립어란 의미적 동질성과 배타성을 동시에 갖는 어휘들을 가리킨다. 그런데 대립어는 공통점이 없으면 성립하지 않으며, 차이점이 많아도 성립하지 않는다. 예를 들어 '노처녀'와 '노총각'과 같은 대립 관계는 '사람, 미혼, 나이가 듦' 등의 의미상 많은 공통성을 가지고 있으면서, '성별'이라는 하나의 차별성이 있을 때 성립하게 된다. 즉, 대립 관계는 동일 의미 영역과 동일한 어휘 범주를 가지나 의미의 일부가 대조적 배타성을 가질 때 성립한다고 할 수 있다. 대립어 사이의 의미적 대립 관계는 아래와 같이 의미 자질이 기술될 수 있다.

> 예 남편: [+ 인간], [+ 남성], [+ 성인], [+ 결혼한]
> 아내: [+ 인간], [- 남성], [+ 성인], [+ 결혼한]

하지만 대립 관계 어휘는 일대일로만 존재하는 것이 아니라, 아래와 같이 한 단어가 다의 항목을 가질 때에는 일대다 관계도 가능하다. 이를 고려하여 함께 어울리는 단어를 포함한 연어 차원에서 교수하여야 한다.

> 예 열다 ↔ (문) 닫다 / (꼭지) 잠그다 / (자물쇠) 채우다

하지만 모든 단어가 대립어를 갖지는 않으며, 어휘적 빈칸이 있을 수 있다. 이에 학습자들이 모국어에서는 대립어가 존재할 수도 있고, 의미상으로 판단하여 목표어에서 존재하지 않는 단어를 만들어낼 수도 있으므로 주의를 기울여야 한다.

> 예 노년 ↔ 유년, 노인 ↔ 유인(×)
> 남자 ↔ 여자, 남인(×) ↔ 여인

친족어는 다양한 대립 관계가 가능하지만, 보통은 성별 관계를 우선하여 제시한다.

예 아버지 ↔ 어머니, 아들 ↔ 딸

대립성을 갖는 두 개의 어휘가 하나의 폐쇄 집합을 이룰 때에는 이를 대립 관계어로 제시할 수 있으나, 셋 이상의 대립 관계를 지니는 말들은 대립어로 다루기는 어렵다.

예 자음 ↔ 모음, 홀수 ↔ 짝수 등
예 금 – 은 – 동

품사가 다른 어휘는 대립어로 제시하지 않는 것이 원칙이나, 교육적인 편의를 고려하여 같은 용언의 경우 일부를 대립어로 제시할 수 있다. '명사'도 때로는 후행 명사를 수식하는 기능을 가지기도 하므로, 필요한 경우 관형사와 명사의 짝도 대립어로 제시할 수 있을 것이다.

예 젊다(형용사) ↔ 늙다(동사), 뚱뚱하다(형용사) ↔ 마르다(동사)
예 첫(관형사) 학기 ↔ 마지막(명사) 학기

또한 어휘 자체는 개념적인 대립 관계를 형성하지 않는다고 하더라도 사회·문화적으로 배타적으로 인식될 가능성이 높은 어휘들도 대립 관계로 보아 교수에 확대 활용할 수 있다.

예 남한 ↔ 북한, 동양 ↔ 서양, 도시 ↔ 시골 등 (사회문화적 배타성)

색채어의 대립 관계는 인정하지 않는 것이 일반적인데, 색깔 자체가 대립성을 갖는다고 보기 어렵기 때문이다. 학습자의 모국어에서는 색깔 관계를 대립어로 인식하지 않을 가능성도 높다. 또한, 신체어나 자세 동사의 대립 관계는 인정하지 않고, 해당 어휘군 목록의 일부로 보는 것이 타당하다.

예 검은색 – 흰색 (노란색, 빨간색, 파란색 …)
예 손 – 발 (머리, 팔, 다리 …)
예 앉다 – 서다 (기다, 엎드리다 …)

대립어의 유형

대립어는 성별 대립어, 정도 대립어, 방향에 대한 대비를 포함하는 방향 대립어, 부정의 의미를 갖는 대립어 등으로 구분된다.

먼저, 성별 대립어는 두 단어가 성별에서 상대적 관계를 형성하고 있으면 서 의미상 대칭을 이루는 대립 관계를 말한다. 양분적 대립 관계로 어떤 사람이 남자이면 그 사람은 필연적으로 여자가 아니며, 반대로 어떤 사람이 남자가 아니면 그 사람은 여자이다. 중간 단계가 설정되지 않는 대립이다. 정도 대립어는 두 단어 사이에 중간 상태가 있을 수 있으며, 그렇기 때문에 한 쪽을 부정하는 것이 다른 쪽을 의미한다. 중간 단계가 존재하는 대립이다. 정도 대립어는 양 극단에 오는 말만을 대립어로 처리하며, 중간 단계에 위치하는 어휘들은 참조어로 제시할 수 있다. 방향 대립어는 방향상의 관계적 대립이나 이동 또는 변화를 나타내는 대립을 말한다. 방향 대립어가 합성어를 이룬 경우에는, 대립 관계를 설정하는 데에 다소 혼란이 있을 수 있는데, '들어오다'의 대립어가 '나가다'인지 '들어가다'인지를 판단하기가 쉽지 않기 때문이다. 이 경우에는 '가다 ↔ 오다'에 초점을 두어 대립어로 제시하는 게 일반적이다.

예 남자 ↔ 여자 (성별 대립어)
예 춥다 ↔ 덥다, 차갑다 ↔ 뜨겁다 등 (정도 대립어)
  ☞ '따뜻하다', '미지근하다', '시원하다' 등의 어휘는 참조어
예 가다 ↔ 오다, 들어가다 ↔ 들어오다 (방향 대립어)

부정 대립어는 부정 형태를 포함하여 대립 관계를 보이는 유형이다. 부정 접두사 '미-', '불-', '부-', '비-', '반-', '몰-' 등에 의해 형성된 파생어들은 부정에 의한 대립어로 본다.

예 건전↔불건전, 격식↔비격식, 인정↔몰인정 등 (부정 대립어)

하지만 언어권마다 대립의 관계의 목록은 동일하지 않을 수 있으므로, 학습자의 모국어와 비교하면서 한국어의 대립 관계를 익힐 필요가 있다.

대립 관계 교수 방안

의미 자질을 공유하는 대립 관계의 특성을 적극 활용하면 짝이 되는 단어들의 정확한 어휘 의미 이해에 이를 수 있다. 또한 대립어 관계의 학습은 어휘력을 확장시키는 데에도 기여할 수 있다. 다만, 대립 관계의 단어가 모두 같은 숙달도의 단어는 아니므로, 각 대립어의 숙달도 등급과 개별 단어의 난이도를 고려하여 제공하는 것이 바람직하다.

제시 순서 면에서는 동시에 대립 짝을 제시하면 의미 간의 혼동이 생겨날 수 있으므로 순차적으로 주는 것이 좋다. 예를 들어 교수 현장에서 오른쪽과 왼쪽을 동시에 제시하는 경우, '오른쪽의 의미를 왼쪽으로 혹은 그 반대로' 혼동하는 사례들이 발견된다. 따라서 하나를 완전히 습득한 이후 순차적으로 제시하는 것이 중요하다. 이미 알고 있는 단어의 대립어가 새 어휘로 도입될 때 기존에 아는 단어와의 대립 관계를 부가적으로 설명하면서 단계적으로 제시한다면 의미 간 혼동을 줄일 수 있을 것이다. 또한 단순한 대립어 제시에 그치지 않고 실제 문맥에서 활용할 수 있는 예시와 함께 제시하는 것이 필요하다.

또한 구 단위의 대립 관계는 구성 성분 중 하나가 원래 가지는 대립 관계가 아닌 다른 단어로 반어 관계가 나타날 수 있으므로, 연어 정보와 더불어 교수해야 한다. 예를 들어 '주다'의 대립어는 '받다'이지만 '창피를 주다'와 같은 구는 '창피를 당하다'와 같은 대립 구를 가지게 되므로, 이를 고려해야 한다.

> 예 창피를 <u>주다</u> ↔ *창피를 <u>받다</u> ☞ 창피를 당하다
> <u>가벼운</u> 부상 ↔ *<u>무거운</u> 부상 ☞ 심한 부상

대립 관계는 복수로 존재할 수 있다. 한 단어가 의미나 맥락에 따라 여러 대립어를 가질 경우 이들을 여러 개 제시할 수 있지만, 어휘의 수준이나 형태 정보, 화용 정보 등을 고려하여 지나치게 많은 수의 대립어가 제시되는 것을 제한할 필요가 있다.

> 예 (날짜를) 당기다 ↔ '늦추다', '미루다', '연기하다'

예 아버지 ↔ 어머니 /*엄마[19)]

③ 상의어/하의어 관계, 다의 관계 교수

3.1 상의어/하의어 관계

한 단어의 의미가 다른 단어의 의미를 포함할 수 있는데, 이 포함 관계에서 단어는 계층적 구조를 가지게 된다. 상위어는 어휘 의미 관계에서 계층적으로 위에 있어 하위어의 의미를 포함할 수 있다. 상위어는 일반적이고 포괄적인 의미 영역을 지니며, 하위어는 구체적이고 특수한 의미 영역을 가지는 어휘를 말한다. 흔히 추상적, 개념적인 상위어는 구체적이고 직시적인 하위어를 통해 그 의미를 가늠할 수 있게 된다. 아래에서 '가게', '식당', '과일' 등은 나열한 어휘의 상위어가 된다.[20)]

예 가게: 꽃집, 문구점, 빵집, 서점, 슈퍼마켓 등
예 식당: 양식집, 일식집, 중국집, 한식집
예 과일: 귤, 딸기, 바나나, 배, 복숭아, 사과, 수박 등

어휘 간의 상·하위 관계를 통해 어휘의 의미장을 확보할 수 있다. 상·하의어를 활용한 어휘 교수는 전체 어휘의 관계망 안에서 특정 어휘의 의미 이해를 돕게 하는 것이 중요하다. 이미 학습한 어휘를 기준으로 필요에 따라 자매어나 상하 관계의 어휘로 어휘 확장을 시도할 수 있다. 예를 들어 '사과'의 상위어는 '과일'이며, 하위어는 '홍옥, 부사, 국광' 등이 될 수 있다. '배, 딸기, 바나나' 등은 '사과'의 자매어를 이룬다고 하겠다.

---

19) '엄마'는 '아버지'와 화용적인 차이를 가지므로 대립어의 쌍으로 제시하기에 적절하지 않다.
20) 상의어와 하의어는 의미 관계로 지칭하는 용어이고 상위어 하위어는 계층 구조의 위치를 지칭한다.

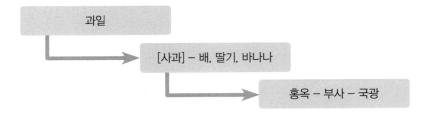

초급에서 흔히 '아버지, 어머니, 아들, 딸, 할아버지, 할머니, 오빠, 누나, 형, 언니, 동생' 과 같은 가족과 관련된 어휘들이 등장하는데, 이들은 친족 어라는 상의어로 묶을 수 있다.

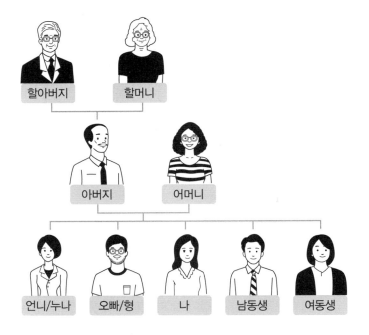

한편, 전체와 부분 관계에 있는 일부 어휘도 상의어와 하의어의 범주로 다룰 수 있다.

예 몸: 가슴, 다리, 등, 머리, 목, 발 등

다만, 상의어의 범위가 너무 넓은 경우에는 언어 교육에서의 직접적인 활용도는 낮을 수 있다. 예를 들어, '자연'이라는 상의어를 제시하는 것보다는 '강', '바다', '산' 등의 소위 자연을 이루는 어휘군들에 의해서는 서로 상호 참조를 유도하는 게 교수에 편리함을 주기도 한다.

> 예 자연: 산, 바다, 강

한편, 상의어와 하의어와의 관계가 늘 명확한 것은 아니다. 특정 상의어는 그 하의어의 목록의 범위를 제한하기가 쉽지 않거나, 특정 하위어가 다수의 상의어에 속하는 경우도 있다. 예를 들어, 취미에 속하는 하의어를 범위를 정하기 어려운 문제가 있고, '등산'은 취미와 운동의 상의어에 모두 속할 수 있는 겹침이 있다. 하지만 한국어 교육에서는 이러한 문제에도 불구하고 해당 목록들을 광범위하게 활용할 수 있을 것이다.

> 예 취미: 낚시, 독서, 등산, 스키, 조깅, 공예…
> 예 예술: 공예
> 예 운동: 등산, 스키, 조깅

또한 '즐겁다, 기쁘다, 슬프다' 같은 감정 형용사의 상위어로 '감정'을 설정할 수 있으나, 이는 개념일 뿐 상위 단어로 보기는 어렵다. 아울러 어떤 추상적인 혹은 실제적인 대상과 포함 관계를 가지나 마땅한 단어가 없는 경우가 있어서 상위어를 상정하기 어려운 경우도 있다.

> 예 감정(?): 즐겁다, 기쁘다, 슬프다 …
> 예 교통 수단 이용 장소: 공항, 버스정류장, 터미널, 기차역

3.2 다의 관계

다의 관계는 개별 단어 간의 의미 관계가 아닌, 한 단어의 어휘 항목 간의 관계이다. 하나의 어휘 형태는 서로 연관을 가지는 복수의 의미를 가질 수 있다. 예를 들어 '손'의 신체의 일부를 가리키는 기본 의미 외에도 이에서 파생된 다양한 의미 항목을 가진다.

- **손**
  ① 신체의 일부분　예 손을 흔들다
  ② 일손이나 노동력　예 손이 많다, 손이 부족하다
  ③ 도움이 되는 힘　예 손을 빌리다
  ④ 교제·관계·인연　예 손을 끊다, 손을 씻다
  ⑤ 수완·꾀　예 (누구의) 손에 놀아나다
  ⑥ 소유나 권력의 범위　예 손에 넣다, 손에 넘어가다
  ⑦ 힘·능력·역량　예 (누구의) 손에 달려 있다
  ⑧ 솜씨　예 손이 서투르다, 손이 빠르다
  ⑨ 버릇　예 손이 거칠다

특정 어휘의 의미가 중심 의미에서 주변 의미로 확장되어 다의가 생겨나는 이유는 유사성과 인접성 때문이다. 즉, 관계, 형태, 구성, 기능이 유사하거나 시간이나 공간으로 인접되어 있는 경우에 다의가 형성될 수 있다. 예를 들어, 아래의 '아침'은 '때'라는 '시간적 인접성'으로 인해 다의를 얻게 되며, '목'은 '공간'과 '기능적 유사성'에 의해 다의로 확장된다. 또한 '아침' 역시 '아침나절, 아침거리'와 같은 단어로 확장되며, '목'은 '손목, 발목, 길목' 과 같이 복합어를 이루며 확장된다.

- **아침**
  ① 날이 새면서 오전 반나절쯤까지의 동안　예 그는 <u>아침</u> 일찍 일어나는 편이다
  ② 끼니로 먹는 음식　예 며칠째 <u>아침</u>을 굶었다

학습자에게 매번 새로운 어휘를 계속해서 가르치는 것보다는 단어의 다양한 다의 용법을 가르치는 것도 효과적이다. 다의 항목을 가지는 단어들은 대부분 고빈도 단어인 경우가 많아 각 다의 항목들은 초급부터 접할 가능성이 많기 때문이다.

다의 항목의 의미 기술 순서에 따라 가장 원형에 가까운 기본 의미를 먼저 제시하고 그 다음으로 차례대로 확장된 의미들을 제시하는 것이 좋다. 그런데 다의 항목 중 기본 의미에서의 의미의 변화가 작은 것과 큰 것을 구분하여 가르칠 필요가 있다. 의미의 변화가 적은 것은 원래의 의미에서의 자연스러운 확장이 가능하지만, 의미 변화가 크며 제한된 단어와만 어울

리는 다의 항목의 경우에는 굳이 다의적으로 의미를 확장하기보다 별도의 구로 구분하여 제시하는 것도 바람직하다. 예를 들어, '먹다'의 경우 의미 항목 ①~⑤인 '밥, 물, 약, 가스, 기체' 등은 자연스럽게 확장이 가능하지만, 의미 항목 ⑥~⑩의 경우에는 결합하는 주어가 특정 단어로만 제한되므로, 굳이 '먹다'의 다의 관계로 확장하기 보다는 결합하는 명사가 포함된 구 단위 전체를 제시하여 학습하게 하는 것이 효율적일 수도 있다.

● **먹다**
  ① (음식을) 먹다. 예 밥을 먹다
  ② (액체) 마시다. 예 물을 먹다
  ③ (약을) 삼키다. 예 약을 먹다
  ④ (담배를) 피우다. 예 담배를 먹다
  ⑤ (기체) 들이마시다. 예 가스를 먹다.
  ⑥ (어떤 마음을) 품다. 예 <u>마음을 먹다</u>
  ⑦ (나이를) 더하다. 예 <u>나이를 먹다</u>
  ⑧ (겁을) 느끼다. 예 <u>겁을 먹다</u>
  ⑨ (욕 핀잔 등을) 듣다. 예 <u>욕을 먹다</u>
  ⑩ (뇌물을) 받다. 예 <u>뇌물을 먹다</u>

다의 항목은 기본 의미나 의미 빈도수가 높은 항목, 학습에 유용한 것을 먼저 가르치는 것이 좋으며, 학습자의 수준별로 중심 의미에서 주변 의미로 점차 확대하며 가르치는 것이 필요하다. 특히 다의 항목이 비유인 표현에서 출발한 경우에는 구체적인 의미에서 시작하여 비유적이고 추상적인 의미로 단계적으로 제시할 필요가 있다.

예

- 기생충에 감염되다 ⇒ (컴퓨터) 바이러스에 감염되다
- (훈련되지 않은) 말이 날뛰다 ⇒ (합격 소식에) 기뻐 날뛰다
- 간판을 내걸다 ⇒ 명예를 내걸다
- (따뜻한 날씨에) 고드름이 녹아내리다 ⇒ (따뜻한 말에) 마음이 녹아내리다

다의 항목들은 원형의 기본 의미에서 다른 의미로 확장됨에 따라 유의 관계 및 대립 관계가 달라지는 경우가 있는데, 다의 항목의 의미 관계를 분리하여 제시하여야 한다.

- 짜다: 예 축구 팀을 짜다 (유의어: 조직하다)
  예 계획을 짜다 (유의어: 세우다)
- 뜨다: 예 (몸이) 물 위로 뜨다 (대립어: 가라앉다)
  예 요즘 잘나가는 뜨는 가수 (대립어: 지다)

또한 다의 항목을 모두 가르칠 필요는 없다. 비록 사전에 기술되어 있고 원형의 기본 의미에서 주변적인 의미로 확장되었지만, 모두를 가르칠 필요는 없다. 예를 들어, '차를 내몰다' 등으로 사용하는 예가 거의 없으므로, 사전에 있더라도 굳이 교수 항목에 포함시킬 필요는 없다.

- **내몰다**
  ① 일정한 지역 밖으로 몰아 쫓아내다. 예 집 없는 사람을 길거리로 ～
  ② 단체나 조직으로 부터 쫓아내다. 예 독재자를 권좌에서 ～
  ③ 급하게 앞으로 달려가도록 몰다. 예 말을 ～, 보트를 ～, 차를 ～

한 단어의 다의 항목들은 학습자의 모국어에 따라 한국어와 일치하는 것도 있고, 기본 의미는 동일하지만 변이 의미에서 차이를 보이는 경우도 있으므로, 특정 언어권 대상으로 교육에서는 이를 고려하여 교수 대상이 되는 다의 항목의 목록을 선정할 필요가 있다.

3.3 의미장 중심의 어휘 교수

어휘는 의미적 연관성을 갖는 어휘들끼리의 집합을 이루며 저장된다. 때로는 조어 관계나 통합관계, 연상에 의해서도 군집을 이룰 수도 있다. 어휘 집합을 중심으로 하는 어휘 활동이나 연습은 어휘 학습의 효율성을 높일 수 있다. 특정 어휘장 별로 어휘를 교수 학습하게 하는 것은 어휘 학습의 효율성 면에서도 좋지만, 어휘 집합을 통해 그 나라의 문화를 학습할 수 있다는 면에서도 매우 유용한 교수 학습 방법이라고 알려져 있다. 하지만 동시에 제시하는 경우 부정적인 간섭을 불러일으킬 수 있으므로 순차적으로 제시하는 것이 중요하다.

- **의미 관계에 의한 어휘 집합**: 어휘들 사이에 의미적 관련성을 가진 어휘

귀, 눈, 눈썹, 다리, 등, 머리, 목, 몸, 무릎, 발 등	봄, 여름, 가을, 겨울, 초여름, 늦가을 등
신체 어휘군	**계절 어휘군**

- **조어 관계에 의한 어휘 집합**: 합성어와 파생어의 형성에서의 어휘 집합

헛-	헛소문, 헛소리, 헛기침, 헛고생, 헛손질, 헛걸음, 헛발질

- **통합 관계에 의한 어휘 집합**: 특정 단어와 함께 사용되는 어휘 집합

객기, 농간, 응석, 허세, 텃세, 행패 등	오두방정, 흉물, 궁상, 청승, 내숭, 허풍 등
부리다	떨다

- **연상 어휘 집합**: 떠오르는 생각을 구체적인 말로 표현하려는 과정에서 등장하는 어휘 집합이다. 연상 어휘군은 문화마다 매우 상이한 단어들이 하나의 어휘 집합을 이룰 수도 있으므로 문화 수업과도 연계할 수 있다.

생일	케이크, 선물, 미역국, 파티, 촛불, 축하, 친구, 노래, 초, 카드 등

❹ 준말–본딧말 관계, 기타 어휘 교수

4.1 준말–본딧말 관계

한국어 구어의 특성 중 하나로 음운 축약이나 생략에 의한 준말이 많이 사용되는 점을 든다. 학습자들은 준말에 대한 직관이 없고 학습 현장에서는 개별적으로 제시될 뿐 준말 자체에 초점을 둔 어휘 교수가 활발하지는 않다. 하지만 본말과 다른 새로운 형태로 인지될 수 있다는 점을 고려해 보면 준말도 어휘 교육 내에서 다루어져야 할 주요 항목이 된다고 하겠다. 또한 조어적 차원에서 본다면 줄어듦의 정도와 양상, 그리고 의미의 차이에 주목할 필요가 있다.[21] 말이 줄어든 경우는 크게 세 가지로 구분해 볼 수 있다.

우선, 동일 단어가 줄어든 '준말'은 크게 축약에 의한 것과 생략에 의한 것으로 구분해 볼 수 있다. '준말'이란 한 단어 내부의 현상으로, 음운의 축약이나 생략 등에 의해 '본딧말'과는 다른 새로운 형태를 가지게 된 단어이다. 음운의 축약에 의한 준말은 구어상에서만 주로 사용되며 문어에서는 본딧말로 표기되는 경우가 많다. 생략에 의한 것들은 문어에서도 비교적 활발하게 사용된다.

- **준말**
  - 예 축약: 거(것), 숟갈(숟가락), 애(아이), 얘기(이야기), 요새(요사이), 젓갈(젓가락), 좀(조금), 뭐(무엇), 갖다(가지다), 서툴다(서투르다), 근데(그런데), 맘껏(마음껏)
  - 예 생략: 경찰(경찰관), 슈퍼(슈퍼마켓), 오랜만(오래간만)

다음으로, 구 단위의 어휘 항목을 일부 음절을 따서 줄인 단어이다. 이를 구분하여 '줄인말'로 부르기도 하는데, 음절을 딸 때 보통 단어의 첫 글자를 따오는 것이 일반적이나 일관된 규칙은 없다. 줄기 이전의 말이 단어인 것도 있고 개념화된 구 단위인 것도 있다.

---

21) '젊지 않다'에서 '젊잖다'에서처럼 의미가 변화한 것은 별도의 단어로 다루는 게 좋다.

- **줄인말(줄여 이르는 말)**
  - 예 고교(고등학교), 한국(대한 제국)
  - 예 고시(고등 고시), 수능(대학 수학 능력 시험)

또한, 둘 이상의 단어를 줄여 간단하게 표현하는 경우도 있는데 이들은 '준꼴'이라고 구분해서 부를 수 있다. 서로 다른 범주에 속한 둘 이상의 단어가 음운의 축약이나 생략 등에 의해 줄어든 것들로 하나의 단어가 아니다. 주로 구어상에서 사용의 효율성을 위해 줄여 말하는 경우가 많다.

- **준꼴(줄어든 말)**
  - 예 건(것은), 게(것이), 뭘(무엇을), 어딘지(어디인지), 난(나는), 네(너의)
  - 예 절(저를), 뭔데(무엇인데), 걔(그 아이), 그새(그 사이)
  - 예 중졸(중학교 졸업), 고입(고등학교 입학), 남북(남한과 북한)

준말과 본딧말과의 의미 변화가 없더라도 실제 구체적인 사용 맥락에 따라서 사용이 더 적절한 표현이 있을 수 있으므로, 상황 맥락별로 준말 혹은 본딧말의 용법을 알 필요가 있다. 일부 준말은 본딧말보다 구어 사용에서의 빈도가 더 높아서 본딧말로 대체하면 어색한 경우도 있고, 문어에서의 준말 사용이 매우 어색한 경우도 있다.

따라서 실제 교수에 있어서는 준말을 독립적으로 제시하기보다는, 그것이 사용되는 발화 자료나 대화 지문 등을 통해 자연스럽게 노출시킬 필요가 있다. 아울러 본말과의 비교를 통해 사용 환경을 인지하도록 하거나, 학습자의 구어 의사소통 능력 함양을 위한 어휘 교수 학습 자료로 준말 사용의 실제성을 높이는 데에 활용할 수도 있다.

4.2 기타 어휘 관계

모든 단어는 각각의 독립된 항목이 아니라 의미적 또는 형태적으로 연관된 유기적인 관계를 가지며 체계를 이루고 있다. 따라서 어휘 간의 관계는 어휘를 둘러싼 모든 유형의 것들을 관련 어휘 정보로 매우 다양하게 설정할 수 있다. 어휘 간의 계열 관계는 한국어 교육 현장에서 관련어를 통한 어휘 의미 설명, 어휘 확장을 위한 정보로 매우 유용하게 활용될 수 있기 때문이다.

동음(이의)어

한국어교육에서는 의미상의 연계 고리는 없으나, 철자가 같고 발음이 같아서 학습자들에게는 혼동이 될 수 있는 단어도 있다. 특히 초급 학습자들은 동일한 형태에 집중하다 보면, 별개의 단어임을 인식하지 못할 수 있으므로, 이에 대한 변별 교수가 필요하다. 동음이의어는 혼동하기 쉬운 대상이다. 아래와 같이 어미 활용에 의해 나타나게 되는 동음이의어, 문맥 의존적인 동음이의어 등은 구체적인 예시 문장과 함께 제공하여 동음어의 이해와 사용을 가능하게 하는 것이 중요하다.

- 가는: <u>가는</u>(가다) 사람, <u>가는</u>(가늘다) 철자, 밭을 <u>가는</u>(갈다) 농부
- 배: 먹는 배, 타는 배, 신체의 배

이철 동음어

철자는 다르지만 발음이 같아 이해에 혼동될 수 있는 경우도 있다. 문어에서는 철자로 구분되나, 구어 사용에 있어서는 의사소통에 혼란을 가져올 수 있다. 이들은 음운규칙에 대한 이해와 밀접하게 연관되어 있으므로, 철자와 연계하여 변별할 필요가 있다.

- 독문(독어독문) – 동문(대학 동문)
- 설로(눈길) – 선로(뱃길)

큰말과 작은말

단어 간 의미 관계 중 크거나 센 느낌을 주는 말과 작거나 여린 느낌을

주는 말이 짝을 이루는 경우가 있다. 이들은 형태상의 관련어로 풍부한 어휘 사용 능력을 길러 주는 데에 기여한다. 의성어나 의태어인 경우가 많고, 발음과 철자의 혼동이 자주 일어날 가능성이 있는 단어들이므로 이를 고려하면서 교수할 필요가 있다.

- 깡충깡충–껑충껑충, 홀짝–훌쩍, 달달–덜덜
- 구기다–꾸기다, 보글보글–뽀글뽀글, 꾸벅꾸벅–꾸뻑꾸뻑, 통통–퉁퉁,

높임말 낮춤말

높임말은 평말이나 낮춤말과 짝을 이루는 경우가 있다. 존대 어휘는 존대를 나타내는 조사나 서술어와도 호응하므로 이에 대한 주의를 기울여야 한다.

- 나이(평말)–연세(높임말), 주다(평말)–드리다(높임말)
- 할아버님께서 진지를 잡수신다.

참조 어휘

계층적으로 같은 층위에 속하는, 공통된 상위어를 가진 자매어들이 등위 관계를 가지면서 짝 혹은 군집으로도 나타나는 경우가 있다. 이들은 한국어 교육 현장에서 제시될 만한 상황, 맥락, 장르에서 함께 쓰이는 어휘들로 어휘 확장 교수 방법의 하나가 된다.[22] 예를 들어 '귀걸이', '목걸이', '반지', '팔찌'는 '액세서리'를 공통된 상위어로 가진다. 자매어란 계층적으로 같은 층위에 속하는, 공통된 상위어를 가진 단어들로 이들 간의 정보는 어휘 확장 교수에서 활발하게 활용된다.

---

22) 사전에 따라 참조 어휘 대신 '관련된 말', '관련되는 말' 등이 사용되기도 한다.

예 '귀걸이', '목걸이', '반지', '팔찌' – (자매어)

예 '구두', '부츠', '샌들', '슬리퍼', '운동화' – (자매어)

한편, 엄격하게 볼 때 의미론적으로 자매 관계로 보기는 어렵더라도, 사회문화적인 맥락에서 같은 층위의 단어로 인식되는 경우가 있다. 이때 언어 교수에서는 '참조 어휘'라는 범위에서 이를 폭넓게 제시하여 어휘를 확장하는 데에 활용할 수 있다. 아래와 같은 예들을 고려해 볼 수 있다.

예 세계 화폐 단위와 관련된 어휘: {달러, 엔, 유로, 원, 위안, 파운드} 등

예 세계의 자모와 관련된 어휘: {한글, 한자, 알파벳} 등

예 경조사 관련 어휘: {결혼식, 돌잔치, 장례식} 등

예 기후 현상과 관련된 어휘: {눈, 번개, 비, 안개} 등

동사나 형용사 중에서도, 서로 같은 개념의 범주 안에 묶일 수 있는 어휘들을 묶어 참조어로 제시할 수 있다.

예 착용(동사)과 관련된 {끼다, 메다, 신다, 쓰다, 입다, 차다} 등

예 색(형용사)과 관련된 {까맣다, 노랗다, 빨갛다, 파랗다, 하얗다} 등

예 맛(형용사)과 관련된 {고소하다, 달다, 담백하다, 맵다, 쓰다, 짜다} 등

또한 유의나 대립 관계는 아니지만 혼동을 일으킬 수 있는 혼동어들도 구분해 줄 수 있을 것이다.

예 (차량이 연달아) 추돌, (차량이 정면) 충돌

예 (자기 나라로) 귀국, (어느 나라로) 입국

예 (돈을 보내는) 송금, (돈이 들어오는) 입금

'상-중-하', '초-중-고' 등과 같이 단계, 등급 등에 관련된 어휘들의 집합과 지시어와 관련된 어휘들의 폐쇄 집합을 참조어로 제시할 수 있다.

예 {초등, 중등, 고등}, {상반기, 중반기, 하반기} 등

예 {거기, 여기, 저기}, {이거, 그거, 저거} 등

제 5 장

통합 관계에 따른
어휘 교수

① 통합 관계를 활용한 교수

1.1 통합 관계

문장에서의 통합 관계란 단어 간의 긴밀한 의미 관계에 따라 나타나는 결합을 말하는데, 자주 공기하는 구 단위 표현들로 결합 관계로도 불린다. 한 단어가 다른 단어와 긴밀히 연결되어 자주 함께 사용되는 현상은 많은 언어에 나타나는 보편적인 일이다. 이렇듯 자주 함께 사용되는 구 단위 표현은 고정적으로 나타나며, 관례적으로 사용되는 표현의 패턴이 존재한다. 이에 목표 언어의 어휘 간 통합 관계 자료를 활용하여 교수하는 일은 표현 교수에서 매우 중요하다. 학습자들이 목표 언어의 이러한 어휘 사용의 패턴을 익히는 일은 매우 유용하기 때문이다.

어휘의 통합 관계를 활용하는 어휘 교수는 이해에도 도움이 되지만 산출 영역에서 매우 중요하다. 계열 관계에 따른 어휘 교수는 단어 의미 간의 관계로 어휘를 확장하는 데에 활용할 수 있음에 반해, 문맥 안에서 잦게 함께 나타나거나 특정 형식으로 정형화되어 나타나는 결합 관계에 대한 학습은 산출에서의 유창성 증진에 더 중요한 역할을 하기 때문이다. 어휘의 통합적 결합 관계는 모국어 화자의 습관적인 실제 사용 양상을 그대로 드러내므로, 이러한 모국어 화자의 말하는 방식을 학습하는 일은 모어 화자와 유사한 유창성을 기르는 데에 매우 유용하다. 구 단위 통합 관계에 따른 어휘 교수는 문맥을 통한 덩어리의 학습을 통해 어휘 관계에 대한 귀납적 지식을 얻게 하는 장점이 있다. 그런데 이러한 통합 관계에 있는 어휘들은 언어 개별적인 특성으로 인해 언어마다 상이하므로 학습자의 모국어에서의 통합 관계와 혼동되어, 학습자의 오류 산출의 큰 원인이 되기도 한다. 따라서 통합 관계에 대한 교수는 학습자의 모국어 언어 전이에 따른 오류를 줄이는 효과를 얻게 한다.

또한 학습자가 목표어의 개별 단어의 의미를 파악한다고 해서 단어 간의 결합 지식이 저절로 생성되는 것은 아니기 때문에 별도의 학습을 필요로 하는 영역이 된다. 학습자들이 개별 단어에 대한 지식이 아무리 많더라도 목표어의 관습적인 통합 관계에 따른 표현을 익히는 데에 실패한다면 유창한 산출에 이르기는 어렵기 때문이다.

아울러 이러한 고정 표현들은 특정한 사회문화적 함축을 나타내게 되므로 해당 문화에 익숙지 않은 학습자들에게는 적절한 상황에서 선택적으로 사용하기란 쉽지 않다. 설사 해당 표현들을 익혔다 하더라도 이들이 사용되는 적절한 담화 맥락에서 사용하지 못한다면 목표어 화자와의 의사소통에서 실패하게 된다.

어휘 교수에서 다루어지는 어휘의 통합 관계 유형은 아래와 같이 다양하다. 통합 관계를 보이는 다양한 유형들은 단어 간의 긴밀성과 고정성의 정도에는 차이를 보인다.

통합 관계 어휘 유형

- 연어 관계: 일기 예보, 상호 관계, 배짱을 부리다, 방정을 떨다 …
- 상투 표현: <u>코가 삐뚤어지게</u> 술을 마시다, <u>눈이 빠지게</u> 기다리다 …
- 속담: 원숭이도 나무에서 떨어질 때가 있다 …
- 관용적 숙어: 미역국을 먹다(시험에 떨어지다), 파리를 날리다(손님이 없다) …
- 굳어진 (문법)구: −에 대하여, −임에도 불구하고, −ㄹ/을 따름이다 …

연어는 한 단어는 아니지만 매우 긴밀하게 자주 공기하는 단어 간의 연속적인 결합 관계를 이르는데, 예시에서 '일기'와 '예보'는 매우 자주 결합하여 '일기^예보'와 같이 한 단어처럼 긴밀하게 사용되며, '방정, 배짱'과 어울리는 '부리다, 떨다, 치다' 등의 용언들은 의미상으로는 '어떤 행위를 하다'는 점에서 유사하지만 특정 단어와만 긴밀하게 결합한다. 각각 '(방정을) 떨다, (배짱을) 부리다'와 같이 고정된 단어와만 함께 나타나므로 이러한 결합 관계에 주목해야 한다.

상투 표현은 특정 비유 표현을 고정적으로 사용하는 상투적인 표현을 말한다. '마시다'는 '코가 삐뚤어지게'라는 비유가 늘 상투적으로 사용되는 방식이다. 연어나 상투표현은 문자 의미 그대로 사용되며, 특별한 의미를 더하지는 않는다. 따라서 연어나 상투 표현은 의미 자체보다는 그들의 결합 관계에 주목하여 구 단위로 학습하게 함으로써 유창성을 증진하는 데에 활용하는 게 좋다.

이에 반해, 속담은 오래 전부터 내려오는 문장 단위의 고정 표현으로 문자적 의미를 넘어 해당 문장을 통한 교훈과 풍자를 드러내는 표현이다. '원숭이도 나무에서 떨어질 때가 있다'라는 속담은 '어떤 일을 오랫동안 해서 잘 하는 사람도 가끔 실수할 때가 있으니 늘 조심하라'라는 교훈을 전하려는 의도를 담고 있다. 따라서 속담은 한국 문화의 특성과 더불어 교수될 필요가 있으며, 속담 속에 내재된 의미를 전달하는 게 중요하다.

숙어는 구 단위 고정 표현으로 원래의 문자적 의미와 멀어져서 새로운 의미를 얻어 사용되는 표현으로 문자적 의미와 숙어적 의미를 구분하여 이해해야 한다. 예문과 같이 문자 그대로의 의미로도 사용되므로, 문맥에 따라 숙어로 활용되었는지 여부를 파악하게 할 필요가 있다.

> 예 오늘 아침에 생일상으로 미역국을 먹었다.
> 예 이번 운전면허 시험에서 또 <u>미역국을 먹었다</u>.(시험에 떨어지다)

숙어의 구성 요소 중에는 '산통을 깨다'에서의 '산통'과 같이 개별 단어로서의 사용 빈도는 매우 낮으나 구 전체의 빈도는 상대적으로 높은 경우도 있으므로, 숙어 자체의 의미와 용법에 주목하여 교수하여야 한다.

마지막으로 통사적으로 굳어진 구의 경우에는 조사와 제약된 서술어 등이 결합하여 생산적인 말을 만들어내는 어휘 항목들로 문법 교수에서 주로 다루어지는 것들이다. 기능 어휘에 대당되므로 실질 어휘적 의미는 없지만 생산적으로 사용된다.

1.2 다-단어 항목의 특징

그간의 언어 교육의 연구에서 이러한 통합 관계의 구들을 특정하여 다-단어 항목(multi-word item)과 같은 용어로 불러 왔다. 다양한 용어들의 구체적인 개념과 그에 따른 예시들은 조금씩 상이하지만, 이들이 자주 공기하는 통합 관계를 보이는 어휘를 지칭한다는 점에서는 동일하다.

어휘의 통합 관계의 고정된 패턴들이 언어 교육에 적극 활용되기 시작한 것은 언어 교육자들이 언어 사용에 있어서 규칙에 기반한 문법 지식보다는 다-단어 항목과 같은 모어 화자에게 기억된 어휘의 연쇄들이 더 많은 역할을 할 수 있음에 주목했기 때문이다. 컴퓨터의 발달은 대규모 어휘 처리를 가능하게 했고, 손쉽게 자주 공기하는 어휘의 통합 관계의 패턴을 찾을 수 있게 했다. 이런 이유로 어휘의 고정 패턴에 대한 언어정보학적 연구의 결과는 언어 교육에 매우 적극적으로 활용되었고, 어휘 교수요목의 설계와 패턴을 이용한 어휘 교수의 활용에 많은 역할을 해 왔다.

이렇듯 일상생활에서 접하고 생산하는 언어의 많은 비중이 관례화된 다-단어 단위로 이루어져 있어, 이들 단위들에 대한 교수는 매우 유용하다. 다-단어 단위로 학습한 어휘 지식은 언어를 이해하고 생산하는 것을 보다 쉽게 만들며 학습자의 유창성을 증진시키는 좋은 도구가 되는데, 학습자가 어휘 연속체를 한 단위로 인식할 수 있다면 보다 효과적인 산출이 가능해지기 때문이다. 특히 특정 장르나 특정 영역에서 가장 유용한 다-단어 단위가 무엇인지를 아는 것은 언어 학습의 측면에서 매우 유용한 자료가 된다.

하지만 이러한 장점에도 불구하고, 지나친 다-단어 항목의 연습과 활용은 다소 오래되었거나 지나치게 비격식적인 표현인 다-단어 항목을 과다하게 사용하게 만드는 오류를 낳을 수도 있으므로 주의해야 한다. 다-단어 항목들은 시대에 따라 변화하기도 하고 새롭게 생성되기도 하기 때문이다. 따라서 교수 현장에서 학습자들에게 꼭 필요한 다-단어 항목을 선정하고 담화 맥락에 적절하게 사용하도록 균형을 맞추는 일은 중요하다.

이들을 교수 현장에서 적극적으로 활용하기 위해서는 무엇을 다-단어 단위로 볼 것인가 하는 문제와 교육과정에서 다룰 다-단어 단위의 범위, 그리고 이들의 효율적인 교수 방안에 대해 고민해야 한다. 우선, 무엇을 다-단어 단위로 볼 것이냐는 쉽지 않은 문제이다. 다-단위 항목들은 덩어리 단위로 고정적인 특성을 보이는 것이 형태적 특성이지만, 모든 다-단어 항목들을 완전히 고정적인 단위로 확정할 수 없는 양립적인 특성도 가지기 때문이다.

- 인접/단절: 다-단어 단위 속의 단어들은 흔히 바로 인접해서 나타나지만, 때로는 단어 혹은 단어들이 아닌 것에 의해 분리되어 나타날 수 있다.
- 문법적으로 고정된/문법적으로 가변적인: 다-단어 단위는 흔히 변화가 없는 고정된 형태로 나타나지만, 때로는 가변적인 다양한 문법 형태나 접사 형태로 나타날 수도 있다.

- 문법적으로 구조화된/문법적으로 불완전한: 다-단어 단위는 흔히 주어구, 서술구, 부사구 등과 같이 문법적 단위로 구조화 되지만 때로는 문법적으로 불완전한 형태로 나타나기도 한다.
- 어휘적으로 가변적인/어휘적으로 불변적인: 다-단어 단위 속은 단어들은 흔히 관련되거나 유사한 의미에 대해 일부 대체할 수 있지만, 때로는 다른 것에 의해 대체될 수 없는 항목을 포함할 수도 있다.
- 다-단어 단위의 구성 요소: 다-단어 단위는 적어도 두 단어를 포함한다.

이렇듯 다-단어 항목들은 언어 교수에도 적극 활용되지만, 실제로 이들의 목록을 고정하는 일은 쉽지 않다. 개별 한국어 교재마다 제시되는 다단어 항목의 목록은 동일하지 않을 수 있는데, 이는 다-단어 항목이 어휘 항목의 일종이라는 점에서 단원의 주제와 연계되어 선택되며, 변이형들을 가지기 때문일 것이다.

다음으로, 교육과정에서 다룰 다-단어 항목들의 범위를 정하기 위해서는 각 항목들의 '빈도, 필요성, 투명성, 통사적 의미적 단순성에 기반한 기초 연구들이 바탕이 되어야 한다.

다-단어 항목 어휘의 효율적 교수를 위해서는 다-단어 항목 유형의 범위와 투명성과 불투명성의 상이한 정도들을 반영하여 교수를 한다든지, 다-단어 항목을 주제 분야와 발화 행위에 따라 분류하여 학습 자료로 제시한다든지 등의 다양한 방식을 고려해야 한다. 아울러 학습자 모국어와 다-단어 항목과의 비교를 통한 교수 방법이나 담화 장르별 다-단어 항목들의 전형적 구조를 익히고 재산출을 유도하는 교수 방안 등도 고려할 필요가 있다.

② 연어 교수

2.1 연어 교수의 의미

다-단위 항목 중 언어 교수에 가장 활발하게 활용되는 것이 연어이다. 연어(collocation)란 '구성 요소 간의 긴밀한 결합 관계에 따라 고정적으로 공기하는 어휘 표현'을 말하며, 이 때 공기하는 요소들은 서로 연어 관계를 가진다고 말한다. 연어 관계의 두 단어는 합성어와는 달리, 구성 성분의 원래의 의미 그대로 투명성을 가지므로 일반적인 구에 불과하나, 자주 공기하는 요소 간의 긴밀성으로 인해 한 덩어리로 인식되는 단위이다. 이러한 연어는 같은 의미를 가지더라도 체언에 따라 자주 공기하는 서술어가 달라질 수 있다는 점에서 학습의 대상이 된다. 학습자들이 어휘의 의미와 어휘의 관계를 파악하기 위해서 연어 관계를 파악하는 일은 중요하다.

> (가) [씻다]: 머리를 감다 / 빨래를 빨다 / 손을 씻다
> (나) [연주하다]: 피아노를 치다 / 바이올린을 켜다 / 하프를 타다

모국어 화자들은 많은 연어를 기억하고 있으므로, 복잡한 생각들을 간단한 어휘적 연어로 실현하여 빠르고 효율적으로 의사소통을 수행한다. 외국어 교수에서 연어에 주목한 이유는 이러한 모국어 화자의 연어 사용의 비중과 패턴이다. 학습자들의 의사소통 능력을 향상시키기 위해서는 고립된 단어의 무조건적인 암기가 아닌, 어휘 문법인 연어에 대한 인식이 중요하며, 연어 관계를 활용한 교육이 학습자들의 어휘력 향상에 큰 역할을 담당한다고 본다.

연어 관계에 대한 지식은 단어의 의미 항목 습득과도 연관된다. 한 단어는 하나 이상의 의미 항목들을 가지게 되는데, 이러한 기본 의미 항목을 넘어 다의 항목들을 차례로 학습해 나아가는 것이 어휘력 향상에 도움을 준다. 특히 중급 이후에는 새로운 어휘를 학습하는 것보다 이미 알고 있는 단어의 결합을 늘림으로써 언어 능력을 높일 수 있다고 알려져 있다. 예를

들어 용언 '나다, 치다, 지다, 내다' 등의 동사는 많은 다의 항목들을 가지게 되는데, 개별 다의 항목들은 결합되는 명사구가 없는 경우에는 그 의미가 구체화되기 어려우며, 다의 항목별 연어 관계에 대한 학습은 해당 단어의 구체적인 의미를 아는 데에 필수적이다.

예를 들어, 〈표준국어대사전〉에 기술된 동사 '나다'의 다의 항목은 의미 항목의 설명이나 예문에 이르기까지 특정 명사와의 연어 관계로 그 의미가 두드러진다. 동사의 사전적 정의를 보면 다의 항목들의 설명에는 대부분 '무엇이, 무엇을' 등의 추가 정보가 등장하여 그 의미를 구체화하는 것을 알 수 있다. 이는 동사의 앞에 결합되는 정보가 없이는 동사의 의미 정의가 어렵다는 걸 드러내는 셈이다. 다시 말해 기본 의미를 제외하고는 한 단어의 다의적인 세부 의미 항목은 결국 연어 관계의 다름으로 변별되는 경우가 많다는 것을 의미한다. 이는 결국 학습자가 용언의 다의적 의미를 습득하려면 목표 단어만이 아니라 그와 연계된 연어를 함께 습득하여야 함을 의미한다.

동사 〈나다〉

(1) 신체 표면이나 땅 위에 솟아나다. ¶ <u>여드름이</u> 나다.

(2) 길, 통로, 창문 따위가 생기다. ¶ 우리 마을에 <u>길이</u> 났다.

(3) 어떤 사물에 형체 변화가 생기거나 작용에 이상이 일어나다. ¶ 양말에 <u>구멍이</u> 나다.

(4) 신문, 잡지 따위에 어떤 내용이 실리다. ¶ 신문에 <u>기사가</u> 나다.

(5) 홍수, 장마 따위의 자연재해가 일어나다. ¶ 남부 지방에 <u>홍수가</u> 났다.

(6) 농산물이나 광물 따위가 산출되다. ¶ 이 지역에는 <u>금이</u> 난다.

(7) 어떤 현상이나 사건이 일어나다. ¶ 축대가 무너져 온 동네에 <u>난리가</u> 났다.

(8) 인물이 배출되다. ¶ 어머니는 우리 집에 <u>천재가</u> 났다면서 좋아하셨다.

(9) 이름이나 소문 따위가 알려지다. ¶ 신문에 합격자 <u>발표가</u> 나다.

(10) 문제 따위가 출제되다. ¶ 시험에 무슨 <u>문제가</u> 날지 모르겠다.

(11) 흥미, 짜증, 용기 따위의 감정이 일어나다. ¶ 갑자기 덜컥 <u>겁이</u> 났다.

(12) 구하던 대상이 나타나다. ¶ 중소기업에 취직<u>자리가</u> 나서 연락을 해 보았다.

(13) 돈, 물건 따위가 생기다. ¶ 이 <u>돈</u> 어디에서 났니?

(14) 생명체가 태어나다. ¶ 나는 <u>부산에서</u> 나서 서울에서 자랐다.

(15) 소리, 냄새 따위가 밖으로 드러나다. ¶ 청국장에서는 구수한 <u>냄새가</u> 난다.

(16) 신체에서 땀, 피, 눈물 따위의 액체 성분이 흐르다. ¶ 손에서 <u>피가 나다.</u>

(17) 어떤 나이에 이르다. ¶ <u>두 살 난</u> 아기

(18) 병 따위가 발생하다. ¶ 탈이 나다/몸살이 나다/현기증이 나다.

(19) 생각, 기억 따위가 일다. ¶ 그는 멋진 생각이 났는지 무릎을 쳤다.

(20) 시간적 여유가 생기다. ¶ 나는 내일이면 시간이 난다.

(21) 기품, 멋 따위가 더 나아지다. ¶ 그는 스카프를 매고 나서 한결 멋이 났다.

(22) 효과, 결과 따위의 현상이 이루어져 나타나다. ¶ 결론이 나다/ 광고 효과가 난다.

(23) 속도, 열, 빛 따위의 속성이 드러나다. ¶ 그의 그림은 볼수록 더욱 빛이 났다.

(24) 맛이 생기다. ¶ 조미료를 잘 써야 음식이 더욱 맛이 난다.

(25) 햇빛 따위가 나타나다. ¶ 해가 나서 빨래를 널었다.

(26) 사람 됨됨이나 생김새가 뛰어나다. ¶ 그는 틀림없이 난 인물이다.

(27) 밖으로 나오거나 나가다. ¶ 든 자리는 몰라도 난 자리는 표가 난다.

(28) 철이나 기간을 보내다. ¶ 겨울을 나다.

(29) 살림, 세간 따위를 따로 차리다. ¶ 부모와 따로 세간을 나면 생활비가 많이 든다.

또한, 반의어의 습득과 사용에도 연어 관계의 파악이 필요하다. 동사나 형용사의 대립 관계는 기본 의미의 반의 관계로 단순하게 적용되지 않기 때문이다. 예를 들어, 용언의 기본 의미 항목의 반의 관계인 '주다-받다', '가볍다-무겁다'의 대립이 나머지 확장된 의미 항목들에도 모두 적용되는 것은 아니라는 점에 주의해야 한다.

- 창피를 주다 ↔ 창피를 당하다 (? 창피를 받다)
- 가벼운 부상 ↔ 심한 부상 (? 무거운 부상)

아울러 연어에 대한 지식은 학습자의 오류 산출과 밀접하게 연계된다. 연어 오류는 학습자의 어휘 오류 중 많은 수를 차지하는데, 이는 어휘 교육에서 연어가 얼마나 중요한지 보여주는 것이다. 아래 예문에서는 괄호 안의 수정 구문이 더 적절한 한국어인데, 학습자들은 오류의 수정과 피드백을 통해 한국어에서 관심을 가져야 할 연어 정보를 얻을 수도 있다.

예

(가) 이 출근부에다가 <u>서명을 쓰세요</u>.(√하세요)

(나) 밖에서 <u>해가 나간</u>(√난) 걸 보니까 오늘은 더울 것 같아요.

(다) 거실에 있는 <u>창문은</u> 남쪽에 <u>짓습니다</u>(√냅니다)

(라) 직접적인 표현을 피하는 습관을 가진 일본인에게는 <u>찬</u>(√식은) 땀이 흐르는 자리였다.

(마) 경쟁이 심하고 모든 일의 <u>속도는 높아진다</u>(√빨라진다).

(바) 너무 답답하니까 한국말을 배우는 <u>소원은</u> 더욱 <u>심했어요</u>(√간절했어요).

(사) 맛있는 음식도 많이 먹고 <u>친구도</u> 많이 <u>만들었어요</u>(√사귀었어요).

2.2 연어의 유형에 따른 교수

연어 관계는 다양한 관점에서 유형을 구분해 볼 수 있는데, 각 유형에 따라 어휘 교수의 초점을 달리 고려할 필요가 있다.

첫째, 연어 구성의 형태적 유형은 '명사+용언' 구성과 '부사+용언' 구성이 가장 활발하므로 이에 주목하여 교수할 필요가 있다. '명사+(의)+명사'의 경우에는 숫자가 많지는 않으나 비유적으로 사용되며 관용적으로 굳어진 예가 많으므로 해당 의미를 파악하는 일이 중요하다.

- 명사 + 동사 유형: 겁을 먹다, 물의를 빚다, 눈을 뜨다
- 명사 + 형용사 유형: 씀씀이가 헤프다
- 부사(어) + 동사 유형: 칭칭 동여매다, 눈이 빠지게 기다리다
- 부사(어) + 형용사 유형: (머리가) 지끈지끈 아프다, 아득히 멀다
- 명사 + 의 + 명사 유형: 절망의 구렁텅이, 각고의 노력

둘째, 연어 관계의 차이는 구성 요소들이 습관적으로 함께 쓰이면서 점점 관습적으로 굳어진 것들인데, 학습자들은 이러한 연어 지식이 있어야만 변별적으로 명사를 선택할 수 있게 된다. 연어 구성에서의 일부 구성 요소가 유의어이나, 함께 결합하는 나머지 요소는 서로 상이한 경우가 있다. 예를 들면 '명사+용언' 연어 구성에서 용언은 유의어이지만 이들과 연

어 관계를 보이는 명사(구)는 서로 상이한 경우가 있다. 예를 들어 아래와 같이 '생기다, 야기되다, 발생하다, 나타나다' 등은 유사한 의미를 가지는 용언들인데, 차이를 보이는 것도 많다.

- **'생기다'의 연어 구성**
  - 명 상처, 버릇, 흉터, 불만, 오해, 차질, 여유, 의욕, 호기심, 흥미, 희망 등
  - 부 갑자기, 계속, 더, 새로, 연달아, 자연스레, 자주, 틀림없이, 우후죽순으로 등
- **'야기되다'의 연어 구성**
  - 명 부작용, 문제, 오해 등
  - 부 결국, 심각하게 등
- **'발생하다'의 연어 구성**
  - 명 범죄, 병, 분쟁, 사건, 사고, 사태, 소음, 피해, 화재, 환자 등
  - 부 대거, 돌연, 동시에, 연이어, 잇따라, 자주, 종종 등
- **'나타나다'의 연어 구성**
  - 명 가능성, 경향, 변화, 약효, 효과, 현상, 피해, 부작용, 이상, 조짐, 증세, 증상 등
  - 부 갑자기, 뚜렷이, 서서히, 즉각, 분명하게, 심하게 등

'생기다'는 나머지 단어들과 비교할 때 비교적 광범위하게 사용되는 특징을 보인다. 이에 반해 '야기되다'는 다소 부정적 의미를 가지는 명사와 함께 공기하는 일이 많으며, '발생하다' 역시 부정적 요소나 사건 명사가 함께 공기하는 경우가 많다.[23] 한편, '나타나다'는 변화와 관련된 명사들이 주로 공기하고 있으며 이에 따라 함께 공기하는 부사 역시 변화를 나타내는 부사가 많음을 확인할 수 있다. 학습자들이 이러한 연어 관계의 차이를 충분히 습득하지 못하면 아래와 같은 어색한 표현을 만들어 낼 수 있다. 교수자는 자주 사용되는 연어를 바탕으로 한 예문을 제시하고, 교차 사용해서 어색한 경우에는 이러한 차이를 보이는 의미와 더불어 명사 선택의 제약에 대해서도 함께 설명할 수 있을 것이다.

---

23) '생기다'는 주로 고유어와 어울리며, '야기하다, 발생하다, 나타나다'는 주로 한자어와 어울린다.

- ?? 여유가 발생하다 / ?? 효과가 야기되다 / ?? 차질이 나타나다

셋째, 한 단어가 다의 의미 항목을 가지는 경우, 의미 항목에 따라 각기 다른 반의 관계 연어를 가질 수 있다. 아래 '열다'의 예를 살펴보면 의미 항목 간의 반의어는 서로 다르게 나타나므로, 같은 단어라도 의미 항목별로 반의어의 연어 관계에 주목하면서 가르쳐야 한다.

의미 항목	반의어 연어 관계
1. 닫혀 있거나 잠겨 있던 것을 풀다 [가방, 대문, 상자, 옷장]	열다 ↔ 닫다, 채우다
2. 모임을 시작하다 [회의, 모임, 행사, 세미나]	열다 ↔ 끝내다, 종료하다
3. 가게를 운영하다 [가게, 대학, 사무실, 서점]	열다 ↔ 닫다, 폐업하다, 폐점하다
4. 말하다 [대화, 말문, 입술, 입]	열다 ↔ 마치다, 다물다
5. 마음을 서로 통하게 하다 [가슴, 마음, 생각]	열다 ↔ 닫다, 접다
6. 어떤 일을 시작하다 [봄, 아침, 하루]	열다 ↔ 마감하다, 끝내다

넷째, 같은 의미장에 속한 단어들의 연어 관계도 달리 나타날 수 있다. 예를 들어 '어리다, 젊다, 늙다'는 연령의 상태를 표시하는 의미장에 속하는 용언들이다. 그러나 체언에 따라 이들 단계적 서술어가 모두 어울리는 것은 아니며, 특정 부류의 체언은 특정 서술어와만 연어 관계를 이룬다.

- 어리다 vs. 젊다 vs. 늙다
  (어린) 사람, 코끼리, 얼굴 / 나무, 새싹, 식물, 잎, 줄기, 풀 / *어린 열정, 어린 기운
  (젊은) 사람, 코끼리, 얼굴 / 열정, 패기, 혈기 / *젊은 식물, *젊은 줄기
  (늙은) 사람, 코끼리, 얼굴 / 오이, 호박 / *늙은 새싹, *늙은 열정

다섯째, 고유어와 한자어 간 유의어의 연어 관계가 어종별로 차이가 있는 경우도 있다. 즉, 고유어인 '공짜'는 주로 '주다, 받다' 등의 고유어와 어

울리며, '무료'는 '개방하다, 발급하다' 등의 한자어와 더 잘 어울린다.

- 공짜: (공짜로) 주다, 받다, 이용하다
- 무료: (무료로) 개방하다, 발급하다, 보급하다, 사용하다, 이용하다, 증정하다

여섯째, 유사한 의미를 가진 부사 간의 연어 구성은 함께 어울리는 서술어의 시제나 문맥에서의 의미에 따라 공기 여부가 달라지므로 이에 대한 주의도 필요하다.

- **곧 vs 금방 vs 방금**
  다행히 여관은 금방/곧/?? 방금 찾을 수 있었다.
  금방/방금/??곧 당신 오빠한테 전화가 왔어요.
  그녀는 들어오자마자 금방/곧/??방금 나갔다.
  그 사람은 곧/??방금/??금방 결혼한다고 한다.

일곱째, 용언의 통사적 연어 관계도 교수에 활용할 수 있다. '보다'는 기본 의미 외에 대상을 평가하는 의미로 사용될 때 격틀이 달라지는데, 이 경우 상이한 통사적 연어에 주목하면서 의미를 변별할 수 있다.

- 보다【…을】
  예 눈을 들어 하늘을 보다.
- 보다【…을 …으로/-게】【…을 -고】【…으로】【-고】
  예 그는 상대를 만만하게 보는 나쁜 버릇이 있다.
  예 어쩐지 그의 행동을 실수로 보아 줄 수가 없었다.

마지막으로, 의성어, 의태어의 연어 관계에도 주목할 필요가 있다. 이 경우에는 함께 나타나는 주어와 서술어에 대한 연어 정보가 중요하다. 두 단어 간의 연어를 넘어 '주어-부사어-서술어'가 모두 연어 관계를 가지는 경우가 대부분이므로 세 단어 간의 공기 관계를 함께 제시하여 교수하는 것이 도움이 된다.

[예] 가. 개가 멍멍 짖는다.
    나. 종이 땡땡 울린다.
    다. 아가가 아장아장 걷는다.

2.3 연어를 활용한 학습 활동

언어 학습에서 연어 학습의 효과는 매우 활발하게 논의되는 영역이다. 모어 화자들이 복잡한 의사소통에서 빠르고 효율적인 소통하는 것은 복잡한 생각을 간단한 어휘적 연어로 표현하기 때문으로 알려져 있다. 언어 자료의 분석에 의하면 말하고 듣고 쓰고 읽는 것의 70% 정도가 대부분 고정된 표현들이라고 한다. 학습자들은 고정적으로 나타나는 연어 관계를 인식하는 것을 통해, 모국어 화자들의 예측 가능한 발화 패턴을 인지할 수 있으며, 언어 산출에 있어서도 유창성을 확보할 수 있게 된다. 이에 교실 활동에서 연어 관계에 대해 인식하고 활용하는 것은 매우 유용하다.

그런데 연어를 이용한 어휘 교육은 학습자 중심으로 이루어지는 게 좋다. 학습자들의 연어적 오류는 자신의 모국어와 상이한 연어 관계에서 기인하는 경우가 많으므로, 각자 인지해야 할 연어 관계의 목록이 다를 수 있기 때문이다. 교사의 제시보다는 학습자 스스로 연어를 찾는 활동이 더 효율적인데, 이미 알고 있는 어휘를 이용하여 연어 관계를 파악해 유창성을 늘려가거나 학습 과정에서 산출되는 연어 오류를 스스로 교정하려는 인식과 노력이 필요하다. 따라서 교사는 학습자의 오류를 교정하는 것에 그치지 말고 그와 관련된 힌트가 되는 정보를 주면서, 학습자 스스로 오류를 찾아 해결하게 하는 활동으로 유도하는 게 좋다. 구체적으로 연어를 교실 수업에 연계하는 활동으로는 다음의 다양한 활동들을 고려할 수 있다.

첫째, 사전을 이용한 연어 모으기 활동이 있다. 사전에서 연어 관계에 있는 표현을 모아 보는 활동을 통해 연어 관계에 대한 지식을 높이는 것이 중요하다. 수업에서 활용하기 위해서는 학습자가 연어 관계 속의 중심 단어를 이미 알고 있으며 나머지 한 단어의 결합이 맞는지를 확인하는 활동이 효율적이다. 학습자들은 사전에서의 연어 모으기 활동을 통해 이미 알고 있는 단어들이 특정 의미에서 어떤 단어와 어울려 문장을 만드는지에 대한 지식을 얻게 된다. 아래는 〈한국어기초사전〉에 제시되어 있는 연어들의 예이다.

- **치다**
  (세차게 오다) 눈보라가 치다. 비바람이 치다. 폭풍우가 치다.
  (소리를 내며 일어나다) 번개가 치다. 벼락이 치다. 천둥이 치다.
  (내리다) 된서리가 치다. 서리가 치다
  (일어나다) 물결이 치다. 소용돌이가 치다. 파도가 치다.

다음 단계로는 사전에서 찾은 연어의 예를 바탕으로 하여 자신의 모국어에서의 연어 관계와 비교해 보고 차이가 있는 것들을 따로 모아 정리하는 활동을 할 수도 있을 것이다.

둘째, 말뭉치 등의 언어 자료의 검색을 통해 고빈도로 나타나는 연어 관계를 직접 찾아보게 하는 것도 고급 학습자의 흥미를 유발할 수 있는 방법이다. 포털 사이트에서의 어휘 검색은 해당 단어가 포함된 공기 표현들을 모두 보여주는 방식으로도 제공되므로, 이를 활용한 손쉬운 검색 활동이 가능하다. 특히 고급 학습자들에게는 다양한 검색 자료를 제공하여 스스로 검색하는 활동에 익숙해지게 한다.

교사는 학습자들이 어휘보다 더 큰 단위를 생각할 수 있도록 하여 두 단어 혹은 세 단어로 된 표현을 찾도록 유도한다. 자료에 나오는 '명사+동사'에 밑줄을 긋도록 하고 다음으로는 '형용사(수식어)+명사'에 밑줄을 긋도록 하는 등의 활동을 하고 이를 정리하게 한다. 이렇게 인터넷 검색을 이용하여 실제 그 어휘가 어떻게 사용되고 있는지 보고, 중심 단어별 연어 관계를 정리해 보게 하면 학습자 스스로 연어를 학습할 수 있게 된다. 학습자들이 새로운 단어를 학습하였을 때 해당 단어뿐만이 아니라 자주 공기하는 다른 표현까지 함께 익히는 습관을 가지게 한다면 유창성을 증진하는 데에 도움을 줄 수 있을 것이다.

셋째, 읽기 텍스트를 이용한 연어 찾기 활동도 가능한데, 예를 들면, 텍스트에서 주요 명사를 찾게 한 다음, 이와 함께 연관된 동사와의 연어 관계를 찾는 활동을 할 수 있다. 읽기 텍스트는 텍스트의 종류에 따라 특징적인 연어가 많이 쓰이므로, 장르별 정형적인 연어를 학습하는 데에 도움을 받을 수 있다. 작가의 개인적인 문체가 담긴 문학 텍스트와는 달리, 경제에 관한 보고서나 신문기사, 텔레비전 뉴스 등은 정형화된 고정 표현의 사용이 활발하므로 이들 자료를 적극 활용한다. 해당 텍스트의 전형적인 면을 잘 드러내는 자료를 찾아 학습에 활용하는 것이 유용하다.

다음으로 주요 명사를 중심으로 해당 명사의 수식어나 선행 명사를 찾는 활동을 할 수도 있다. 예를 들어 신문 기사 텍스트에서의 연어는 어떤 특별한 주제들과 밀접하게 결속되어 있어, 특정 주제에서의 관련된 '명사+명사' 혹은 '수식어+명사'의 어휘들을 확장할 수 있는 좋은 계기가 되기도 한다. 이렇게 명사를 중심으로 한 연어 관계 찾기 활동은 해당 텍스트 종류에서 정형적으로 사용되는 연어를 목록화 하는 활동을 할 수 있는 장점이 있다. 텔레비전 뉴스 텍스트의 경우에는 문어적 표현이 주를 이루는 신문 텍스트와 달리, 참여자들의 정서적인 표현이나 진행자들의 감정적인 판단 표현도 많이 쓰이므로 일상생활에서 자주 쓰이는 연어 표현을 익히는 데에도 활용된다.

넷째, 수업 전의 브레인스토밍 과정에서 연어를 이용하는 활동도 가능하다. 말하기나 쓰기 등의 표현 영역의 수업에서, 먼저 주제와 관련된 명사를 모은 뒤에 해당 명사와 관계되는 동사, 부사 순으로 연어를 구성하는 연습을 하게 한다.

- 좋은 생각, 괜찮은 생각, 훌륭한 생각, 잘못된 생각, 어리석은 생각, 순진한 생각, 틀린 생각, 안이한 생각, 그릇된 생각, 터무니없는 생각

또 다른 방법으로는 연어를 이용해 문장 확장하기 활동을 할 수 있다. 우선 하나의 사건을 한 문장으로 표현하고 이를 두 문장으로 다음 세 문장, 네 문장으로 늘려 가면서 사건을 구성할 때 핵심 명사나 동사를 중심으로 그 수식어 구를 점차 늘려가는 방법이다. 이 때 연어 사전이 있다면 이를 보면서 학습자가 문장을 구성할 수도 있으나, 연어 사전이 없다면 교사가 필요한 연어 정보를 제공하면서 도움을 줄 수 있다. 연습 활동지를 만들어 특정 어휘를 중심으로, 함께 나타날 수 있는 어휘들을 분류해 보거나 쓰게 하거나 고르게 하는 것도 연어를 활용한 학습의 하나이다. 이러

한 연어 확장 활동이 끝나면, 다른 그룹 학생과 활동지를 돌려 잘못된 연어를 고쳐 보게 하는 활동으로 이어지게 할 수도 있다.

교사가 잘못된 연어를 수정해 주는 경우에도, 교사는 학습자의 오류를 교정하는 것에 그치지 말고 그와 관련된 많은 연어 정보를 주거나 찾게 하는 것이 바람직하다. 예를 들어 아래의 오류가 있을 때 교사는 단순히 '현대' 혹은 '보다' 등으로의 개별 단어만을 교정만 할 것이 아니라, 학습자로 하여금 '현대'나 '시험'의 연어 정보를 모아보고 이를 인식하게 한다.

- 현제(√현대) 사회에서 부모와 자식들이 서로 이해하기 더 힘들어졌어요.
- 그런데 저는 운전 시험을 <u>했어요</u>(√봤어요).

예를 들어 '현대' 뒤에 어떠한 어휘가 결합할 수 있는지 학습자에게 묻고 이를 보충하여 추가적인 연어 정보를 제시하면서 덩어리 단위를 인식시키고 나아가 부가적인 어휘를 확장할 수 있다. 반대로 '사회'와 결합하는 연어 정보를 제시할 수도 있다.

- 현대 + '생활, 사회, 문명, 의학, 과학, 여성, 문화'
- '고대, 중세, 근대, 현대, 산업, 농경, 한국, 미국, 청소년, 인간' + 사회

이러한 모으기 작업을 할 때 두 단어의 결합뿐만이 아니라, 세 단어 네 단어로 확장시켜가면서 할 수도 있다. 위의 예에서 '시험'의 경우에도 공기하는 서술어 외에 자주 어울리는 부사의 연어 정보도 함께 제시할 수 있다.

- [간신히, 겨우, 무난히 + [시험에 합격하다]]

③ 관용구 교수

관용구는 두 개 이상의 단어들이 결합되어 하나의 의미 단위처럼 사용되는 구이다.[24] 관용적 의미란 구성 요소의 의미의 단순한 합을 넘어서는 관용구 전체가 가지는 새로운 의미를 말한다. 보통 비유적 표현에서 출발하여 모국어 화자에 의해 오랫동안 관습적으로 사용되어온 것으로, 구성 요소의 의미만을 안다면 전체의 의미를 이해하기 어렵다. 예를 들어, '미역국을 먹다'는 '미역국'이나 '먹다'의 의미를 안다고 해서 전체의 의미를 파악할 수 있는 것은 아니기 때문이다.

(가) 미역국을 먹다 (=시험에 떨어지다)

(나) 비행기를 태우다 (=칭찬하다)

관용구에 대한 학습은 어휘력의 양적 능력보다는 질적 능력을 향상시키게 된다. 학습자들이 관용구가 가지는 관용적 의미를 이해하고, 관용구를 적절한 맥락에서 사용할 수 있는 능력 등을 키워주는 것이 중요하다. 그런데, 이러한 관용구는 오래 사용되면서 변이형을 가지기도 하는데, 한 요소가 탈락되기도 하고 공기하는 용언을 바꾸어 흥미를 유발하기도 한다.

(가) 쟤는 또 <u>오리발</u>이다. (오리발을 내밀다)

(나) 운전면허 시험에서 또 <u>미역국</u>을 한 사발 <u>들이켰잖아</u>.

언어 교수에서 관용구는 반드시 사용 맥락과 연계되어 교수될 필요가 있다. 관용구를 사용하면 청자와의 친근함을 높이거나 한국어 능력의 유

---

24) 여기서는 관용적으로 사용되는 구를 포괄하는 의미이며, 엄격한 학술적 구분에 따른 관용구는 아니다. 상투 표현이 함께 포함되어 있다.

창함을 보일 수 있는 장점이 있지만, 잘못된 맥락에서 사용하면 오히려 상대에게 실례가 되거나 어색한 발화로 이어질 수 있기 때문이다. 왜냐하면 관용구에 대응하는 일상 표현은 관용구와 같은 특별한 발화 의도는 없으나, 관용구는 화자가 농담이나 친근성 표시 등과 같은 특별한 의도를 가지는 경우에 주로 사용되므로, 친근하지 않은 관계이거나 격식적인 발화 환경에서 어색한 표현이 되기 쉽다. 단순히 관용구의 의미와 일상 표현이 같은 의미라고만 가르친다면, 대화 상대에게 실례가 되는 발화를 할 수도 있으므로 이에 주의를 기울여야 한다.

(가) 야, 시험 어떻게 되었어? 너 또 <u>미역국 먹은</u> 거냐? (친한 관계에서)

(나) ??따님이 대학 입시에서 <u>미역국을 먹었다면서요?</u> (윗사람에게)

또한 이러한 관용구는 대체로 특정한 맥락에만 고정적으로 사용되는 경우가 많다. '비행기를 태우다'가 '칭찬하다'는 관용구로 사용되는 경우에는 주로 칭찬에 대한 겸손한 응답을 할 때 부정어와 더불어 사용되며, 적극적인 칭찬이나 칭찬 요구로는 잘 사용되지 않으므로 반드시 사용 맥락과 더불어 교수되어야 한다.

- (가) 역시 김 대리는 대단해.
  (나) 아닙니다. 자꾸 <u>비행기를 태우지</u> 마세요.

- (가) ?? 이번에 1등 했으니 <u>비행기 태워</u> 줄게.
  (나) ?? 저, 잘했지요? 어서 <u>비행기 태워</u> 주세요.

관용구는 대부분의 한국어 교재에서 중급 단계부터 적극적으로 제시되는데, 중급부터는 상대적으로 비중이 낮았던 담화 구성 능력이나 사회언어학적 능력에 대한 비중이 높아지므로 경어법이나 관용구, 속담 등에 대한 이해와 사용이 필요하기 때문이다. 그러나 중급에서만 집중적으로 교수하는 것보다 초급부터 조금씩 시작하는 것도 흥미를 위해서는 좋은 방법이다. 다만 의미 투명성을 기준으로 단계가 높아짐에 따라 그 수를 차츰 늘려가는 것이 좋은 방법이다.

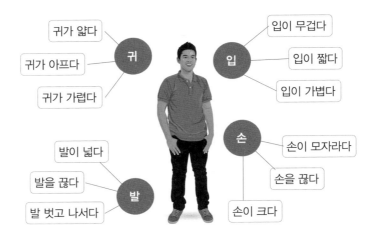

[그림 1] 신체와 관련된 관용 표현의 예시

관용구는 맥락과 분리된 개별적인 어휘 항목으로 제시하기보다는 교재의 주제나 상황, 기능과 연계하여 교수함으로써 실제 의사소통 맥락에서의 사용 능력을 효율적으로 길러 주는 것이 바람직하다. 따라서 관용구는 단원의 기능과 연계하여 교수하는 게 좋다. 학습자들은 특정 주제나 기능에서 사용하는 관용구를 모르거나 단순히 이해 차원에 머물러 있다면, 실제로 특정한 상황이나 주제에 당면했을 때는 정확한 의사표현을 할 수 없다. 따라서 아래와 같이 특정 의사소통 기능을 구현할 때 자주 사용되는 화제별 관용구를 익히는 것도 중요하다.

- 감정 표현하기: 애가 타다, 속이 타다, 속이 상하다, 치가 떨리다, 몸이 달다
- 결심(계획) 말하기: 마음을 먹다
- 물건 사기: 날개 돋친 듯이 팔리다, 바가지 쓰다, 마음에 들다, 눈독을 들이다
- 변명하기: 오리발 내밀다, 시치미 떼다, 들통이 나다, 낯이 뜨겁다, 도둑이 제 발 저리다, 눈 감아 주다, 진땀 흘리다
- 약속하기: 눈이 빠지게 기다리다, 바람을 맞다, 한턱내다, 한잔 하다

- 칭찬하기: 입에 침이 마르도록, 입을 모으다, 옷이 날개다, 비행기 태우다
- 평가하기: 귀가 얇다, 입이 가볍다, 입이 무겁다, 눈이 높다, 콧대가 높다
- 후회 말하기: 뼈에 사무치다, 물거품이 되다, 엎질러진 물, 볼 낯이 없다

관용구에 드러나는 한국 문화의 특성들은 이에 대한 문화적 해석을 제공하거나 학습자의 모국어와 대응되는 표현을 찾아 비교해 보는 대조적 접근으로 효율적인 문화와 연계된 어휘 교수를 수행할 수 있다. 관습적으로 사용되어 온 관용 표현에 드러난 민족지학적 특성은 목표 문화를 이해하는 데에 도움을 줄 수 있기 때문이다.

④ 속담 교수

속담이란 예로부터 민간에 전하여 오는 쉬운 격언이나 잠언을 말한다. 생활 속에서 터득한 지혜가 관용적인 문장으로 사용되는 것이며 이로 인해 교훈성을 지닌다. 구체적인 사실에 빗대어 교훈적인 개념을 전달하며, 역사적 배경을 가지고 있다. 이런 의미에서 속담을 통해 문화를 알 수 있다.

- 가는 날이 장날이다
- 등잔 밑이 어둡다

속담은 오래 전부터 사용되어 오던 말이므로 그 어원과 유래를 함께 제시하여 한국의 문화적 배경을 이해하도록 하는 것이 좋다. 속담에 등장하는 동식물이나 충, 효, 교우 관계, 남녀 차별, 가치 등의 측면을 살펴보면 한국인의 사고에 내재한 전통적 가치를 짐작할 수 있어 문화 교수에도 활용이 가능하다. 한국어교육에서 속담 교육은 산출에 초점을 두기 보다는 이해의 측면이 강조되는데, 산출을 유도하려면 의사소통 기능과 연계한 사용이 필요하다.

속담이 전달하려는 의미는 속담을 구성하는 개별 단어의 의미의 합으로는 파악되기 어려우며, 전체의 의미를 파악해야만 한다. 보통 말하고자 하는 내용을 직접 전달하지 않고 비유적으로 전달하며, 대조적 절을 나열하여 표현 효과를 높이기도 한다. 속담은 적절한 사용 맥락을 아는 것이 중요하므로, 한국어 교재의 주제나 상황, 기능을 고려한 화자의 의도와 연계하여 제시하는 것이 좋다. 아래의 속담들은 그 자체의 의미보다는 해당 발화를 사용하는 화자가 어떤 의도를 가지고 있는지를 파악하는 것이 중요하다. 아울러 윗사람에게는 충고나 경고 등의 발화를 하는 것이 실례가 되므로, 맥락에 맞게 해당 속담을 사용하는 것이 중요함을 일깨워야 한다.

- **충고하기, 경고/금지하기**
  가는 말이 고와야 오는 말이 곱다. [다툼, 논쟁]
  말 한 마디로 천 냥 빚을 갚는다. [공손한 말의 중요성]
  말이 씨가 된다. [말에 대한 책임감]
  발 없는 말이 천리 간다. [소문의 빠른 전파]
  낮말은 새가 듣고 밤말은 쥐가 듣는다. [정보 유출]
- **위로하기**
  무소식이 희소식이다.

한국어의 속담에서 자주 사용되는 소재를 통해 한국 문화의 특성을 엿볼 수 있다. 우선 소, 개, 돼지 등의 동물이 자주 출현한다. 개에 비해 고양이에 대한 속담은 수가 많지 않으며, '얌전한 고양이 부뚜막에 먼저 올라간다'와 같이 다소 부정적인 표현을 가지고 있다. 반면에 '서당개 삼년이면 풍월을 읊는다', '오뉴월 개팔자'와 같이 개에 대한 속담은 부정적이지 않다. 이렇듯 속담에 출현한 동물의 빈도나 해당 동물에 대한 표현의 부정성 여부에 의해 한국인에게 밀접한 동물과 그와 연계된 생활양식 등을 짐작해 볼 수 있다는 점에서 문화 교수에도 활용될 수 있다. 아울러 한국어의 속담에는 '떡'이나 '죽'에 관련된 표현도 많아 한국 문화에서 점유하는 음식생활 문화의 의미도 짚어볼 수 있을 것이다. '말'에 대한 교훈을 드러내는 다양한 속담들이 있는데, 상대에 대한 말의 선택과 사용에 대한 신중함을 드러내는 것들이다.

개별 속담의 의미에만 머물지 않고 속담에서 주목했던 충, 효, 교우 관계, 남녀 차별 등의 가치 측면을 살펴보면 한국인의 사고에 내재한 뿌리 깊은 전통적 가치를 학습하는 계기가 될 수 있다. 예를 들면, '벼는 익을수록 고개를 숙인다', '빈수레가 요란하다' 등의 속담은 한국인에 내재된 겸손에 대한 가치를 드러낸다고 할 수 있다. 속담에서 전달하는 교훈은 범언어적인 것도 있고 한국에만 독특한 것도 있으므로, 이를 비교하면서 교수한다면 학습자의 흥미를 이끌 수도 있을 것이다. 예를 들면 '여성'에 대한 속담을 모아보고 학습자의 모국에서의 속담과 비교하면서 해당 표현들에 드러난 문화 차이를 논의할 수도 있을 것이다.

아래는 한국어 교재에서 자주 출현하는 속담의 목록이다. 속담은 대체로 관습에 의해 고정적인 표현 형식을 가지고 있으나, 활용 등에서 약간의 변이형을 가지기도 한다.

가는 날이 장날이다	돌다리도 두드려 보고 건너라
가는 말이 고와야 오는 말이 곱다	등잔 밑이 어둡다
가재는 게 편이다	떡 본 김에 제사 지낸다
갈수록 태산이다	떡 줄 사람은 생각도 않는데 김칫국부터
같은 값이면 다홍치마	마신다
개구리 올챙이 적 생각 못 한다	말 한 마디로 천 냥 빚을 갚는다
개천에서 용 났다	말이 씨가 된다
고래 싸움에 새우 등 터진다	무소식이 희소식이다
고생 끝에 낙이 온다	미운 아이 떡 하나 더 준다
공든 탑이 무너지랴	밑 빠진 독에 물 붓기
그림의 떡	발 없는 말이 천리 간다
금강산도 식후경	배보다 배꼽이 크다
까마귀 날자 배 떨어진다	백지장도 맞들면 낫다
꼬리가 길면 밟힌다	벼는 익을수록 고개를 숙인다
꿩 대신 닭	병 주고 약 준다
꿩 먹고 알 먹고	보기 좋은 떡이 먹기에도 좋다
낮말은 새가 듣고 밤 말은 쥐가 듣는다	비 온 뒤에 땅이 굳어진다
누워서 떡 먹기	사공이 많으면 배가 산으로 간다
달면 삼키고 쓰면 뱉는다	산 넘어 산이다
닭 잡아먹고 오리발 내민다	서당 개 삼 년이면 풍월을 읊는다

세 살 버릇 여든까지 간다	우물을 파도 한 우물을 파라
세월이 약이다	원숭이도 나무에서 떨어질 때가 있다
소 잃고 외양간 고친다	윗물이 맑아야 아랫물이 맑다
쇠귀에 경 읽기	입에 쓴 약이 몸에 좋다
수박 겉핥기	종로에서 뺨 맞고 한강에서 화풀이
식은 죽 먹기	한다
싼 게 비지떡	짚신도 짝이 있다
아 다르고 어 다르다	콩 심은 데 콩 나고, 팥 심은 데 팥 난다
아니 땐 굴뚝에 연기 나랴	티끌 모아 태산
열 길 물속은 알아도 한 길 사람 속은	팔은 안으로 굽는다
모른다	하늘의 별 따기
열 번 찍어 안 넘어가는 나무 없다	하늘이 무너져도 솟아날 구멍이 있다
우물 안 개구리	호랑이도 제 말 하면 온다

　속담은 구어에서 활발히 사용된다는 점에서 구어 의사소통에서는 필수적인 요소가 되기도 한다. 하지만 속담은 화자의 발화 의도에 따른 적절한 사용 맥락이 전제되어야만 하므로 별도의 어휘 항목으로 다룰 필요가 있다. 속담은 해당 의미와 대당되는 일반 표현으로 대체할 수 없을 때가 많은데, 속담은 특별한 화자의 의도가 있을 때에, 그리고 속담의 사용이 용인되는 상황 안에서 사용되었을 때에 적절성을 확보할 수 있기 때문이다. 특히 속담의 과잉 사용은 사용의 부적절성으로 이어지기가 쉽기 때문에 맥락에 적절한 속담의 사용에 대한 고심이 필요하다.

　또한 속담의 목록을 숙달도별로 등급화하는 근거를 제시하기도 쉽지 않은데, 속담이 가지는 저빈도 어휘 여부와 비유적 의미의 정도를 고려한다면 중급 이상에서 해당 단원의 주제와 연계하여 단계적으로 학습하는 게 바람직할 것이다. 위의 목록에서 '다홍치마, 금강산, 등잔, 서당, 외양간, 김칫국, 떡, 죽, 비지떡, 종로, 우물, 한강' 등은 고유명사에 대한 지식이나 전통문화에 대한 이해가 없으면 전체 의미를 이해하기가 쉽지 않다. 속담도 개별 어휘항목으로 보아 독립적인 교수를 하게 된다면 도입-제시-연습-활용 등의 단계를 거치는 게 좋다.

제 6 장

어휘군별
어휘 교수

① 사회언어학적 변인과 어휘 교수

어휘는 사용자나 사용 환경에 따라 달리 나타날 수 있으며 다양한 변이형들이 존재할 수 있다. 다양한 변이형들은 시대나 지역, 특정 집단, 사용 매체 등에 따라 나타나는데, 목표어의 표준어 외에 이러한 다양한 사회언어학적 변이형들의 의미와 용법을 습득하기란 쉽지 않다. 주로 표준어를 학습하는 외국인 학습자들에게는 또 다른 어려움이 될 수 있다.

학습자의 숙달도가 증가하면서, 목표 언어의 다양한 화자들과의 성공적인 의사소통에도 방점을 두어야 한다. 표준어 외의 좀 더 다양한 언어 변이형에 대한 지식이 필요하며, 이러한 어휘의 변이형을 학습하고 익히는 것은 다양한 계층과 지역의 한국어 모어 화자와의 소통에서 중요한 어휘 지식이 된다.

1.1 어휘 변화

어휘는 시간의 흐름에 따라 없어지기도 하고 새롭게 생겨나기도 한다. 어휘 교수에서는 현대인이 사용하는 일상적인 어휘 외에 이전의 말이나 새로운 말에도 주목할 필요가 있다. 시간에 따른 어휘는 크게 이미 사라진 사멸어(사라진 말), 짧은 과거에 사용되었던 구어(오래된 말), 그리고 새롭게 만들어진 신어(새말)들로 구분할 수 있다.

사멸어는 현대 국어에서는 더 이상 쓰이지 않는 단어이므로 관련 학문의 학습자가 아니라면 어휘 교수의 대상으로 삼기는 어렵다.

구어는 현재로부터 짧은 시기 이전에 사용하던 말로, 규범이 바뀌거나 새로운 말로 대체되어 현대의 언어 사용자들이 잘 사용하지 않는 말을 가리킨다. '다방'이나 '(버스) 안내양'과 같은 말은 시대가 변화하면서 다른 말로 대체되거나 더 이상 사용하지 않는 말들이다. 비교적 짧은 시기 이전에 사용했던 말이므로, 특정 지역이나 노년층에서는 여전히 사용되는 경우도 있어서 이해 교수 차원에서 필요한 어휘들이다. 노인층과의 대화가 필요한 학습자나 부모 세대가 이주 이전에 습득했던 어휘를 전수받은 재외동포 학습자들에게는 접할 가능성이 있는 단어들이다. 이들에게는 교수 대상이 되더라도 해당 어휘들이 현재는 잘 사용되지 않는 시기적으로 오래된 말임을 인지하는 교육이 부가될 필요가 있다.

신어는 새로운 사물이나 개념이 등장했을 때 만들어진 어휘로, 한국어에서 새롭게 만들어지기도 하고 다른 언어에서 빌려와서 새말을 만들기도 한다. 이런 의미에서 신조어(새롭게 만든)라고도 부른다. 신어는 다양한 의도로 만들어지는데, 주로 어떠한 사건을 계기로 사회적 현상에 따라 새로운 내용과 의미로 확대해 생겨나는 경우가 많다. 새로운 사물이나 개념이 도입되어 차용되는 말들은 주로 전문 용어들이 많은데, 특정 영역에서 전문어이거나 지속성이 없는 유행어의 성격을 가질 수 있으므로 이들 모두를 교수할 필요는 없다. 다만 방송 매체나 영화, 인터넷에서 잦은 빈도로 지속적으로 노출되는 어휘에 대해서는 교수의 대상으로 삼을만하다. 특히 비판, 풍자, 유희, 신선감의 의도를 가지고 새롭게 만든 유행어가 있는데, 이들은 특정 시기에 매체 등에 매우 활발히 사용될 가능성이 높아 외국인 학습자들에게도 노출될 가능성이 많다. 이렇게 매체에 노출되는 단어들은 의사소통에서의 이해 차원뿐만이 아니라, 학습자들의 생산에 대한 요구가 존재하기 때문에 수업에서 다루어질 수도 있다. 아래 예시로 제시된 신조어의 일부는 한국 사회의 가치관의 변화를 엿볼 수 있다는 점에서, 언어와 문화를 연계하는 수업에서 활용할 수 있다.

> **예**
>
> - [인간관계] – 혼술족(혼자 술 먹는 사람), 혼밥족(혼자 밥을 먹는 사람)
> - [가치 변화] – 그루밍족(자기 관리를 하는 중년 남자)
> - [빈부 차이] – 흙수저(가난한 부모 자녀), 금수저(부자 부모 자녀)
> - [소통 단절] – 노답(답이 없음), 안물(묻지 않음)
> - [교육 문제] – 기러기(자녀 유학을 위해 홀로 돈을 버는 가장)
> - [결혼 가치관] – 이혼, 졸혼, 해혼

SNS상에서는 'ㄱㅅ(감사)'와 같이 단어의 음절을 다 채우지 않고 초성만을 가지고 나열하거나 문장의 첫음절만을 모아 줄여 말하는 경우도 많이 있어, 외국인 학습자들에게는 이러한 변이형이 호기심이나 흥미의 대상이 될 수 있다. 하지만 일시적 유행인 경우도 많으므로 이해 차원의 설명에 머물 것인지, 어휘 교수의 대상으로 삼을 것인지에 대한 고민이 필요하다.

- 낄끼빠빠 – '낄 때 끼고 빠질 때 빠져라'
- 지못미 – '지켜주지 못해 미안해'

한국 문화에 대한 호기심과 흥미로 한국어를 학습하는 학습자들은 신어에 드러난 문화적 현상에 대해 알고자 하는 요구가 클 수 있으므로, 어휘 수업을 문화 현상과 이해로 연계하는 것도 가능하다.

1.2 지역별 어휘

어휘는 사용 지역에 따른 변이형을 가진다. 한국어의 지역 방언은 방언권에 따라 북한 지역의 평안 방언, 함경 방언, 황해 방언과 남한 지역의 경기 방언, 충청 방언, 강원 방언, 경상 방언, 전라 방언, 제주 방언으로 크게 구분된다. 하지만 각 방언권 안에도 다양한 변이형을 가진 방언이 존재하며, 어휘의 경우에는 특히 다양한 방언이 존재하므로 지역에 거주하는 학습자라면 방언 어휘에 대한 학습 요구가 있을 수 있다.

- 설거지: '서름질'(제주), '서러지'(강원), '식가슴'(함경)
- 도토리: '도톨뱅이, 도톨맹이'(경남), '되토리, 도틀'(전남), '동고리'(제주)
- 다리미: '데루미'(전남), '다래비, 달비'(경상), '다로리, 다롤'(함경)

지역에 거주하는 학습자들 역시 매체 이해나 교육 관련 상황에서는 표준어를 함께 알아야 하므로, 표준어와 대역되는 지역 어휘의 짝을 함께 익히는 게 좋다. 예를 들면, 이주 여성의 경우 자녀 교육을 위해서는 표준어를 알아야 하고, 시부모 세대와의 소통을 위해서는 지역어를 알아야 하는 환경에 놓일 수도 있기 때문이다.

국외 지역에도, 재일 동포의 한국어, 재미 동포의 한국어, 재중 동포의 한국어 등과 같은 변이형이 존재한다. 재외 동포들의 지역별 변이형은 국외에서도 지역적 구역 차이와 동포의 이주시기에 따른 시대적 변천이 더해져 다양한 변이형을 가지게 된다. 이들 변이형은 자녀에게 대물려 학습되는 경우도 많으므로, 동포 역시 변이형과 표준어에 대한 인식과 구분이 필요할 것이다.

외국인 학습자를 대상으로 본격적인 방언 교수를 해야 하는가는 논의의 여지가 있다. 그간 특정 지역의 학습자를 가르치기 위한 방언 기반 교육 자료 개발이 이루어지기도 하였다. 해당 지역 주민과의 소통에의 요구로 출발하였다는 점에서는 설득력이 있으나, 특정 지역에 살더라도 방송이나 공적 자리에서는 여전히 표준어를 사용해야 한다는 점에서 본격적 방언 수업보다는 표준 교재를 기본으로 하되 대역되는 지역어를 추가로 얹어 인식하게 하는 정도의 어휘 교수가 필요할 것으로 보인다. 방언 교수의 효용성도 문제가 될 수 있다. 특히 어휘적 차이는 세부 지역별로 매우 상이할 수 있으며, 공신력 있는 방언 자료가 충분하지 못한 점도 있기 때문이다. 다만, 영화와 같은 매체를 통한 언어 교수 시 특정 지역의 방언이 자주 노출된다면, 내용 이해의 차원에서 교수할 필요는 있을 것이다.

1.3 사용 집단별 어휘

어휘는 특정 사용자 집단에 따라 변이형을 가지기도 한다. 특정한 계층과 집단 내에서 소통 의도에서 만들어진 은어, 계층어, 연령어, 남성어/여성어 등이 있다.

먼저, 은어는 어떤 계층이나 부류의 사람들이 다른 사람들이 알아듣지 못하도록 자기네 구성원들끼리만 빈번하게 사용하는 말을 의미한다. 기본적으로 비밀 또는 위장의 의도로 시작하며, 의도적으로 새말을 대체어로 만들어 사용하거나 일부 음절을 생략하여 사용하거나 음절의 순서를 뒤집어 사용하기도 한다. 혹은 기존의 어휘를 사용하기는 하지만, 사전적 의미와는 전혀 다른 해당 집단만의 의미를 얹어 사용하기도 한다. 때로는 대중에게 은어가 알려지면서 비통용성이 없어지고 대중들에게 널리 쓰이면 유행어가 되기도 한다. 이렇게 유행어에 이른 은어들은 대부분 사전에는 등재어로 올라 있지 않으므로, 학습자들에게 호기심의 대상이 되기도 한다.

- 삥땅(수입금 유용), 말뚝(장기복무자), 쌤(동료 선생님) 등

계층어는 특정 계층에서 주로 사용하는 어휘를 말한다. 계층을 구분하는 것은 계급, 직업군, 학력 등의 요소가 될 수도 있고 사는 지역과 같은 요소가 변인이 될 수도 있다. 설사 명확한 계층어가 존재하지는 않더라도 상류층과 중류층, 하류층 간의 발음 차이의 경향성이 있다면, 외국인 학습자들은 이러한 특성에도 호기심을 가질 수 있다. 한국어에서 계층어가 존재하는지에 대해서는 논란의 여지가 있을 수 있는데, 명확히 드러나는 계층적 차이가 많지 않기 때문일 것이다. 상대적으로 하위 계층에서 특정 발음을 자주 사용한다는 연구가 있기는 하나, 이를 계층어로 보기에는 다소 무리가 있다.25)

- 'ㄹ'음 첨가 현상: '가려고'가 [갈려고/갈려구]로, '모르지'가 [몰르지]로 발음
- 연음 법칙 위반 현상: [꼬치]가 아닌 [꼬시]로 발음
- 움라우트 현상: '손잡이'를 [손재비]로, '창피하다'를 [챙피하다]로 발음

연령어는 어린아이나 노인들과 같은 특정 나이의 사람들이 즐겨 쓰는 표현을 말하는데, 유아어, 청소년어, 성인어, 노인어 등이 있다. 유아어는 유아인 청자가 알아듣기 쉽게 하는 어휘로 일정 나이가 지나면 더 이상 사용하지 않게 된다. 일반 학습자에게는 특별히 필요하지 않을 수 있으나, 이주여성의 경우 의사소통의 대상이 노인이나 아동이 될 수 있으므로 이해 어휘로서 어느 정도의 유아어나 노인어를 알 필요가 있다고 할 수 있다.

---

25) 이주행(2007)의 논의를 인용.

청소년어는 청소년 시기의 연령층이 주로 사용하는 말이다. 청소년의 연령의 특성상 그들이 사용하는 어휘는 은어, 유행어 등일 가능성이 높다. 또래 연령 집단 간의 은어일 가능성이 높으며, 비속어나 유행어일 가능성도 많다. 다만, 이들이 성장하면서는 더 이상 사용하지 않을 가능성이 높다는 점에서 특정 세대에 국한된 어휘로 볼 수 있다.

성별어는 남성이나 여성만이 주로 사용하는 단어나 특유의 말투를 말한다. 말하는 태도나 억양, 발성의 특징 등도 포함된다. 일반적으로 남녀의 언어 차이는 다른 언어에서도 그 특성이 나타나나, 언어에 체계적으로 존재하는지 여부에는 차이가 있다. 언어에 따라 프랑스어처럼 문법적으로 관사나 형용사의 여성형, 남성형이 형태적으로 달리 나타나는 언어도 있으나, 한국어는 이러한 문법적 특성이 체계적으로 반영된 언어는 아니다. 한국어에서는 특정 성별이 주로 사용하는 경향이 있는 어휘들이 성별의 특성을 드러낼 뿐이다. 여성들이 '요기, 고기, 조기' 등의 작은 어감의 지시사를 즐겨 쓰거나, 일부 감탄사를 즐겨 사용한다고 알려져 있지만 이러한 특성은 경향성의 문제이므로 일반화하기는 어렵다. 특히 성별어에 해당하는 단어의 수가 제한적이어서 체계적으로 여성어가 분화되었다고 보기는 힘들다.

외국인 학습자들이 성별어를 변별하여 인지한다면 어색한 표현을 줄이거나 방지할 수 있다. '군대'식 남성이나 '여성들 간의 사적 대화'에서 자주 사용하는 말투와 같이 사용 맥락별로 성별 간의 주요 표현들을 교수에 활용할 수 있을 것이다.

1.4 사용 맥락별 어휘

어휘는 사용 맥락에 따라 변이형을 가지기도 한다. 첫째, 상대에 따른 변이형이 있다. 화청자 관계, 발화 환경에 따라 높임말과 낮춤말의 변이형이 화자와 청자 간의 연령, 지위, 친소 관계에 따라 선택된다. '낮춤말-평말-

높임말'의 삼원적 대립을 보이거나, '평말과 높임말', '평말과 낮춤말'의 이원적 대립을 보이는 것이 많으며, 한자어와 고유어의 대립에서 한자어가 높임말이 되는 경우가 많으며, 평말과 겸양어가 짝을 이루기도 한다.

(가) 이빨–이–치아, 처먹다–먹다–잡수시다

(나) 자다– 주무시다, 주다–드리다

(다) 노인–늙은이

(라) 나–저, 우리–저희

둘째, 특정 상황에서 사용되는 변이형이 있다. 속어는 통속적으로 쓰는 다소 저속한 말로 장난기 어린 표현, 신기한 표현, 반항적인 표현, 구체성을 강하게 드러내는 사실적인 표현을 하고 싶을 때 주로 사용되는 일종의 유희 욕구에서 비롯된 말놀이이다. 속어는 주로 가까운 사람들 간의 관계에서 친밀감을 드러내기 위해 사용되는 말로 사실적이거나 재미있는 표현, 솔직한 표현을 하고 싶을 때 사용한다. 주로 청소년들이 시선을 자신에게 집중시키고 같은 또래끼리의 친밀감과 연대감을 드러내기 위해 많이 쓰이며 일정 시기가 지나면 사용이 줄어드는 경향이 있다. 따라서 이들은 은어 목록과도 겹칠 수가 있다.

비어나 욕설 등이 사용되기도 한다. 비어는 점잖지 못한 말이나 대상을 낮추거나 낮잡아 이르는 말이다. 속어와 비어와의 경계 구분이 어려운 경우가 많아 비속어로 부르기도 하는데, 비속어는 교양 있는 사람들의 언어생활에서는 적당하지 않은 어휘로 표현 어휘로는 가르칠 필요가 없지만, 생활에서 비속어를 들었을 때 이를 습득하여 재활용하지 않도록 일상어와의 차이점을 설명해 주는 것이 필요하다. 아래 예와 같이 다소 천박하고 비속한 느낌의 어휘들이 해당된다.

• 쪽팔리다, 지랄하다, 골 때리다, (사람) 대가리, (사람) 주둥아리[26]

욕설은 특히 의사소통에 지대한 영향을 미칠 수 있으므로, 정확한 의미와 허용 맥락을 함께 교수해야 한다. 상황에 따라 혼잣말이거나 아주 친근한 사이에서 사용될 수도 있으니 맥락을 파악하여 상대의 의도를 이해해야 한다.

셋째, 텍스트의 유형에 따라 변이형을 갖기도 하는데, 구어체는 일상 대화에서 자주 쓰이는 말이며, 문어체는 문장에서 주로 쓰이는 말이다. 구어체는 축약형과 탈락형으로 나타나는 경우가 많다. 일부 어휘는 구어에서만 혹은 문어에서만 나타나기도 하지만, 대부분의 어휘는 특정 텍스트에서 더 적절하게 인식되는 경향이 있다고 보는 것이 맞을 것이다.

- 무지/되게(구어체), 매우(문어체)

넷째, 특정 대상이 주로 사용하는 변이형도 존재한다. 전문어는 특정 분야의 전문가들에 의해 사용되는 말로 학술 영역에서 주로 사용된다. 전문어는 특정 집단의 어휘로도 볼 수 있고, 특정 사용역의 어휘로도 볼 수 있다. 일반적으로 전문어는 전문가 집단 간의 어휘로 제한되나, 최근 행정 업무에 사용되는 전문어는 일상생활과 연계된다는 점에서 '공공 언어'로 구분되어 국가 주도의 표준화 작업의 대상이 되기도 한다. 또한 일상생활에서의 사용 요구도가 높아지는 의학 용어나 법률 용어 등의 전문어도 일상어로 확대되기도 한다. 전문 용어는 은어와는 달리 폐쇄성이 없고 분야별 어휘가 공개되며, 차용어가 많아 신어로서의 특성도 가지게 된다. 학술 전문어는 학문목적 학습자나 비즈니스 목적의 특정 목적 학습자들에게 주요 교수의 대상이 될 수 있다.

---

26) 동물에게 사용되면 속어가 아니나, 사람에게 적용될 때는 속어가 된다.

- 법률: 고의, 과실, 방조, 각하, 고발, 고소, 금고, 기각 등
- 경제: 재화, 가계, 자유재, 경제재, 특화, 분업 등

다섯째, 특정한 발화 장면에서 화자의 발화 의도에 따라 어휘 변이형이 나타나기도 한다. 언어 사용에서 죽음, 병, 성, 배설물 등과 같은 부정적 어휘를 회피하고자 하는 경향이 있는데, 이렇게 피하고자 하는 어휘를 '금기어'라 하고, 이러한 금기어를 대체해서 사용하는 말을 '완곡어'라고 한다. 완곡어는 시대의 흐름에 따라 점차 다른 표현으로 더욱 완곡하게 변화하기도 한다. 이주 여성의 경우, 완곡어를 제대로 활용하지 못하여 어른과의 의사소통에 문제를 일으킬 수 있으므로 금기어에 대한 교수가 이루어지는 게 바람직하다.

- 변소-뒷간, 화장실

또한 어휘에 따라 화자의 의도가 담기기도 하는데, 사전에서는 이들을 화용 정보로 제시하고 있다. 많이 사용되는 화용 정보로는 '강조하여, 경멸하는, 나쁜 감정을 가지고, 놀림조로, 놀리거나 무시하는, 비꼬는, 조롱하는, 낮잡아(얕잡아), 귀엽게, 친근하게, 정답게, 겸손하게, 점잖은, 점잖지 못한' 등이 나타난다. 따라서 유의어 목록 중, 이러한 화자의 의도에 따라 달리 나타나는 어휘들을 구분하여 가르치는 게 좋다.

1.5 어문 규범에 따른 어휘

어문 규범에 따른 어휘 변이형으로는 표준어, 순화어 등이 있다. 독자적인 정서법을 가지고 있는 나라에서는 표준어 규정을 가지기도 하는데, 표준어는 보통 정치, 경제, 문화의 중심 지역을 기준으로 한다. 국어의 경우

표준어는 규범성을 가지고 있으나, 국민 언어생활의 변화에 따라 표준어를 복수로 허용하거나 변경하기도 한다.

순화어는 언어의 불순한 요소를 없애고 깨끗하고 바르게 다듬은 말이라고 규정된다. 지나치게 어려운 말이나 비규범적인 말, 외래어 등을 알기 쉽고 규범적인 상태로 또는 고유어로 순화한 말을 이른다. '다듬은 말' 또는 '쉬운 말'로 불리기도 한다.

> **예**
>
> ● 일본어 순화어: 다반사→ 예삿일, 구루마→ 수레, 오뎅→ 어묵
> ● 영어 순화어: 투잡→ 겹벌이, 웹서핑→ 누리 검색, 보이스피싱→ 사기 전화

실제 언어생활에서의 일반 대중들은 정확한 표준어나 순화어 여부를 모른 채 순화 이전의 단어들을 사용하기도 한다. 이런 이유로 순화어의 사용 비율이 오히려 낮은 경우도 많다. 따라서 학습자들은 비록 순화 이전의 말이라도 고빈도로 자주 사용된다면 해당 어휘를 익혀야만 의사소통에 성공할 수 있으므로, 해당 어휘도 교수의 대상으로 삼아야 할 것이다.

② 의성어, 의태어 교수

학습의 대상이 되는 또 다른 어휘군으로 의성·의태어를 들 수 있다. 의성어는 사람이나 사물의 소리를 흉내 낸 말로, '쌕쌕', '멍멍', '땡땡', '우당탕' 등이 있고, 의태어는 사람이나 사물의 모양이나 움직임을 흉내 낸 말로 '아장아장', '엉금엉금', '번쩍번쩍' 등이 있다. 대부분 작은말과 큰말, 여린말과 센말의 대립으로 이루어져 그 차이를 나타낸다. 이들은 문장에서 필수적인 요소가 아닌 부사어이지만, 한국인들이 즐겨 쓰는 의성어·의태어를 가르침으로 해서 학습자의 유창성을 증진시킬 수 있다. 학습자들에게는 의성어나 의태어의 특성인 같거나 유사한 소리의 반복 현상이 재미를 유발할 수 있다. 또한, 모국어와는 다른 의성·의태어의 차이에 주목하여 자신

의 모국어와 비교하면서 교수한다면 학습의 흥미를 유발할 수 있을 것이다. 의성어, 의태어 교수는 모국어 화자와 같은 풍부한 언어 표현에 도움이 되므로, 초급 단계부터 고급 단계에 이르는 동안 점진적으로 확장해 나가는 것이 좋다.

의성어·의태어는 접미사 '-거리다, -하다, -대다, -이다' 등과 결합하여 용언으로 파생되어 서술어의 기능을 한다. 이렇게 파생된 용언의 관형사형이 관형어로 활발히 사용되기도 한다.

예
- 빈 배 속이 연방 <u>꼬르륵거렸다</u>.
- <u>반짝대는</u> 불빛, <u>반짝이는</u> 불빛.

그런데, 이들은 늘 일관적 결합을 보이지는 않으므로 결합 가능성에 대해서도 교수가 필요하다. 개별 단어에 따라 어떤 접미사가 붙을 수 있는지는 달라지므로 고급 학습자들에 이르러서도 의성어·의태어의 형태, 의미 오류를 보이기 쉽기 때문이다.

예
- 덜컹대다, 덜컹거리다, 덜컹하다, 덜컹이다
- 비틀대다, 비틀거리다, ?비틀하다, *비틀이다
- *살짝대다, *살짝거리다, ?살짝하다, *살짝이다

의성어·의태어 교수는 다른 어휘에 비해 형태와 의미 간의 유연성이 높다. 한국어 화자들이 사용하는 소리와 모양의 특성을 파악해 보도록 하는 활동도 좋은 방법이다.

상황 맥락에 따른 의성어·의태어 교수에 초점을 둔다면 유사한 발음을 보이는 의성어·의태어 간의 의미의 구별이 중요하다. 그 의미와 함께 작은말/큰말, 여린말/센말 등의 음운과 형태 변화에 의한 어감의 변화를 이해함으로써 더욱 다양하고 풍부한 사용 능력을 높일 수 있다. 흔히 모음이

양성모음이냐 음성모음이냐에 따라 큰말/작은말로 구분하며, 자음이 평음이냐, 경음, 격음이냐에 따라 센말/여린말로 구분한다.

- 감감 – 깜깜 – 껌껌, 컴컴

연어 관계를 이루는 어휘를 함께 제시하여 그것이 전형적으로 사용되는 맥락을 알도록 하는 것도 중요하다. 의성어·의태어는 부사이므로 함께 어울리는 서술어와 더불어 교수되는 것이 바람직하며, 때로는 함께 공기하는 주어나 목적어, 서술어를 함께 제시하는 것이 중요하다. 예를 들면 '멍멍'은 '짖다'라는 서술어와 공기하며, '개'가 주어로 사용되는 제약을 가지므로, 이를 함께 교수하는 것이 바람직하다.

- 개가 <u>멍멍</u> 짖는다. / 소리를 <u>버럭</u> 지르다.

연어를 함께 제시하는 것은 개별 의성어나 의태어의 다의어적 용법을 가르치는 데에도 도움이 된다. 예를 들어 '가득'은 의미항목별로 아래와 같이 서로 다른 연어 관계를 보일 수 있기 때문이다.

- 가득
  1. (분량이나 수효 따위가) ¶ 술잔이 넘치도록 술을 가득 <u>따랐다</u>.
  2. (사람이나 물건 따위가) ¶ 바구니에 과일이 가득 <u>담겨져</u> 있다.
  3. (냄새나 빛 따위가) ¶ 연기가 방 안에 가득 <u>퍼졌다</u>.
  4. (감정이나 정서, 생각 따위가) ¶ 복수심으로 가득 <u>찬</u> 사람.

한편 의성어나 의태어는 어감이 비슷하더라도, 연어 관계에 따라 의미를 구분하여 교수할 필요도 있다.

예를 들어, '줄줄'을 단순히 '졸졸'의 큰말이라고만 교수할 때 문제가 생길 수도 있다. 아래에서 '눈물'의 흐름이 시냇물의 흐름보다 크다고 보기는 어렵기 때문이다. 따라서 실제의 크기보다는 화자가 심리적으로 느끼는 크기이며, 이에 따른 상투적인 표현이 존재하므로 연어 관계에 초점을 두고 가르치는 것이 좋다.

> **예**
>
> - 눈물이 ??졸졸/줄줄 흐른다.
> - 시냇물이 졸졸/??줄줄 흐른다.

의성어·의태어를 중심으로 어휘를 확장하는 연습으로는 다양한 활동들이 있다. 자음·모음 교체나 반복 연습 '-거리다, -대다, -하다, -이다, -이' 등의 접미사 결합 연습, 특정 서술어와 결합한 구 단위 연결 연습, 그리고 '부릉부릉, 뛰뛰빵빵, 칙칙폭폭'과 같이 교통수단과 관련된 유사 범주의 의성어·의태어를 묶어, 이들의 확장과 변별 연습 등으로 다양하게 확장할 수 있다. 의성어·의태어를 교수할 때는 학습자의 참여와 공감이 이루어지도록 하고 학습자들의 관심과 흥미를 존중해야 한다. 말하기(발음, 느낌과 어감), 듣기(의성어·의태어를 찾고 의미 추측하기), 읽기(의미 이해), 쓰기(활동)의 네 가지 영역과 연계해 체계적 내재화가 가능하게 교수하고 매체나 시각 자료를 활용한 교수로 연계하는 게 좋다.

③ 문화어, 호칭어 교수

3.1 문화어 교수

한국어교육에 필요한 문화 영역의 관점에 따라 문화 어휘는 상이한 목록으로 나타날 수 있다. 문화 어휘를 개별 문화의 특성을 나타내는 어휘로 규정한다면, 다른 문화와의 비교에서 변별적인 것, 한국 문화에만 고유한 어휘나 문화적 상징 어휘로 볼 수 있다. 단어 자체가 한국 문화를 표상하거나, 단어의 일반적으로 통용되는 사전적 의미 이외에 한국 문화의 상징적인 의미를 담고 있는 어휘이다. 이러한 문화 어휘는 일상적인 언어생활 속에서 사용 빈도가 높고 목표 언어의 문화 습득과도 연결된다는 점에서 어휘 학습에서도 중요하다.

문화 어휘의 유형은 다양할 수 있다. 첫째, 속담이나 관용 표현은 해당 문화의 관습이나 가치관을 담은 언어 표현이다.

- 국수를 먹다(결혼식을 하다)
- 벼는 익을수록 고개를 숙인다(겸손의 미덕)

둘째, 해당 문화권에 존재하는 지역, 인물을 지칭하기도 한다.

- **지명**: 제주도, 경기도, 강원도, 경주, 안동, 부여, 강화도 등
- **인물명**: 단군, 박혁거세, 왕건, 신사임당, 이순신, 김유신 등

셋째, 해당 문화권의 의식주의 특성을 드러내는 어휘도 있다. 이에는 전통적인 것과 현대적인 것이 모두 포함될 수 있으나, 주로 전통문화에 연계된 것들이 별도의 문화 어휘 목록으로 교수될 가능성이 높다. 재외 동포를 대상으로 하는 어휘 교수에서는 전통과의 연계를 위해 해당 목록들이 문화와 더불어 교수될 수 있을 것이다.

- **의생활**: 갓, 한복, 저고리, 설빔, 상복, 수의, 색동옷 등
- **식생활**: 간장, 고추장, 고춧가루, 국, 김밥, 김치, 김치찌개, 깨소금, 나물, 된장, 떡국, 라면, 마늘, 무, 삼계탕, 송편, 참기름 등
- **주생활**: 안방, 건넌방, 마당, 마루, 온돌, 한옥, 기와집, 사랑방, 아궁이 등

넷째, 성취 문화나 행동 문화와 연계되는 것들도 있다.

예

- **명절**: 설날, 정월대보름, 단오, 추석 등
- **풍습/기념일**: 돌, 상견례, 축의금, 부조, 문상, 세배, 큰절, 집들이, 삼칠일,
  계, 토정비결, 사주팔자, 궁합, 기념일
- **절기**: 춘분, 하지, 추분, 동지, 입춘, 대한, 우수, 경칩, 초복 등
- **유물/유적**: 경복궁, 불국사, 남대문, 거북선, 고려청자 등
- **상징(물)**: 무궁화, 태극기, 한반도, 백의민족, 태권도, 탈춤, 씨름 등
- **역사**: 고조선, 고구려, 백제, 신라, 통일신라, 고려, 조선 등

문화 어휘의 숙달도별 교수 방안을 살펴보자. 초급 단계에서는 학습자들의 흥미와 요구를 반영하여, 학습자가 학습을 원하는 문화 어휘나 가치 판단이 개입되지 않아도 학습이 가능한 어휘를 위주로 학습하는 게 좋다. 중급 단계에서는 학습자들이 이해하기 어려운 한국 문화의 내용을 담고 있는 문화 어휘를 그 배경과 함께 학습함으로써, 학습자들이 겪고 있는 문화 갈등의 충격을 완화하고 성공적으로 문화 학습의 다음 단계로 넘어갈 수 있도록 도와야 한다. 고급 단계에서는 전통 문화에 기반한 현대 문화의 특성을 이해할 수 있는 능력을 배양시키고 자국의 문화와 목표 문화를 상호 객관적으로 인식하게 하는 시각을 가지게 하는 게 중요할 것이다.

또한 학습 목적별로 학습자 집단이 요구하는 목록에 주목하여 사용역별로 교수할 필요도 있다.

- **관광 및 여행**: (예) 한국의 자연과 문화재 소개
- **학문 목적– 한국어 학습**: (예) 한국어 내의 문화적 요소
  한국학 전공: (예) 한국의 역사, 정치, 경제, 사회, 예술문화 전반
- **취업 목적**: (예) 한국의 법, 제도, 생활 문화
- **이주 목적**: (예) 한국어와 한국 문화 전반

문화 어휘는 일상적인 교수 맥락에서 어휘, 문법, 발음 등의 언어 요소와

말하기, 듣기, 쓰기, 읽기 등의 의사소통 기능 학습 안에서 자연스럽게 노출된다. 따라서 필요에 따라 각 문화 어휘와 관련된 보조 자료(사진, 삽화, 동영상 등), 문화적 특성이나 함의 등에 대한 정보를 사전에 수집하여 설명할 수 있다.

3.2 호칭어 교수

호칭의 사용은 기본적으로 대화자 간의 관계를 드러내는 기능을 한다. 한국어의 호칭은 다른 언어에 비해 매우 발달한 편인데, 이는 관계를 중시하는 문화적 특성과도 연계된다고 할 수 있다. 호칭어를 통해 화자와 청자의 사회적 관계나 친근감의 정도, 심리적 거리감을 알 수 있다는 점에서 언어 교육에서도 매우 중요하다. 한국어의 호칭은 이름, 직함, 친족명, 대명사 등 다양한 방식을 통해 실현된다. 문제는 이러한 호칭은 상대와의 존비 관계에 따라 혹은 격식과 비격식 상황에 따라 달라질 수 있다는 점에 있다. 호칭은 친숙성에 따라서도 달라지는데, 이 경우에는 상대와의 친숙성 정도에 대한 어느 정도의 공감이 이루어져야 호칭 사용에 실패를 겪지 않는다. 한국어에서는 보통 이름만을 부르는 것은 어색하다. 흔히 일부 외국인 학습자들은 이름을 그대로 부르기 쉬운데, 이름을 직접 사용하는 것은 윗사람이나 친근하지 않은 경우 적절하지 못하다는 점에서 주의가 필요하다. 한국어에서는 친근한 아래 사람이나 친구에게는 호격 조사를 붙여 '지용아 또는 철수야'처럼 사용하고, 다소 격식적인 환경이나 친근하지 않은 관계에서는 '김철수 씨, 민지용 군' 등과 같이 의존명사를 붙여 사용하는 일이 많다. '철수 씨, 지용 군'처럼 성을 부르지 않고 이름에만 의존명사를 붙이는 경우는 더 친근성을 드러내는 표현이다. 하지만 '철수 씨'처럼 이름을 직접 부르는 것은 친근성이 전제될 때에만 적절하다. 특히 '김 씨'와 같이 성에 의존명사를 붙이는 경우는 주로 노동자를 낮잡아 부르는 것으로 해석될 수 있으므로, 주의할 필요가 있다. 최근 인터넷상에서는 '김철수 님', '솜사탕 님'과 같이 이름이나 별명에 '님'을 붙여 호칭을 사용하기도 한다.

이름보다는 직함을 사용한 호칭이 매우 발달해 있다. 윗사람의 경우에는 직함 뒤에 접미사 '님'도 필수적으로 따라야 한다. 예를 들어, '김 부장님'과 같이 사용하거나 '김철수 부장님'과 같이 성이나 성과 이름 전체에 직함을 결합하여 사용하는 예가 많다. '철수 부장님'과 같은 이름과 직함명만을 부르는 것은 결례가 되므로 사용하지 않는 게 일반적이며, 아래 사람에 대한 호칭은 '김 선생'처럼 '님'을 사용하지 않고 직함만을 부를 수도 있다. 한국에서는 흔히 명함을 주고받는 일이 많은데, 이는 명함을 통해 직함을 확인하고자 하는 절차이며, 호칭의 사용과도 무관하지 않다.

한국어는 친족명이나 직함을 확대하여 호칭에 활용하는 예도 있다. 이는 주로 친근성을 표현하고자 하는 의도로 사용되는데, 친족 관계가 아닌 학교의 선후배 사이에서도 '형', '누나', '오빠', '언니' 등의 호칭이 사용되거나, 친구의 부모를 '아버지, 어머니' 등으로 지칭하는 예도 마찬가지이다. 이들은 친족의 호칭을 사용해 가까운 친족과 같은 사이임을 드러내는 표현 효과를 지닌다.

아울러 직함이 확장되어 쓰이기도 하는데, 서비스업 종사자가 손님을 부를 때 '사장님', '사모님', '선생님' 등을 사용하기도 한다. 이렇듯 친족명이나 직함 등이 확대되어 사용되는 것은 한국어에서 '너, 자네, 자기, 당신' 등의 2인칭 대명사가 활발히 사용되지 않으므로 이를 대체하려는 의도라고 해석할 수 있다. 한국어의 호칭어는 상황과 상대에 따른 다양한 표현을 가지므로, 상황별로 가장 적절한 표현을 교수하거나 상대와의 관계에 따라 호칭어를 선택하는 방법들을 교수하는 게 중요하다.

④ 어종별 어휘 교수

우리말을 어휘소의 생성 기원에 따라 구분하면 크게 고유어와 차용어로 구분된다. 차용어를 다시 한자어와 외래어로 나누는 이유는 한자어가 외래어와 달리 음운 체계에 동화되어 완벽한 한국 한자음으로 읽히고 이질적 느낌 없이 자유롭게 결합하여 일반 대중들에게 한자어가 더 이상 차용어의 느낌을 주지 않기 때문이다. 이밖에 고유어와 차용어가 복합어를 이룬 혼종어도 존재한다.

4.1 고유어 교수

고유어는 차용어와 상대되는 개념으로 오래 전부터 사용해 온 순수한 우리말이다. 그런데 차용 시기가 오래 된 '성냥, 대롱, 숭늉, 동냥, 차례' 등은 고유어처럼 인식되기도 한다. 생활의 기본이 되는 기초 어휘들은 대부분 고유어에 속하며, 문법 어휘 역시 거의 고유어이다.

사전의 어휘 목록상으로는 한자어의 비중이 높다고 볼 수 있지만, 고유어는 개별 단어의 사용 빈도가 매우 높아 언어생활에 차지하는 비중이 매우 높다. 상대적으로 한자어는 저빈도어의 비중이 높다. 이는 일상생활에서 외국인 화자들이 부딪힐 고유어의 비중이 그만큼 높음을 의미하므로, 고유어는 학습자들에게 중요한 어휘군이라 하겠다.

고유어는 (가)처럼 자음 교체나 모음 교체 현상이 있으며, (나)와 같이 의성어와 의태어를 통해 미묘한 감각적인 차이를 나타낼 수 있다. 고유어는 (다)와 같이 형태적 유연성이 높아 파생력이 높으므로 어휘 확장 교수에 활용될 수 있다.

예

(가) 구깃구깃–꾸깃꾸깃, 감감하다–깜깜하다–캄캄하다

(나) 까르르, 빙그레, 방긋, 싱글벙글, 허허, 활짝, 히죽 웃다

(다) 먹다: 먹히다, 먹이다, 먹이, 먹보, 먹성, 먹거리 / 자다: 재우다, 잠, 잠보, 잠꼬대, 잠꾸러기, 늦잠, 낮잠

4.2 한자어 교수

한자어는 아래와 같이 한자로 표기할 수 있는 단어를 말하며, 한자란 중국에서 기원한 문자이다. 한자어는 주로 한문 문장의 일부가 한국어 단어 체계 안으로 들어온 것으로 한국어 내에서 한자어의 비중은 매우 높다. 한자어는 대부분 명사로 사용되나, 다른 품사로 쓰이는 경우도 있다.

(가) 명사: 선생(先生), 학생(學生), 학교(學校), 교실(敎室) …

(나) 수사: 일(一), 이(二), 삼(三) …

(다) 대명사: 당신(當身) …

(라) 부사: 과연(果然) …

한자어에 파생접미사 '−하다'가 붙으면 동사나 형용사가 되는데, '−하다'가 결합했을 때 어근이 상태성 명사이면 형용사가 되고, 동작성 명사이면 동사가 된다. 하나의 한자는 어근과 접사 모두에 사용되기도 한다.

예

(가) 어근: 천국, 천지, 천하…….

(나) 어근 및 접사: 한국인(접미사), 인간(어근)

(다) 접사: 비인간, 가건물, 미성년, 호경기

학문 목적 학습자의 경우, 한자어의 비중이 높은 학술 어휘를 습득하기 위해 한자어의 어근을 조어 단위로 하는 어휘 교수가 유용하다. 학문 어휘에는 개념어가 많이 포함되므로, 한자어의 어근을 아는 것이 어휘력 증강에 큰 도움이 되기 때문이다. 어근 중심의 한자어 교육의 시기는 중급 이상이 적당하다. 한자 자체를 가르칠 것인가, 아니면 한자를 이루는 구성 음절로써 조어의 단위로만 가르칠 것인가는 의견이 다를 수 있는데, 한국어 교육의 목표 자체로만 본다면 한자 직접 교수의 효율성은 낮다. 한자를 가르치는 것은 흥미를 제고시킬 수는 있겠으나, 한글 외의 다른 문자를 도입한다는 점에서 학습의 부담을 주며, 실생활에서 한자를 사용할 기회가 거의 없기 때문이다. 따라서 한자 자체보다는 한자어를 구성하는 '의미를 가진' 조어 단위를 어휘 확장에 활용하는 것이 좋다.

● **접두사, 접미사 한자를 이용한 한자어 학습**
불/부(不)−: 불가능(不可能), 불만(不滿), 부족(不足), 부동산(不動産)

비(非)-: 비공식(非公式), 비리(非理), 비합리적(非合理的)
재(再)-: 재선(再選), 재개(再改), 재회(再會), 재수(再修)
-가(家): 화가(畵家), 음악가(音樂家), 정치가(政治家), 명문가(名門家)
-적(的): 정치적(政治的), 문화적(文化的), 도덕적(道德的)

한자어 교수에서는 대조언어학적 접근도 중요한데, 오류를 일으킬 수 있는 동형이의나 이형동의형의 한자어 목록을 교수할 수 있다. 언어권별 한자어의 대조 분석과 오류 분석 결과는 어휘 교재 개발이나 어휘 평가 등에 활용할 수 있다. '중국, 베트남, 일본'과 같은 한자권에서 온 학습자들은 한자어의 근간이 되는 한자를 활용한 어휘 교수를 활용하여 어휘력 확장에 도움을 줄 수도 있다. 다만, 이들은 친족어 간 부정적 어휘 전이를 일으킬 수도 있으므로, 이에 주의할 필요가 있다. 오히려 중국인 학습자들이 고급에 이르면 한자어와 관련된 오류를 많이 범한다는 사실도 지적되고 있기 때문이다. 따라서 다양한 한자어 학습 전략의 개발이 필요하다.

4.3 외래어 교수

국제 간 교류가 증진되면서 현대 한국어의 외래어 비중은 점차 높아지고 있는 추세이다. 외래어 차용어들은 몽골계, 범어계처럼 이른 시기에 들어와 우리말의 음으로 읽히게 된 것들과 상대적으로 늦게 차용된 서구에서 들어온 프랑스, 러시아, 일본어, 영어계 외래어가 있다. 한국어교육에서는 주로 영어계 외래어가 교수의 초점이 되고 있다.

외래어는 해당 외래어와 같은 의미를 가진 한국어 단어가 존재하지 않는 경우로만 좁혀 볼 수도 있으나, 외래어와 외국어의 명확한 경계 짓기는 쉽지 않다. 한국어교육의 시각에서 본다면 아직 한국어에 동화되는 과정 중에 있는 외국어라도 실제 언어생활에서 높은 빈도로 사용된다면 한국인 학습자들에게 교수·학습해야 할 필요가 있다. 학습자의 숙달도가 높아질수록 접해야 하는 외래어의 수도 증가하며, 매체에서 사용하는 외래어 수는 한국어 교재보다 훨씬 많으므로, 이해 어휘의 차원에서 보다 적극적인 외래어 교수가 필요하다.

영어 사용이 대중적이지 않은 언어권의 학습자들에게 외래어는 부정적인 요소이며 학습 부담량이 큰 영역이 될 수 있다. 방송이나 매체를 통해 전달되는 일상생활의 외래어의 비중이 높아서, 교육 현장에서의 어휘 목록 만으로는 소통에 어려움을 겪는 학습자들이 많다. 또한 외래어는 한국어에 수용되는 과정을 거쳐 자리 잡은 어휘이기 때문에 원어 혹은 다른 나라에서 사용하고 있는 의미 및 발음과 다른 경우가 있을 수 있어 의미 파악이 더 어렵다. 외래어의 규정 표기와 현실에서 통용되는 상용 표기 사이에도 괴리가 있어 이해 교육의 관점에서는 상용 표기에도 주의를 기울일 수 있게 해야 한다.

외래어는 음운 체계의 차이로 인한 음운(발음)과 형태(표기), 사용 맥락에 따른 의미 차이에 대한 교수가 초급 단계에서부터 체계적으로 이루어지는 게 좋다. 초급 단계의 경우 생존에 필요한 기초 어휘로서의 외래어가 많고, 중·고급 단계로 갈수록 전문용어의 비중이 증가함을 고려할 때 숙달도 단계에 따른 교수의 초점이 달라져야 한다. 초급에서는 교재의 단원별 주제와 관련한 외래어를 중점적으로 교수하고, 중급 단계에서는 어휘의 절단이나 파생, 합성 등에 의한 외래어의 확장과 한국어로 정착하는 과정에서 일어난 의미의 축소와 확대, 유의 관계 어휘를 통한 세밀한 의미 등을 함께 교수할 필요가 있다.

외래어와 한국어 대응어(순화어)는 의미, 빈도, 연어 관계, 화용적인 차원에서 차이를 보이기 때문에 대체해서 쓰면 어색한 경우가 있으니 유의해야 한다. 외래어는 유의 관계와 반의 관계의 짝을 익힐 필요도 있으며, 다양한 복합어를 만들어 내는 조어 단위로서의 역할을 하기도 한다.

- 다이어트–식이요법, 테스트–시험, 브랜드–상표 [유의 관계]
- 다운로드 ↔ 업로드, 로그인 ↔ 로그아웃 [반의 관계]
- 커피: 커피숍, 커피포트, 냉커피, 아이스커피, 모닝커피, 원두커피 [조어 단위]

또한 외래어에는 단일 외래어와 복합 외래어가 있는데, 단일 외래어는 생략어, 약어와 같은 줄임말의 형태가 있고, 한국에서 자체적으로 만들어낸 외래어도 있다.

- 생략어 (예: air conditioner → 에어컨)

- 약어 (예: compact disc → CD/시디)
- 한국 자생 외래어 (예: 오피스텔 → office hotel)

복합 외래어에는 고유어와 차용어가 복합이 되는 '고유어+한자어' 간의 합성으로 단어가 만들어진 단어가 가장 많으며, '고유어+외래어' 간의 복합어도 많다. 점차 복합 외래어의 비중이 증가하는 추세이며 차용어 간(한자어+외래어)의 혼종어도 느는 추세이다.

- 고유어 + 한자어 합성어: 가루약(가루藥), 가사일(家事일)
- 고유어 + 한자어 파생어: 심술-쟁이(心術쟁이), 친-아들(親아들)
- 외래어 + 고유어 혼종어: 통부츠(통boots), 서비스(service)하다
- 외래어 + 한자어 혼종어: 스키장(ski場), 패션가(fashion街), 휴대폰(携帶phone)

다음으로 외래어를 교수할 때는 아래의 다양한 요소에 초점을 둘 필요가 있다. 우선, 외래어는 주제별 분류하여 의미장을 활용한 효율적인 어휘 확장을 유도할 수 있다. 예를 들어 '의생활'과 관련된 주제로 '넥타이, 스커트, 벨트, 티셔츠, 스웨터' 등의 다양한 단어들을 확장시킬 수 있다. 화장이나 패션에 관련되는 실생활의 어휘들은 거의 외래어인 경우가 많아, 교재에 노출이 많이 되지 않더라도 실생활에 연계된 단어들은 따로 의미장으로 묶어 다룰 필요가 있다. 둘째, 외래어 중 본래의 의미가 한국어에서는 변이된 경우도 있으니, 한국에서의 용법에 주의를 기울이게 할 필요가 있다. 예를 들어 '사이다(cider)'는 '사과주'의 의미에서 청량음료의 한 종류로 사용되고 있으며 '린스(rinse)' 역시 '씻다, 헹구다'의 의미이지만 머리카락을 헹구는 세제라는 의미로 사용되고 있다. 셋째, 표준 표기와 상용 표기가 다른 경우도 많다. '달마티안'이 표준 표기이지만 '달마시안'으로 발음하고 표기하는 사례가 많다. '디엠제트(DMZ)'역시 '디엠지'라고 표기하는 사례가 많다. 이해 교육의 차원에서 본다면 한국인들이 상용하는 발음과 표기를 아는 것도 중요하다.

제 7 장

교육용 어휘 항목의
선정과 배열

① 한국어 교육용 어휘 선정

1.1 학습자의 어휘량

어휘 영역은 대규모의 어휘 습득과 관련을 가지므로 '어휘량'이라는 양적 개념의 접근이 이루어진다. 학습자가 갖추어야 할 어휘 목록이란 의사소통을 위한 충분한 양의 어휘를 가리키는데, 목표 언어의 구사를 위한 기초적인 어휘는 물론 그 외에 인간의 인지적 발달에 따라 확대되어 나가는 어휘도 포함된다. 따라서 학습자가 필요로 하는 의사소통을 위한 어휘력이라는 것은 인간의 언어활동 전반에서 어휘를 이해하고 구사할 수 있는 능력을 말하며, 이는 언어활동에 전면적으로 작용하는 능력으로 볼 수 있다. 어휘력은 말하기, 듣기, 읽기, 쓰기 능력들의 기반이 되며 가장 결정적인 지식이 되며, 이렇게 어휘의 이해 및 사용에 관한 지식을 배경으로 가지지 않는 의사소통 능력은 생각하기 어렵다.

개별 단어는 상황이나 맥락으로부터 독립된 지식이 아니라 연계되는 것이며, 이런 의미에서 문맥과 별개로 어휘력만을 분리하는 것은 불가능하다. 그럼에도 불구하고 외국어 숙달도 평가인 영어의 토익, 토플, GRE 같은 각종 영어 능력시험, TOPIK(한국어 능력시험) 등에서는 어휘를 독립적인(혹은 간접적인) 측정 항목으로 다루어 왔다. 왜냐하면 언어 구사의 수준을 결정하는 데에 있어서 어휘에 관한 지식은 언어 능력을 측정하는 중요한 요소 중의 하나이기 때문이다.

모국어 화자에 비해 제2언어 학습자와의 언어 능력 중 가장 큰 차이를 보이는 것이 학습자의 어휘력이라고 알려져 있다. 이는 외국어 학습의 다른 영역(발음, 문법)에 비해 어휘력의 크기는 모국어 화자를 따라잡기가 매우 어렵다는 의미이다. 영어의 경우, 교육 받은 모국어 화자는 약 2만 개 정도의 어휘(더 정확하게는 2만 개의 단어족)를 알고 있다고 알려져 있다. 이는 보통의 모국어 화자가 5살 무렵에 습득한 오천 개에 매년 약 천 개의 단어족을 더한 것으로 산출한 결과이다. 외국인 학습자가 모어 화자의 수준에 도달하고자 한다면 학습자의 어휘량 역시 이에 준하는 정도가 되어야 하겠지만, 이주해서 살지 않는 한 이러한 어휘의 크기에 도달하는 것은 현실적으로 어렵다. 실제 제2언어 교실 학습자들이 모국어 화자들이 가지는 어휘에 이르기에는, 수업에서 노출되는 어휘의 양과 질의 측면에서 모두 매우 부족하기 마련이다. 대부분의 제2언어 학습자는 학습 시작 후 몇년이 지난 후에도 5천여 단어족을 획득하는 것이 쉽지 않다고 알려져 있다.

아래는 외국인 학습자의 국적별 영어 어휘 규모에 대한 다양한 연구 조사의 결과인데, 1,000개부터 4,000개에 이르기까지 편차도 크다. 외국인 학습자의 어휘량의 크기는 중·고등학교 학습자는 1800 여개, 대학교 학습자들은 평균 2800 여개 단어족에 머물고 있다.

[표 2] 외국인 학습자의 영어 어휘량(Laufer 2000:48)

Table 1 English vocabulary size of foreign learners[a]

나라	어휘량	교육 시간	참고
Japan EFL University	2000	800–1200	Shillaw 1995
	2300		Barrow *et al.* 1999
China English majors	4000	1800–2400	Laufer 2001
Indonesia EFL University	1220	900	Nurweni & Read 1999
Oman EFL University	2000	1350+	Horst *et al.* 1998
Israel High school graduates	3500	1500	Laufer 1998
France High school	1000	400	Arnaud *et al.* 1985
Greece Age 15, high school	1680	660	Milton & Meara 1998
Germany Age 15, high school	1200	400	Milton & Meara 1998

1.2 기본 어휘와 핵심 어휘

학습자가 학습해야 할 구체적인 목표 어휘의 양과 목록을 선정하기 위한 방법과 절차를 파악하는 일은 중요하다. 학습자가 알아야 할 어휘 목록 선정에 대한 몇 가지 접근들이 있다.

첫째, 해당 언어의 속성에 초점을 둔 기초 어휘(basic vocabulary)가 있다. 기초 어휘는 일상생활에 필요한 언어 표현 단위로서의 어휘 집합으로, 전문가에 의해 보통 주관적이고 연역적인 방법으로 선정된다. 이런 이유로 선정 방식이나 범위가 비교적 제한되어 있으나 어휘군 별로 균형성을 갖추고 있는 것이 대부분이다. 따라서 일상생활에서 자주 접하는 화제별 어휘들, 예를 들면 의식주 관련 어휘, 색깔 어휘나 신체 어휘, 시간이나 공간을 나타내는 어휘 등과 같이 개념을 중심으로 하여 개별 단어의 빈도에 집착하지 않고 균형적으로 설계되는 경우가 많다.

둘째, '핵심 어휘'(core vocabulary)라고 불리는 것이 있다. 이들은 '중핵 어휘'로 번역되기도 하는데, 이는 전체 어휘들의 핵심이 되는 어휘를 의미한다. 어휘 간의 관계에서 보다 핵심적인 어휘들을 선정하여 필수 교육 어휘로 잡는 것이다. 핵심 어휘는 비핵심 어휘와 비교할 때 기본 의미를 가지며 파생력을 가지고 있고, 중립성을 띠는 고빈도 단어들이다. 이런 이유로 언어 교육자들은 특히 언어 학습의 효용성 면에서 핵심 어휘의 선정에 많은 관심을 보인다. 자주 인용되는 어휘의 숫자는 2천 정도이며, 이는 대부분의 모국어 화자들이 일상의 대화에서 사용하는 단어의 대략적인 숫자와 일치한다. 이러한 핵심 어휘는 학습자들이 우선적으로 학습해야 할 대상이 된다. 핵심 어휘의 특징으로는 아래의 것들이 거론된다.

핵심 어휘의 특성 (중립성)

- 핵심 어휘는 문화 중립적임.
- 핵심 어휘는 담화 장르에 있어 중립적임.
- 핵심 어휘는 담화의 참여자에 대해 중립적임.

핵심 어휘의 특성 (두루 쓰임)

- 핵심 어휘는 문어체와 구어체이 두루 쓰임
- 핵심 어휘는 보편적 의미를 가지므로 비핵심 어휘를 대치할 수 있음
- 핵심 어휘는 다른 어휘와 연합적 관계로 결합할 수 있는 능력이 많음.
- 핵심 어휘는 보편적 의미를 가지므로 의미 확장의 가능성이 큼.

핵심 어휘의 특성 (기본 의미)

- 핵심 어휘는 주변의미인 연상 의미와 대비해 개념 의미가 더 명확하게 규명됨.
- 핵심 어휘는 어휘 의미관계에서 상위어일 가능성이 높음
- 핵심 어휘는 의미 풀이에 사용될 수 있음

> ### 핵심 어휘의 특성 (파생력)
> - 핵심 어휘는 원전을 요약할 때 우선적으로 사용됨.
> - 핵심 어휘는 명백한 반의어를 가짐
> - 핵심 어휘는 어휘 결합력(복합어, 관용어, 동사구와 같은 새로운 어휘를 만들어 내는 능력)이 높음

셋째로 기본 어휘[27]는 구체적인 목표를 위해 인위적으로 선정되는 어휘들로, 목표와 연관된 구체적인 언어 자료를 바탕으로 객관적이고 귀납적인 방법으로 추출된다. 앞선 기초 어휘나 핵심 어휘가 주로 어휘 간의 관계를 바탕으로 선정된다고 한다면, 기본 어휘는 이와는 달리 어휘 간의 관계보다는 개별 단어의 빈도나 사용 범위, 장르별 사용 빈도 등과 같은 객관적인 근거를 바탕으로 선정되는 것이 일반적이다. 특정한 목적을 가진 특정 대상을 염두에 두고 목표에 따라 선정된 어휘라는 점에서, '한국어 교육용 기본어휘', '인문학 학문목적 학습자를 위한 기본 어휘' 등과 같이 용도를 명시하여 선정되고 목록화되는 경우가 많다. 학습 현장에서 자주 활용되는 '한국어 교육용 기본 어휘'는 한국어 학습자의 필요와 밀접하게 연관된 언어 자료에서 추출한 빈도가 넓고 사용 범위가 넓은 단어들로 구성된다. 기본 어휘의 선정은 컴퓨터 기반의 말뭉치 언어학의 연구 방법에 기대는 경우가 대부분이며, 학습자들이 접하는 언어 환경에서 자주 사용되는 어휘를 객관적 언어 자료를 기반으로 선정할 수 있다는 점에서 교수 현장에서의 활용도가 높다.

기초 어휘나 핵심 어휘, 교육용 기본 어휘는 관점에서는 차이를 보이겠지만, 결국 세 유형 모두 고빈도 어휘나 광범위하게 사용되는 어휘들이 주축이 된다는 점에서 실제 어휘 목록 간에는 서로 간에 겹치는 부분이 많다. 각각의 어휘들은 관점이나 목표, 방식 면에서 차이를 보일 뿐이다.

그런데 교육용 어휘가 특정 목적의 학습자가 필요로 하는 구체적인 영역으로 제한되면, 선정된 어휘 목록들 간의 차이가 커질 수 있다. 예를 들면 교육용 기본 어휘는 다시 '학문 목적 학습자를 위한 기본 어휘'와 같이 구

---

27) 기본 어휘는 영어로 basic vocabulary 혹은 fundamental vocabulary로 번역된다.

체화될 수 있으며, 이를 따로 '학술 어휘(academic vocabulary)'로 부르기도 한다. 일반적으로 '한국어 교육용 기본 어휘'라고 하면 한국어를 배우려는 학습자들이 기초적인 의사소통을 위해 필요한 어휘로 학문 목적뿐만 아니라 일반목적 학습자들에게 모두에게 필요한 어휘임에 반해, '학술 어휘'는 학문을 습득하려는 요구를 가진 한국어 학습자에게만 특별히 요구되는 어휘라는 점에서 구체적인 목록은 상이해질 수 있다. 학술 어휘는 다시 여러 학문 분야에 걸쳐 폭넓게 나타나는 학술 공통의 어휘들인가, 아니면 특정 학문 분야에서만 한정되어 나타나는 것인가에 따라, 각각 '학술 기본 어휘와 '학술 전문 어휘(≒학문어휘, 전공어휘)'로 다시 구분 지을 수도 있다.[28]

② 교육용 어휘 선정의 방법 및 원리

2.1 어휘 선정 방법

한국어교육용 어휘를 선정하는 방법은 크게 세 가지로 나누어 볼 수 있다. 주관적 방법과 객관적 방법, 그리고 이 둘을 절충하는 절충적 방법이다.

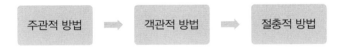

첫째는 주관적 방법이다. 이는 어휘론이나 어휘 교육론의 전문가가 직관적으로 어휘를 평정하여 선정하는 방법이다. 교수 현장의 오랜 경험을 가진 교사나 어휘 전문가들의 경험과 직관이 바탕을 이루므로 교수 현장에서 다루어지는 어휘들이 누락되지 않는 장점이 있다. 특히 동일한 교육과정을 오래 유지하는 제한된 규모의 교육 기관에서는 경험적 타당성이 매우

---

28) Nation(1990, 2001)은 학술 테스트에 나타난 모두 어휘들을 구분하여, '기초 어휘(basic vocabulary), 학술 기본어휘(academic vocabulary, semi-technical vocabulary), 학술 전문어휘(technical vocabulary), 저빈도어'로 네 가지 유형으로 나누기도 했다.

높을 수 있다.

하지만 이 방법은 몇 가지 문제를 낳을 수도 있는데, 우선 객관적인 언어 자료에 기반하지 않았으므로 연구자나 교수자에게 익숙한 어휘나 이미 교육과정에 노출된 어휘에 영향을 받을 수 있다. 이런 이유로 주관적 어휘 선정은 결국 현재 사용 중인 어휘 목록을 반복적으로 답습하여 선정하는 결과를 가져올 수 있다. 또한 주관적 평정은 말 그대로 주관성을 기반으로 하므로, 실제 다수의 평정자의 평정 결과의 목록 일치도가 낮은 경우도 있어서, 해당 목록을 다른 환경의 학습자에게 일반화시키기 어려울 수 있다.

둘째는 객관적 방법이다. 이는 주로 어휘 연구자들에 의해서 수행되는데 객관적인 언어 자료에 바탕을 둔 계량적 연구들이다. 말 그대로 주관의 개입 없이 선정된 언어 자료 처리에 의존하므로 상대적으로 객관성을 확보할 수 있다. 주로 개별 단어의 사용 빈도나 하나의 어휘가 출현하는 텍스트의 수를 통해 어휘의 사용 범위를 분석하는 방법 등이 있다. 이런 접근은 '학습자가 필요로 하는 어휘는 곧 학습자에게 노출될 언어 상황에서 사용되는 어휘'라는 가정을 기반으로 한다. 주관성을 배제하고 자료에 대한 객관적 분석으로 어휘를 선정할 수 있는 장점을 가진다.

하지만 객관적 방법에도 문제점은 존재한다. 우선, 이러한 자료 기반 방식에는 반드시 전제되어야 하는 것이 언어 자료의 타당성과 균형성 확보이다. 분석 대상이 되는 언어 자료가 구어 자료는 거의 없고 문어 자료의 비중이 지나치게 높거나, 제한된 장르로만 구성되어 있다면, 해당 언어 자료에서 추출한 데이터는 학습자가 노출되는 의사소통 환경에서의 어휘 빈도와 일치한다고 보기 어렵기 때문이다. 일반 목적의 학습자들은 아무래도 문어보다는 구어 환경에 많이 노출되며 구어 사용에 대한 요구가 많으므로, 균형성을 갖추지 못한 언어 자료의 빈도를 맹신하기는 어렵다. 또한 구어나 문어의 세부 장르의 비중 역시, 학습자가 필요로 하는 언어 사용 환경을 대표해야 하며, 한국어 교육용 자료에서 많이 다루는 주제나 상황을 반영하는 장르가 출발점이 되어야 한다. 하지만 현재 가용한 언어 자료는 주로 문어에 치중되어 있으며, 장르별 균형성도 충분히 갖추지는 못했다. 아울러, 설사 객관적 방법에 의해 어휘 항목이 선정이 되었더라도 이들 목록을 곧바로 교수에 적용되기는 어렵다. 왜냐하면 높은 빈도나 넓은 사용 범위를 가지는 어휘가 반드시 교수에서 필요로 하는 중요 어휘나 우선 교수 순위의 어휘와 일치하는 것은 아니기 때문이다. 고빈도 단어라도 특정 숙달도에 적합하지 않은 단어가 포함될 수 있다면 이는 우선순위에서 멀어지게 되고, 반대로 교수 학습의 환경에서 반드시 필요한 단어라도 사용 빈도가 낮아 목록에서 누락될 수도 있기 때문에 현장 적용성 면에서 낮은 효과를 보일 수 있다.

마지막으로 절충적 방법은 위의 두 가지 방법을 모두 고려하여 가장 타당한 결과를 얻고자 하는 방식으로 최근의 어휘 선정에서 가장 많이 사용되는 방식이다. 언어 자료 분석을 바탕으로 하는 계량적 연구의 결과를 기반으로 한 객관적인 방법과 전문가의 오랜 교수 현장에서의 경험적 직관에 의한 주관적인 방법을 차례로 적용하는 방법이다. 하지만 엄밀히 말하면 두 방법의 단순한 혼합이 아닌 객관적 자료에 일차적으로 기반하되, 경험을 토대로 한 평정자의 판정이 부가되는 방식이라고 할 수 있다. 통계적인 데이터에 한국어교육 전문가의 평정이 부가되고 한국어 학습자와 교사의 어휘 친숙도 조사 등이 폭넓게 활용될 수 있으며, 교육적 목적에 부합하는 최종 목록 조정이 이루어질 수 있는 방식이다.

2.2 어휘 선정의 원리

일반적으로 어휘 선정 및 위계화의 기준으로 크게 다섯 가지를 제시할 수 있다.

- **빈도(frequency)**: 각 단어가 얼마나 자주 사용되는가의 문제이다. 한국어의 실제 사용 양상을 고려하면 고빈도 어휘가 의미를 가진다. 분석되는 교재, 일상생활 말뭉치에 나타난 어휘에 대해 통계적 처리로 유용성을 제공할 수 있다.
- **출현 범위(range)**: 사용 범위는 한 단어가 등장하는 텍스트 종류의 수를 통해 살펴볼 수 있다. 장르나 사용 영역을 포함하며, 다양한 장르에서 중복적으로 사용될수록 사용 범위는 넓어진다.
- **사용 분포 빈도(spread frequency)**: 다양한 장르에서 사용되더라도 각각의 세부 영역에서 유의미한 일정한 빈도를 유지하지 못한다면 의미가 없다. 따라서 사용된 다양한 세부 장르에서 모두 일정 수 이상의 빈도를 유지하느냐가 중요하다.
- **학습 용이성**: 학습이 쉽게 이루어지는 정도에 관한 것이다. (동족어와 같은) 유사

성이 있는 어휘, (지시 대상의) 명료성이 있는 어휘, (단어 음절이 짧은) 간결성이 있는 어휘, (규칙적인) 규칙성이 있는 어휘, 학습 부담이 적은 어휘 등이 학습 용이성이 높다. 반면에, 소리와 철자가 일치하지 않거나 발음이 어려운 단어들, 혼동이 일어날 가능성이 많은 단어들, 모국어의 부정적 전이로 인한 단어들, 학습자가 접하지 못한 배경의 단어들은 학습 용이성이 낮다.

- **활용성(학습자 필요성)**: 주어진 상황에 가장 적절하고 필요한 어휘인가 여부이다. 학습자의 필요성을 알아내기란 쉽지 않은데 주로 교사나 교재 집필자들의 예측이 바탕이 될 수 있다. 학습자들이 즉시 사용할만한 어휘인지, 수업과 연계하여 필수적인 어휘인지, 학습자들의 진로와 연계된 어휘인지를 고민해야 한다. 상황별 혹은 어휘 의미 범주별 분류에 따라 학습자의 요구에 부합하는 활용도가 높은 어휘가 중요하다. 이 기준은 학습 대상별, 학습 목적별 어휘 산정에 효용성이 있다.

위의 기준들은 크게 보면, 언어 자체의 특성에 근거한 빈도, 출현 범위, 사용 분포 빈도 등의 지표와 교실이나 학습자와 같은 교육적 환경에 따른 적용에 근거한 학습 용이성, 활용성 등의 지표로 구분된다. 한 가지 기준보다는 적용의 효율성을 고려하면서 위의 기준들을 모두 고려해야 한다.

이 중, 어휘 교수에서 일반적으로 가장 많이 활용되는 대표적인 기준은 단어의 빈도이다. 하지만, 빈도만을 기반으로 하는 어휘 선정에는 다음의 몇 가지 문제점이 있다.

- 유용하고 중요한 단어가 빈도 목록에서 누락될 수 있다.
- 어휘 빈도 목록의 순서와 교수에 필요한 어휘는 늘 일치하지 않는다.
- 학습자의 숙달도에 적합한 어휘 목록과 늘 일치하기 어렵다.
- 어휘 빈도와 필요로 하는 주제나 상황은 늘 일치하지 않는다.

결과적으로 가장 유용하고 우선적으로 학습해야 할 단어는, 가장 넓은 범위를 지닌 빈도가 높은 단어라고 할 수 있으며 교육 현장에서 학습하기 쉽고 학습자의 활용도가 높은 단어라고 하겠다. 어휘 선정의 준거들이 실제 적용에서의 타당성을 확보하기 위해서는 교육 목표, 교육과정, 학습자의 숙달도 등의 다양한 조건들이 전제되어야 한다.

2.3 어휘 산정의 단위

어휘를 선정하기 위해서는 어휘를 산정하는 단위, 어휘를 추출한 적절한 코퍼스, 그리고 실질 어휘 선정의 기준 등 몇 가지 고려 사항을 미리 검토해야 한다.

첫째, 어휘를 산정하는(단어를 세는) 기본 단위를 정해야 한다. 단어의 개별 형태(type), 레마(lemma), 단어족(word family) 중에서 무엇을 세는 단위로 정할지에 따라 목록의 수는 달라진다. 따라서 목록을 만들 때에는 교수 학습의 목표에 따라 세는 단위를 확정하는 일이 중요하다. '친절'이라는 단어를 예를 들어 보자. 우선 단어 형태는 상이한 형태이면 모두 개별 단어로 세는 방법이다. 다음으로 레마는 이 중 활용형 모두를 하나의 대표형으로 대체하여 한 단어로 세는 방법이다. 완전히 일치하지는 않으나, 보통 사전의 등재어는 이 방식에 가장 가깝다. 마지막으로 단어족은 파생어를 포함해서 그 전체를 하나로 세는 방법이다. 같은 어휘 목록을 대상으로 했을 때, 어휘 수는 형태 단위가 가장 많고, 레마, 단어족 단위로 줄어들게 된다.

- 형태 단위: 친절, 불친절, 친절하다, 친절한, 친절해서, 친절하고 …
- 레마 단위: 친절, 불친절, 친절하다(친절한, 친절해서, 친절하고 …)
- 단어족 단위: 친절(친절, 불친절, 친절하다 …)

그런데, 단어 목록을 구성할 때 세는 단위를 결정하는 일은 목록을 만드는 목적에 부합해야 한다. 만약 어휘 목록을 작성하는 이유가 듣기와 읽기에 필요한 이해 어휘 목록을 정하기 위함이라면 이러한 지식을 측정하기 가장 좋은 방법은 단어족이 된다. '친절'을 알고 있다면 '친절하다'를 아는 것이 어렵지는 않다고 보는 것으로, 이는 굴절되고 파생되는 형태들의 형태와 의미가 서로 연관성이 있으므로 하나로 처리하면 된다고 보는 것이다. 하지만 말하기와 쓰기에서 생산적인 사용을 위한 산출 어휘 목록을 정하기 위해서는 레마나 형태 단위가 세는 단위로 적절할 수 있다. 왜냐하면 파생어가 많은 한국어의 특성상 하나의 단어족에 있는 각각의 단어를 어떤 형태로, 어떻게 사용하는지 아는 것도 중요하기 때문이다. 실제로 파생어별로 배워야 할 숙달도가 상이할 수도 있다.

둘째, 어휘 목록을 산출할 수 있는 가장 적절한 코퍼스를 선택하거나 만들어야 한다. 규모가 큰 코퍼스를 사용하면 언어 자료의 실제에 더 가까워질 수 있으므로 일반화가 쉽다는 점에서 타당하다. 하지만 단순히 큰 코퍼스보다는 장르의 균형성을 갖춘 코퍼스인 것이 더 중요하다. 한 장르에만 치우친 코퍼스는 해당 장르에 대한 대표성은 있지만 전체 언어의 모습을 보여 주기 어렵기 때문이다. 이런 면에서 본다면 아무래도 회화에 치중하는 현재의 언어 교육 현황을 고려할 때, 한국어 코퍼스는 문어 치중도가 높은 것보다는 다양한 장르가 포함된 구어 코퍼스가 적극적으로 반영될 필요가 있다. 한국어 교육용 목적에 부합하는 균형성과 대표성을 갖춘 대규모 코퍼스를 확보하는 것이 출발점이 된다.

셋째, 어휘 목록 중 실질 어휘에 포함될 것들이 어떤 것인지를 결정하는 일도 중요하다. 어휘 선정 대상은 주로 실질 어휘에 초점을 두며, 문법 교수에서 주로 다루어지는 조사와 어미, 의존명사, 보조용언은 목록에 포함시키지 않는 것이 일반적이다. 의존명사와 보조용언의 경우 대부분 다른 문법소 또는 어휘소와의 결합에 의해 덩어리 단위의 문형 표현으로 다루어져서 문법 교육에서 더 중요한 의미를 가지기 때문이다.

2.4 숙달도를 고려한 어휘 산정

구체적인 어휘 선정에 이르려면 아래와 같은 개별 어휘군의 특성에 따른 어휘 선정 방법에도 관심을 기울여야 한다.

첫째, 어휘 의미 관계별 선정에의 고려가 필요하다. 흔히 어휘 의미 관계(유의어, 반의어, 상위어/하위어)에 따른 교수는 어휘 교육에서 중요한 의미를 가진다. 하지만 어휘 선정의 측면에서 보면 어휘 의미 관계를 보이는 어휘의 짝이 늘 같은 위상을 지니는 것은 아니다. 하나는 초급 어휘인데 나머지는 그렇지 않을 수도 있기 때문이다. 따라서 어느 숙달도에서 이들을 함께 혹은 순차적으로 교수해야 하는가 여부는 어휘짝별로 따로 검토하여야 한다.

둘째는 학습 목적별 어휘군에 대한 고려가 필요하다. 초급 수준의 기초 어휘는 같더라도 중급 이상의 학습자들이 특정한 목적으로 학습하는 경우에는 해당 목적에 부합하는 별도의 어휘 목록이 구성될 필요가 있다. 예를 들면 이주여성, 이주노동자와 같은 특정 대상이나 학문 목적이나 직업 목적과 같은 특정 목적의 학습자들은 그들만이 자주 접하는 주제별 어휘군들이 존재하기 때문이다.

셋째는 짝을 이루거나 구로 나타나는 단어에 대한 고려가 필요하다. 구를 이루는 연어나 관용어의 목록들은 구성 성분에 따라 숙달도별 위상이 상이할 수 있으므로, 이를 고려가 필요하다. 예를 들어 '먹다'는 초급 어휘이지만 '뇌물을 먹다, 겁을 먹다'에서의 '뇌물, 겁' 등의 단어는 중급 이상의 단어가 될 수도 있기 때문에, 해당 숙달도에서 제시할 수 있는 구에 대한 고려가 필요하다. 이는 다양한 의미를 가지는 다의어에 대해서도 고려해야 할 사항인데, 예를 들면 다의어인 '손'의 경우 '신체의 손, 손가락, 일하는 사람, 노력이나 기술, 권한' 등의 다양한 다의 항목들을 어떻게 숙달도별로 나누어 그 중 몇 항목을 교수 자료에 반영할 것인가를 결정하는 것도 중요한 논의가 된다.

넷째는 고유명사나 외래어 어휘군에 대한 고려가 필요하다. 예를 들어, 한국어교육 초급 교재에 자주 등장하는 '서울, 남대문'과 같은 지명이나 음식명 등을 목록으로 삼을 것이냐 하는 문제이다. 고유명사중, '나라 이름, 지명, 음식명, 명절, 유적 등'의 문화적 특성을 보이는 어휘들도 어휘군 내에서 특정 숙달도와 연계해서 범위를 선정할 필요가 있을 것이다. 외래어의 경우에도 사전에 오르지 않았지만 자주 사용되는 외래어(혹은 외국어)를 어느 정도로 포함시킬 것이냐에 따라 목록의 수가 좌우될 수 있다.

다섯째는 규범 사전과의 괴리를 보이는 단어들에 대한 고려도 필요하다. 예를 들면 '휴대폰'이나 '핸드폰'과 같이 비규범 어휘이나 학습자가 자주 접할 단어들과 고빈도 파생어나 사전에 등재되지 않은 것들, 그리고 한 단어처럼 인식되는 구 단위 단어들도 비록 아직까지 사전에 오르지는 않았더라도 한국의 일상생활에서 활발히 사용된다면 어휘 이해의 차원에서 이에 대한 고려가 필요하다.

마지막으로는 숙달도 별로 정리한 어휘를 모아 기초어휘적 차원에서의 검토와 위계화 작업도 부가되는 것이 바람직하다. 일상생활의 기본 개념들을 나타내는 어휘들이 대표적인데, 색깔이나 숫자, 시간(연, 월, 일, 요일, 계절 등), 위치, 모양, 기초 용언류, 공간(방향, 지시, 지역, 구역 등), 신체어, 친족어 등은 어휘군 내에서 균형을 맞추어 숙달도별로 재배치하여야 한다. 본문은 아니더라도 연습 활동이나 의사소통 활동 안에서 체계적인 학습이 이루어지도록 배려해야 한다.

결국 학습자가 필요로 하는 숙달도별 어휘량의 산정은 이러한 세부 사항들을 어떻게 처리할 것이냐에 따라 달라지므로 이에 대한 고려가 이루어져야만 최종적인 숙달도별 어휘량 산정이 이루어질 수 있을 것이다.

2.5 어휘 난이도와 어휘 선정

앞선 문제와 더불어 어휘를 산정하는 데에는 단어의 난이도도 고려해야 한다. 어휘의 난이도에 영향을 미치는 요인에는 다음과 같은 것들이 있다.

- 발음 용이성: 발음하기 쉬운 단어가 배우기 쉽다는 주장이 있다. 발음 용이성은 주로 모국어(L1) 단어와의 소리 패턴이 얼마나 비슷한가에 의해 결정된다. 발음 용이성을 측정하기 위해서는 학습자들에게 모르는 단어를 반복하여 말하게 하여 쉽게 따라 할 수 있는지 없는지를 살펴보기 위한 테스트를 진행할 수도 있다. 아울러 발음의 용이성은 L1과 L2의 음소 배열 대조로 짐작할 수 있다.
- 철자의 규칙성: 단어에 규칙이 있을 때, 소리와 철자 간의 유사성이 있을 때 더 쉽게 학습된다.
- 학습하기 쉬운 품사: 학습자들이 어떤 품사를 쉽게 학습하는지에 대한 연구는 많지 않으나, 명사가 다른 품사에 비해 배우기 쉽다는 주장도 있다. 흔히 초급 학습자들이 명사 단위부터 학습하는 것은 일반적이기도 하다. 하지만 한 단어가 하나 이상의 품사를 가질 수도 있기 때문에 이를 주의할 필요가 있다.
- 단어의 길이: 일반적으로 긴 단어가 더 어렵다고 알려져 있다. 긴 단어는 짧은 단어보다 기억하기 위해 더 노력해야 하기 때문인 것으로 보인다. 음절에 있어서도 '자음 + 모음 + 자음'으로 이루어진 복잡한 구성보다는 '모음'만으로 혹은 '자음 + 모음'만으로 간단히 구성될수록 기억이 용이할 수 있다.
- 구성 요소의 투명성 여부: 학습자들은 흔히 낯선 단어를 이해하기 위해 접두사, 어간, 접미사에 대한 지식을 사용한다고 알려져 있다. 따라서 단어에 의미를 추측할 수 있는 아는 부분이 포함되어 있으면 학습하기 더 쉽다고 볼 수 있다. 다만, 단어의 구성 성분 중 아는 부분(접사나 어근)이 학습자의 수준에 부합하는 난이도를 가질 때 효과적일 것이다.

● 의미의 구체성 및 이미지화 가능성: 눈으로 볼 수 있는 구체적인 사물을 지칭하는 단어는 추상적인 단어보다 학습하기 쉽다고 알려져 있다. 이미지를 사용하여 어휘를 학습하는 것은 초급에서 활발하게 사용되는 방식이다. 학습자의 모국어에 L2와 형태나 의미가 유사한 단어가 있으면 학습하기가 더 쉬울 것이다. 이미 알고 있는 의미를 적용할 수 있기 때문이다.

③ 학습자 어휘량 측정

한국어 학습자의 어휘량을 측정하는 일은 중요하다. 이를 위해 한국어 모어 화자들은 얼마나 많은 단어를 알고 있는지 또는 나이에 따라 얼마만큼의 어휘가 증가하는지를 아는 것도 필요하다. 모어 화자를 기준으로 할 때 학습자들이 알고 있는 단어 수나 어휘 습득의 증가율 등을 비교할 수 있기 때문이다. 즉 어느 정도 어휘량에 이르러야 혼자서 텍스트를 읽어 낼 수 있을지, 구체적으로 어떤 텍스트를 얼마만큼 이해할 수 있는지 등을 살피는 일은 언어 교육에서 매우 중요한 요소가 되기 때문이다. 학습자의 어휘에 대해 양적 증가와 더불어 질적인 깊이를 알 수 있다면 교수에 큰 도움을 줄 수 있다.

학습자가 알고 있는 어휘를 측정 하는 방법에는 세 가지 방법이 있다. 첫째는 학습자가 생산하는 단어를 직접 세는 것, 둘째는 사전을 정해 몇 페이지를 임의로 펼쳐 학습자가 아는 단어의 수를 센 후에, 해당 페이지의 전체 단어의 수를 기준으로 아는 단어의 비율을 측정하는 것, 셋째는 다양한 빈도 수준에서 일부 표본을 추출한 뒤, 각 수준에서 얼마만큼의 어휘를 알고 있는지 측정하는 방법이다.

우선 첫째 방법은 사람들이 산출한 출현 단어를 세야 하는데, 학습자의 어휘량을 알고 싶다면 학습자가 산출한 어휘 모두를 세는 것은 의미가 없으며, 사용한 단어의 종류를 세는 것이 중요하다. 왜냐하면 한 단어를 여러 번 사용할 수도 있기 때문에 단어 전체의 빈도보다는 산출 단어의 종

류의 수가 중요하다.[29]

두 번째 방법은 어휘 리스트를 활용한 측정법으로 한 페이지에 나열된 단어 중, 학습자가 아는 단어의 비율을 산정해서 전체 어휘 수를 측정하는 방법이다. 예를 들어, 한 페이지의 20개의 단어 중 평균 5개를 안다면 25%를 아는 셈이다. 만약 해당 사전이 500페이지라면 사전 안의 단어는 총 10,000개이므로 이 중 25%인 250개의 단어를 알고 있다고 산정하는 방식이다. 한 페이지만을 측정하기 보다는 5페이지 이상을 체크하여 평균 값을 내는 것이 더 좋다.

셋째 방법은 측정한 어휘 항목의 수준(등급)을 미리 정한 뒤, 그 등급 내에서 아는 어휘의 수를 세는 방식이다. 예를 들어 한국어의 숙달도 1-6급까지의 대상 어휘를 단계별로 일부를 나열한 목록을 보고, 학습자들이 각 등급에서 아는 어휘를 체크하는 것인데, 1급은 100%, 2급은 90%, 3급은 30%의 어휘를 안다면 3급 초반 수준으로 가늠할 수 있다. 이러한 등급 산정은 교육 기관에서 적정한 숙달도 등급에 분반하고자 할 때 활용될 수 있는 방법이다.

학습자의 어휘를 세는 방법은 첫째의 방법처럼 발화 단어를 직접 세거나 간단한 어휘 평가를 통해 직접 점검하는 방식과 둘째나 셋째의 방법처럼 학습자의 판정에 기대어 간접적으로 점검하는 방식의 두 가지 접근이 있는데, 후자의 경우에는 실제로 학습자가 알고 있는 단어인지에 대한 중복 점검도 필요하다.[30]

한편 양적인 어휘량 말고도 학습자가 아는 어휘의 질적 측면을 점검하기도 한다. 어휘 풍요도(lexical richness)는 어휘 지식의 질적 측면을 측정하는 것으로, 더 능숙한 학습자와 덜 능숙한 학습자 사이를 구분하는 지침이 된다. 어휘 풍요도와 관련된 것은 아래와 같다.

- 어휘 밀도(lexical density): 실질 어휘[명사, 동사, 형용사, 부사]의 비율

---

29) '어제 학교/에 가서 친구/를 만나기로 했는데, 친구/가 학교/에 오지 않아서 못 만났다.'라는 문장에서 출현 단어 수는 총 16개이지만 종류 수로는 12개이다.

30) 동일한 단어를 산발적으로 중복 제시하여, 둘 다 같은 응답을 하는지를 체크하여 신뢰도를 확인하는 방식이 있을 수 있다.

- 어휘 다양도(lexical variation): 텍스트에 사용된 서로 다른 단어의 비율(TTR)
- 어휘 세련도(lexical sophistication): 저빈도 어휘, 고급 수준 단어의 비율
- 어휘 정확도(lexical accuracy): 비오류 어휘의 비율

'어휘 밀도'는 학습자가 산출한 어휘 중, 문법과 연계된 기능 어휘(조사, 어미 등)의 수에 비해 실제 의미를 가지고 있는 실질 어휘를 얼마나 더 알고 있는가의 비율을 의미하므로, 실질 어휘를 많이 알수록 질적 지식이 더 높다고 본다. '어휘 다양도'란 산출된 구어나 문어 텍스트의 전체 어휘 중 종류가 다른 어휘의 수를 말한다. 전체 사용된 모든 어휘의 수는 토큰(token)이라고 하며, 이들 중 중복되어 사용된 단어를 제외한 어휘의 종류 수를 산정한 것을 타입(type)라고 한다. 전체 어휘 수(토큰) 대비 어휘 종류 수(타입)의 비율(ratio)을 산정하여 비율이 높을수록 TTR이 높다고 할 수 있다. '어휘 세련도'는 전체 산출 텍스트 중에서 자주 사용하지 않거나 고급 수준의 단어가 포함된 비율을 의미한다. 같은 단어를 산출하였더라도 얼마나 고급 어휘를 많이 구사했는지의 문제이다. '어휘 정확도'는 사용한 어휘 중 철자 오류가 적고 문법적으로 정확하게 사용할수록 높아진다.

요약하면 산출 텍스트의 어휘 중 실질어휘가 많을수록, 다양한 단어를 사용할수록, 저빈도나 고급 수준의 단어를 많이 사용할수록, 정확하게 사용할수록 질적 지식이 풍부하다고 본다. 이밖에도 의미를 정확하게 사용하고 단어 의미의 구체성이 있을수록, 의미 관계를 활용한 단어를 사용할수록, 연어나 정형화된 연결 표현을 담화 상황에 적절히 사용할수록 어휘의 질적 지식이 많다고 볼 수 있다.

④ 숙달도에 따른 어휘 선정

4.1 숙달도별 어휘 선정의 필요성

언어 교육에 있어 숙달도에 따른 교수 대상 어휘의 목록을 선정하는 것은 매우 중요하다. 교육 현장이라는 제한된 공간과 수업 시수의 제약을 고려할 때, 어차피 학습자에게 한국어의 모든 어휘를 가르칠 수는 없는 일이다. 모국어 화자도 한국어의 모든 어휘를 알고 있는 것은 아니며 모든 어휘를 사용하지도 않으므로, 언어 교육에서 구체적인 교수 대상 어휘를 확정하는 것은 필수적이다.

교수 대상 어휘는 한국어 학습에서 필수적인 핵심 어휘를 기반으로 하되, 교육 기관의 환경에 따라 학습자가 배워야 할 어휘의 규모를 정해 학습자가 자주 사용할 언어 환경에서 필요한 어휘를 선별하는 것이 필요하다. 아울러 이렇게 선정된 어휘를 숙달도에 따라 등급화하는 일도 중요하다. 몇몇의 단어들은 다른 단어들보다 훨씬 자주 사용되고, 특정한 언어 사용의 환경에서 더 두드러지는 어휘이므로, 먼저 배울 어휘의 순서를 정해 목록을 만드는 일이 필요하다. 이런 의미에서 각 숙달도의 단계에 따른 가장 유용한 단어의 순서화된 목록을 아는 것은 교육과정 설계자와 교재 집필자에게 큰 도움을 주게 된다. 이를 바탕으로 학습할 어휘의 목록을 정하는 일은 언어 교수에 있어 구체적으로 아래와 같은 이점을 준다.

첫째, 어휘 목록은 교육과정을 설계하는 데에 도움을 준다. 언어를 배우는 과정에서 각 교육과정의 수준에 맞게 단어의 위계화와 단어의 범주화[31]에 대한 지침을 줄 수 있기 때문이다.

둘째, 어휘 목록은 학습 목표를 설정하는 데에 도움을 준다. 효율적인 언어 사용을 하기 위해 얼마나 많은 단어가 필요한지를 가늠하는 데에 도움을 주기 때문이다.

셋째, 어휘 목록은 통제된 어휘로 구성되는 텍스트 작성의 지침을 만드는 데에도 도움을 준다. 학습자의 숙달도 수준에 맞는 듣기나 읽기 자료를

---

31) 단어의 위계화(sequencing of words)는 순서화 하는 것을 의미하며, 단어의 범주화(groups of words)는 단어군별로 묶는 것을 의미한다.

구성하려면 숙달도별로 통제된 어휘로 만든 텍스트가 필요하다. 이러한 숙달도별 텍스트를 만드는 데에 어휘 목록이 지침이 될 수 있다.[32]

넷째, 어휘 목록은 교재에 있는 어휘를 분석하는 데에도 활용된다. 예를 들면 빈도에 근거한 어휘 목록은 학습자의 학습 부담을 예측할 수 있고, 본문에서 학습해야 하는 단어인지 여부를 분석하는 데에도 사용할 수도 있다. 본문의 어휘 중 저빈도 단어는 어떤 것들이 있는지, 학습자가 새롭게 배워야 할 단어는 어떤 것들이 있는지, 텍스트에 새롭게 등장한 어휘 비율은 얼마나 되는지 등의 문제에 대한 답을 얻는 데에 활용될 수 있다.

다섯째, 어휘 목록은 숙달도에 따른 어휘 평가에 활용할 수 있다. 어휘 시험의 수준과 어휘 시험의 규모를 정함에 있어 빈도 목록을 참고하여 평가를 설계할 수 있기 때문이다.

여섯째, 어휘 목록은 학습자의 자료를 분석하는 데에도 활용된다. 예를 들어, 학습자가 산출한 텍스트의 어휘 풍요도를 분석하는 데에 준거 목록으로 사용될 수 있다.

4.2 숙달도별 어휘 선정의 방법

숙달도별(초급, 중급, 고급) 어휘 선정은 숙달도별 언어 교육의 목표와 연계된다. 예를 들어, 초급 어휘는 초급 교재에서 많이 다루는 주제나 의사소통 기능, 문화와 밀접하게 연계될 수밖에 없으며, 또한 교수나 학습의 용이성도 고려해야 하므로 교육과정과 매우 밀접한 관련을 가지게 된다. 이러한 이유로 초급 어휘 선정은 단순히 고빈도 어휘의 목록을 선정하는 것이 아니라, 현장 교수를 염두에 둔 초급의 숙달도를 고려해야 한다. 왜냐하면 초급 학습자들이 반드시 고빈도 어휘부터 학습하는 것은 아니며, 난이도, 교수나 학습 가능성, 교재 주제와의 연관성 등이 고려되어 초급에 적합한 학습 목표 어휘가 정해지기 때문이다.

---

32) 'Cambridge English Reader'에서는 초보는 250 단어, 1 레벨 400 단어, 2 레벨 2800 단어, 3 레벨 1300 단어, 4 레벨 1900 단어, 5 레벨 2800 단어, 6 레벨 3800 단어 등의 식으로 단계화를 한 다음 텍스트를 만드는 데에 활용했다고 알려져 있다.

숙달도별 어휘 선정의 방법은 몇 가지 접근 방법이 있다. 일정한 수의 목표 어휘를 선정한 뒤, 이를 초급·중급·고급의 어휘로 분할하는 방법과, 각 숙달도 초급·중급·고급별로 필요한 목표 어휘만을 한정하는 방식이 있다. 우선, 학습에 필요한 일정 규모의 어휘를 통으로 선정한 뒤, 해당 어휘를 초급, 중급, 고급으로 삼분하는 방법이다. 전체 목록 선정 방식의 국립국어원(2003)의 연구 결과가 이러한 방식을 따랐는데, 이 연구에서 최종 제시된 총 목록은 약 6천여 개의 학습용 목록이며, 이들에 대해 적절한 숙달도의 등급을 표시하는 방식을 택했다.

이와는 달리, 학습자가 요구하는 어휘를 숙달도별로 선정하되, 교육과정에 맞추어 이들 어휘의 일부를 재선정하는 방식이 있다. 강현화(2003-2005)의 연구는 제한된 교육과정의 시수에 초점을 두어, 전체 어휘 중 목표 어휘(박스 부분)를 부분적으로 선정하는 방식을 취하였다. 해당 연구에서 역삼각형에 해당하는 전체 어휘는 3만여 개로 보았고, 그 중 네모 박스 표시의 목표 어휘로는 약 11,000여 개의 어휘를 선정하였다.

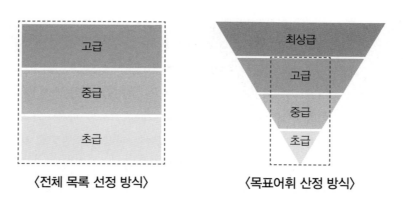

〈전체 목록 선정 방식〉　　　　〈목표어휘 산정 방식〉

이론적으로 보면 숙달도가 증가할수록 어휘 수는 늘어나는 역삼각형 구조이어야 한다. 고급 숙달도의 목표 어휘는 해당 수준의 언어 구사가 가능할 만한 많은 양의 어휘를 요구할 것이며, 최상급 숙달도는 심지어 어휘 수를 제한할 수 없는 개방 목록이어야 할 것이다. 하지만 실제 제한된 시간에 운영될 수밖에 없는 교육과정의 학습 시수를 고려해 본다면, 마냥 목표 어휘를 확대하기는 어렵다. 또한 언어 학습의 목표가 어휘에만 있지 않으며 의사소통 기능별 학습에서 어휘는 부차적으로도 학습되므로, 반드시 시수에 맞추어 어휘를 배정할 필요도 없다. 따라서 오른쪽 그림의 박스형 점선과도 같이 목표 어휘의 수를 한정할 필요가 생긴다. 즉, 정해진 시간 내에 모든 어휘를 학습할 수는 없으므로, 해당 숙달도 내에서 일정 수의 제한된 목표 어휘를 선정하는 방식이다.

숙달도별 어휘 목록은 실제 교육에의 적용에 있어 목록 그대로를 교육 내용에 반영하기는 어렵다. 사용하는 교재의 단원의 주제나 학습자 목표에 따른 사용역 등의 변인에 맞춰 어휘의 범위 및 양이 조정되겠지만, 숙달도별 기준점으로 활용할 수 있다는 점에서 의미를 가진다.

4.3 숙달도별 어휘 선정에서 고려할 사항

숙달도별 어휘 선정에는 몇 가지 고려해야 할 것들이 있다.

첫째, 어휘 목록의 형태와 범위에 관련된 것이다. 숙달도별 학습자의 수준을 파악하여 단어의 형태를 적용하는 것이 중요하므로, 구체적인 목록의 선정에 있어서 학습자의 수준을 고려한 어휘 목록의 형태와 범위를 어떻게 정할 것인가를 고려해야 한다. 파생어를 별도의 목록으로 산정할 것인지, 어근만 목록으로 삼을 것인지에 따라 달라질 수 있다. 예를 들면 한국어에는 '-하다/-되다' 로 만들어지는 파생 용언이 매우 많은데, 이들을 어근과는 별도 단어로 볼 것인가 여부 숙달도별 어휘량 선정에 큰 영향을 미칠 수 있다. '초급 학습자들에게는 어근과 파생어와의 관계를 유추하기 어렵다면 어근만을 제시하기 보다는 파생어를 별도로 제시하는 게 효과적일 수도 있기 때문이다. 현재 표준국어대사전의 경우에는 어휘의 형성의 규칙성과 파생성을 고려하여 어근 명사만을 제시하는데 예를 들어 동사 '사용하다'와 '사용되다'는 어근 명사 '사용'만 제시하는 방식이다. 이때 '사용'의 의미를 알면 '사용하다'를 충분히 유추할 수 있다고 보는 것이다. 어근을 주면 파생어를 알 수 있는 효용이 있기는 하나 형용사의 어근 중 '깨끗'과 같이 어근의 독립성이 없는 경우는 대부분 '깨끗하다'로 쓰이므로, 한국어교육의 측면에서 본다면 굳이 '깨끗'을 제시할 필요가 없을 것이다. 하지만 형용사의 경우에는 어근이 제한적으로 쓰이는 경우가 많아서 어디까지를 '어근 + 하다'로 줄 것인지 여부가 문제가 될 수 있다. 이밖에도 '-시키다', '-당하다', '-되다' 접사의 경우에도 결합되는 어근이 제약적인 경우가 많아서 이들도 어떤 형태로 보여주는 것이 좋은지는 개별 단어별로 고민해야 하는 경우가 많다. 초급의 외국인 학습자는 파생력에 대한 직관이 부족하기 때문에 어근만을 제시한다고 해서 파생어까지 습득된다고 보기 어려운 측면이 있기 때문이다.

둘째는 교육과정 목표와의 부합성이다. 교육과정에서의 각 숙달도별 교육 목표와도 밀접한 관련을 가져야 한다. 이론적으로 보면 모국어 화자의 숙달도에 준하는 고급은 개방 목록이 되어야 하나, 교육 시수를 고려하지 않고 마냥 고급의 어휘를 확장할 수는 없으므로 해당 숙달도의 교육목표와 이에 따른 교수요목에 연계된 어휘로 한정하여, 실제 교육과정의 운영을 위한 어휘를 선정하는 것은 중요하다.

셋째, 교육과정의 숙달도별 주제 연관도이다. 숙달도별 어휘 선정은 사용될 교재에서의 숙달도별 주제 목록과 연계되는 것이 중요하다. 해당 숙달도가 지향하는 목표에 따른 화제와 그에 연관되는 어휘군, 운영되는 교육과정의 시수에 적절한 어휘 수, 해당 숙달도에 적절한 어휘의 난이도 등이 모두 고려되어야 하는 작업이기 때문이다. 따라서 사용 교재의 단원별 주제와 관련된 기본 어휘를 우선적으로 선정해야 하며, 어휘 자체의 상관관계(의미망)도 고려해야 한다.

숙달도별 선정 어휘는 교육 자료 개발 및 교육과정 개발 자료로 활용(교재 개발을 위한 어휘 선정 및 등급화 자료)되거나, 언어 평가 자료로서 활용(배치 평가 및 진단 평가, 공인 시험 출제 및 대비)될 수 있다. 어휘 목록의 선정이 지나치게 말뭉치의 빈도에만 근거하거나, 반대로 교사들의 주관적 경험에만 의존하는 방식 중 하나를 취하게 되면, 전자는 목표 언어의 사용 비중에는 근접하지만 실제 교육과정에서의 활용이 어려울 수 있고, 후자는 교사들 간에도 주관적 기준의 차이가 존재해서 객관적인 목록을 얻기 어려울 수 있으며, 기존 교재의 틀에서 벗어나지 못하는 한계가 생긴다. 따라서 다양한 요소를 고려하여 교육과정에 가장 부합하는 숙달도별 어휘 목록을 얻는 데에 집중해야 한다.

넷째, 어휘 평가와의 연계도 중요하다. 국립국어원에서 발주한 '국제통용 한국어 교육 표준 모형(2012)' 연구에서는 어휘 교수요목을 선정함에 있어 숙달도 평가의 등급과 연계하고자 했다. 이 연구는 특정 교육과정을 고려하지 않고, 전 세계에 통용되는 범용적 어휘 교수요목 마련을 목표로 한 연구로 '범용'이란 전 세계의 다양한 목표와 학습 환경을 가진 학습자들을 대상으로 하는 구체적인 교육과정에의 적용을 위한 원형적 목록이라 볼 수 있다. 이에 해당 연구는 상황 변인(학습자 언어권, 학습자 환경)을 고려하지 않고 빈도와 (교재 간) 중복도와 같은 변인 독립적 요소에만 무게를 두어 어휘를 선정하였다. 이에 어휘 선정을 위한 기초 자료에는 한국어 학습용 어휘 목록·학습자 사전·교재 말뭉치 외에도 한국어능력시험(TOPIK) 출현 여부가 고려되어 있다.

	어휘 수	TOPIK 등급	수업 시수
초급	1,681개	초급 1급과 2급	400시간
중급	3,007개	중급 3급과 4급	400시간(누적 800시간)
고급	6,428개	고급 5급과 6급	400시간(누적 1,200시간)
합계	11,118개		

3 부

어휘 교수의 실제

제8장   어휘 제시와 교수 기술

제9장   어휘 학습과 교재

제10장   의사소통 기능과 어휘 교육

제11장   어휘 교육과 과제 활동

제12장   어휘 평가

제13장   어휘 학습과 사전

제 8 장

어휘 제시와 교수 기술

① 어휘 제시

어휘 학습의 성패에는 학습자 스스로의 동기가 매우 중요한 역할을 한다. 자발적인 학습자들은 교재를 통해 스스로 어휘를 학습하는 것은 물론이고, 드라마나 노래, 인터넷상의 실제 언어 자료를 통해서 어휘를 확장시키기도 한다. 어휘 학습의 자극은 다양하지만, 가장 명확한 입력이 전달되는 곳은 교실 수업에서의 어휘일 것이다. 학습자들은 수업 중 제시되는 어휘를 장기기억으로 가져가는 경우가 더 많으며, 충분한 연습을 거쳐 습득에 이르는 경우가 많다고 알려져 있다. 교실에서 어휘를 제시하는 경우, 다음과 같은 문제들을 고려할 필요가 있다.

첫째, 단어 자체의 난이도를 고려하여 제시 순서를 정하는 게 좋다. 단어에는 구체적 의미를 가진 단어와 추상적 의미를 가진 단어, 발음하기 어려운 단어와 쉬운 단어 등이 있는데, 숙달도가 낮으면 구체적인 의미를 가진 단어와 발음하기 쉬운 단어를 우선적으로 제시하는 게 좋다. 아울러 단어들의 교수 용이성을 함께 고려하는 게 중요하다.

둘째, 단어에 대한 학습자의 친밀도를 고려하여 제시 어휘를 정하는 것이 좋다. 학습자가 단어를 잘 모르는 상태이더라도 이전에 단어를 본 적이 있을 수 있기 때문에, 학습자의 배경을 고려하여 친숙한 어휘를 활용하는 것이 효과적이다.

셋째, 학습자의 숙달도에 따른 제시 방법을 고려할 필요가 있다. 초급자, 중급자, 고급자인가에 따라 제시 방법은 달라질 수 있는데, 예를 들어 고급 학습자들은 이미 아는 단어를 가지고 뜻풀이를 활용한 제시가 가능하다. 이에 반해 초급 학습자들은 배운 단어가 없으므로 목표어로 설명하기가 쉽지 않은 경우도 많아서 실물이나 그림을 활용하거나 번역어를 제시해야 하는 경우도 있기 때문이다.

넷째, 제시하는 어휘가 이해와 산출 중 어디에 연계되는지를 고려해야 한다. 어휘가 말하기나 쓰기 능력의 향상을 위해 학습되고 있는가, 아니면 듣거나 읽을 때 그 뜻을 알기 위해 학습되고 있는가에 따라 달라질 수 있으므로 학습의 목표에 맞추어 어휘를 제시해야 한다.

② 어휘 제시의 방법

2.1 어휘 제시의 순서

흔히 교사가 단어를 제시할 때는 단어의 형태를 제시하고 의미를 설명하게 되는데, 둘 간의 괴리가 클수록 학습자들은 이 둘을 마음속에서 연관시키기가 어려워진다. 따라서 형태와 의미 중 어떤 순서로 어휘를 제시할 것인가는 이 두 가지 중 학습자에게는 어떤 방법이 더 효율적일까를 고려해야 한다. 학습 상황이나 필요, 단어 자체의 특성에 따라 둘 중 하나를 선택적으로 사용하는 것이 중요하다.

먼저, 의미를 제시하고 후에 형태를 제시하는 방법이 있다. 예를 들면 그림이나 설명으로 '신발'의 의미를 제시한 후, 이것을 "신발이라고 해요"라고 이야기 하거나 칠판에 '신발'이라고 적어 주는 방식이다. 이는 의미를 이해한 뒤 그것을 표현하는 형태에 주목하게 하는 방식이다.

이와는 반대로 먼저 형태를 제시하고 후에 의미를 제시하는 방법도 있다. 형태를 제시 방법으로는 소리 형태인 발음을 제공하는 방법과 문자 형태인 철자를 제시하는 방법으로 나뉠 수 있다. 예를 들어 칠판에 '신발'이라고 철자를 적어 문자 형태를 제시할 수도 있고, 교사의 음성으로 '신발'이라고 반복해서 발음해 줄 수도 있다. 그리고 나서 형태와 관련이 되는 그림이나 설명, 번역 등의 방식으로 의미를 전달하는 방법이다.

어휘 제시의 효과에 대한 고민도 필요하다. 교사가 단어의 의미와 형태 정보를 모두 제시해야 하는 것이 좋은지, 교사가 단어의 뜻만을 제시하고 그 형태를 알아맞히도록 유도하는 것이 좋은지, 교사가 단어의 형태만을 제시한 다음 그 의미를 알아맞히도록 유도해야 하는지 등의 다양한 방안 중 무엇이 어휘 학습에 효율적인가에 대한 고민도 필요하다. 제시된 단어에 대한 학습자들의 연습 활동에 있어서도 단어의 형태를 반복해서 연습하는 것이 좋은지, 만약 반복한다면 언제 그리고 얼마만큼 하는 것이 좋은지 등에 대한 효율성을 고려해야 한다. 효과 여부는 주어진 학습 상황과 학습자의 태도, 그리고 학습 배경 등에 따라 교사가 가장 적절한 방법을 선택해야 할 것이다.

준비 단계에서는 학습자의 개념틀을 활성화하여 새로운 정보의 의미가 받아들여질 수 있도록 한다. 학습자가 마주친 새로운 낱말의 의미를 헤아리는 데에 학습자가 능동적으로 참여해야 하며, 가능한 교사는 그 주제와 관련된 몇 개의 간략한 선행 질문을 하면서 수업 준비 단계를 최소한도로 유지해야 한다. 즉, 교재의 언급된 핵심된 낱말들은 준비 단계에서 가르치지 말아야 한다.

교실에서 교사가 목표 어휘를 설명하게 될 때 사용되는 어휘를 절차 어휘라고 한다. 수업의 진행상 어쩔 수 없이, '들으십시오'나 '따라 하십시오', '명사' 등의 용어를 사용할 수 있는데, 절차 어휘가 때로는 학생들과의 접촉의 기회가 적어 빈도수가 낮다면 학습자들이 그 어휘에 익숙해지도록 미리 제시해서 익히게 한다. 절차 어휘가 설명하고자 하는 어휘보다 더 어려울 수 있는데 이러한 경우는 되도록이면 줄이는 것이 바람직하다.

2.2 어휘 제시의 방법

수업 중에 구체적으로 어휘를 제시하는 방법에 대해 살펴보자. 어휘 제시의 방법은 어휘를 제시할 때에 사용하는 설명 언어, 도구의 사용 여부, 선행 학습어의 활용 여부나 연계 어휘의 활용 등에 따라 달라질 수 있는데, 목표 어휘의 특성과 학습자의 숙달도 등의 학습자 특성에 따라 가장 적절한 방법이 선택되어야 할 것이다.

첫째는, 어휘를 설명하는 언어를 무엇으로 할 것인지의 문제이다. 크게는 학습자의 모국어를 사용하는 방법과 목표어를 사용하는 방법이 있다. 학습자의 모국어를 사용하는 것은 한 가지 언어로 진행되는 수업에서 가장 널리 이용되는 의미 제시의 방법이다. 단어와 그에 상응하는 모국어 사이의 밀접한 관련이 있을 때 효율적이다. 제시하는 시간의 측면에서 보면 매우 경제적인 방법이며, 수업 시간을 불필요하게 낭비하는 부수적인 단어들을 다룰 때 매우 적합하다.

하지만 학습자의 모국어를 사용하여 제시하는 방법은 단점도 있다. 모국어 번역에 너무 의지하면 학습자가 스스로 외국어에 대한 어휘 목록을 형성하는 것을 방해할 수 있다. 또한 항상 상응하는 모국어 단어를 토대로 외국어 단어를 접함으로 해서 잘못된 연계 오류를 낳을 수도 있다. 언어 간에 단어들은 일대일로 대응되지 않는 경우가 많으며, 다의 항목이나 연어 관계, 화용적 용법에 차이를 보이는 경우가 많기 때문에, 이로 인해 오류를 발생할 수도 있다. 또한 단어의 의미에 접근하기 위해 학습자가 힘들게 노력하지 않아도 되기 때문에 잘 기억되지 않으며 금방 잊어버리기 쉽다.

교사가 주로 목표 언어를 설명어로 사용하면서, 학습자의 모국어는 제한된 어휘의 의미를 설명할 때만 사용한다면 학습자들을 L2 어휘에 좀 더 많이 노출될 수 있게 조정할 수 있다. 또한, 교사는 수업 중 대부분 L2만을 사용하며 L1은 학습자가 어휘의 의미를 올바르게 이해했는지 확인할 때만 제한적으로 사용한다면 이 방법은 학습자의 주도성을 가장 높일 수 있게 될 것이다. 두 방법은 모두 각각의 장단점을 가지므로, 교사는 학습자의 환경과 특성에 따라 가장 적절한 방법을 선택해야 할 것이다.

둘째는, 어휘를 제시하면서 도구를 사용할 것인지의 문제이다. 초급 교실에서 흔히 사용하는 방법으로 실물이나 그림, 또는 동작을 활용하여 어휘를 제시하는 방법이 있다. 어휘의 의미를 설명하기 위해 실제 예를 보여 주거나 실물이나 실물의 그림을 이용한다. 동작과 관계된 단어를 교사가 실제로 동작을 수행하면서 해당 의미를 전달하는 방법도 있다. 교실에서 이러한 어휘 제시 방법을 활용하기 위해서는 다양한 형태의 실물 교재가 필요하다. 예를 들면 플래시 카드, 벽보, 칠판에 그리기 등이 활용될 수 있다. '먹을 것과 마실 것, 옷, 인테리어와 가구, 풍경과 외부, 교통수단'과 같은 세트 그림, '직업, 국적, 스포츠, 활동, 외모(큰, 강한, 슬픈, 건강한, 늙은 등)와 같은 세부 항목이 있는 그림들도 유용하다. 이런 실물 교재는 새 어휘를 제시할 때 뿐 아니라 연습을 위해서도 사용될 수 있다.

[교실 적용]

- 교사는 목표 단어를 읽거나 판서한다.
- 학습자들은 반복해서 따라 읽는다.
- 교사는 학습자의 모국어 대응 단어를 단어 카드로 보여준다.
  (학습자의 모국어 대신 이미 알고 있는 영어 단어로 대체할 수도 있다.)
- 교사는 목표 단어의 의미를 학습자의 모국어로 혹은 한국어와의 혼용으로 설명한다.
- 교사는 목표 언어인 한국어만으로 설명하고, 학습자들은 이를 받아 적은 뒤 자신의 모국어로 번역한 뒤, 교사는 이를 확인한다.
- 질문 등을 통해 의미를 이해했는지를 확인한다.

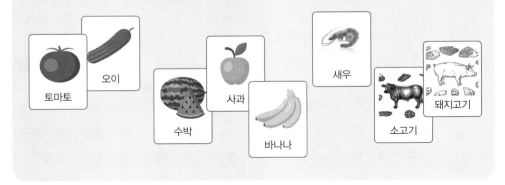

직접교수법에서는 실물 교재, 그림, 실례 등을 적극적으로 사용했는데, 이 방법은 여러 국적의 학생들이 섞여 있는 교실에서 번역을 통한 설명이 어려울 때 특별히 유용하다. 전신반응교수법에서도 어휘를 직접 묘사하는 방법에 초점을 두는데, 쉽게 몰입할 수 있게 해 주는 장점이 있다고 알려져 있다. 해당 수업에서 교사는 목표 어휘에 부합하는 행동을 직접 표현한 다음, 학습자가 똑같거나 비슷한 행동을 하도록 유도하여 어휘를 이해하고 익히게 한다.

한편, 새로운 어휘 항목을 제시하기 전에 이미 학습한 어휘 카드를 다시 보여 주며 기억을 돕는 방법도 있다. 가능하면 카드 순서는 변화를 주면서 새 어휘 제시에 앞서, 배운 어휘의 다시 보기를 적극 활용할 수 있다. 이 때 학습자의 속도를 배려해야 하는데, 효과적인 암기법에 관한 다른 원칙은 최대한 학습자가 그들 자신의 속도에 따라 학습 할 수 있도록 배려하는 것이다. 그렇게 함으로써 학습자는 연상관계를 만들 수도 있고, 개인적인 기억 장치를 떠올릴 수도 있다. 하지만 모든 단어가 그림이나 동작으로 설명할 수는 없으므로 단어에 따라 한계가 있을 수 있다.

[교실 적용]

- 교사는 목표 단어를 읽거나 판서한다.
- 학습자들은 반복해서 따라 읽는다.
  (학습자들은 교사의 동작을 따라 하면서 단어를 이해한다.)
- 교사는 그림 카드를 보여주고 혹은 목표 단어의 의미에 맞게 동작으로 보여 주면서 목표 단어의 의미를 설명한다.
- 이미 배운 관련 어휘들을 그림 카드를 통해 복습하고, 새 단어와의 관계를 인지하게 하는 활동도 가능하다.
- 질문 등을 통해 의미를 이해했는지를 확인한다.

셋째는 의미를 설명하는 방법으로 설명어에 이미 학습한 어휘를 활용한다. 목표 단어의 의미 설명을 학습자가 이미 학습한 단어만으로 통제하여 설명하는 방식으로, 시각적인 도구나 실물 교재를 사용할 수 없는 단어인 경우에 적합하다. 설명 어휘를 이해할 수 있어야 하므로 초급 후반이나 중급 이상의 학습자에게 적절한 방법이다. 또한 의미 설명 외에 목표 단어를 맥락과 관계 지은 시나리오를 제공할 때 학습자가 아는 단어로 풀어 제시하는 방법도 있다.

아울러 목표 단어가 활용되는 가장 전형적인 예문을 제시하여 목표 단어를 짐작하게 하는 방법이 있는데, 나머지 문장의 요소들은 이미 학습한 단어를 활용해서 예문을 만드는 것이 중요하다. 이밖에도 이미 학습한 동의어, 반의어, 상위어 등이 있다면 이를 활용하여 어휘 의미 관계 내에서 목표 단어를 이해하게 하는 방법도 있다. 이러한 방법들은 두 가지 이상을 섞어서 사용할 수도 있다.

그런데, 이 방법은 상황이나 뜻풀이만으로 단어를 설명하는 경우에는 학습자들이 이미 알고 있는 단어를 사용하여 설명해야 한다는 점에서 숙련된 교사에게 보다 적합한 방식이다. 학습자의 이해를 돕기 위해서는 의미를 설명할 때 시각적 방법(칠판에 그리기, 마임)을 부가적으로 함께 사용할 수도 있을 것이다. 실제 사용되는 맥락을 제공하여 의미의 이해를 도울 수 있는데, 학습자의 흥미를 얻기 위해 만화 등을 활용할 수도 있다.

이러한 방법은 번역이나 시각적 방법에 비해 좀 더 많은 시간이 소요되지만 학습자들은 여분의 듣기 연습을 할 수 있다는 장점이 있다.

2.3 어휘의 확장 제시

목표 단어를 중심으로 어휘를 확대하여 제시하는 방법으로는 어휘 묶음(lexical set)이 많이 활용된다. 어휘 묶음을 설정하는 한국어 교재에서는 단원의 주제와 관련된 어휘들을 묶어 한꺼번에 제시하는 경향이 많다. 이렇게 가까운 관계에 있는 단어들을 같은 묶음으로 묶어 대조함으로써 단어의 의미를 더 명확하게 알 수 있는 효과가 있다.

　같은 어휘 묶음에 속해 있는 단어들은 상하위 관계로 묶이기도 하고 구 단위의 통합 관계로 묶이기도 한다. 어휘 묶음을 활용한 단어나 구를 학습 하는 것은 관계없는 단어들의 묶음을 학습할 때에 비해 학습의 속도가 더 빠르다고 알려져 있다.

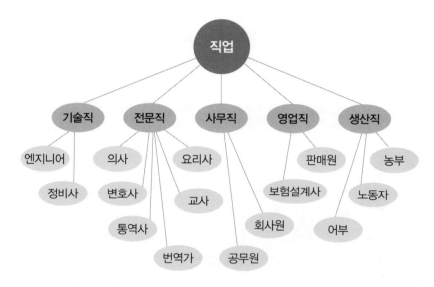

　다만, 어휘 묶음에서 제시되는 관련어들은 어휘 간의 서로 다른 점을 강 조할 필요가 있다. 가깝게 연상되는 단어들은 서로 간섭하는 경향이 있으 므로 혼동을 줄 수 있기 때문이다. 이들 어휘 묶음에는 같은 의미장에 속 하는 계열적 관계에 있는 단어가 포함될 수 있다. 예를 들면 아래의 교통 수단에 대한 단어들은 동시에 주어질 때 단어 간 의미를 서로 혼동할 수 있다.

예

- 나는 부산에 가는 [차/기차/버스/비행기]를 탔다.

　하지만 단원의 주제와 연계된 어휘는 서로 대체가 가능한 계열적 관계의 어휘가 아니므로, 간섭할 기회가 적다고 보기도 한다. 더구나 주제에 따른 단어들은 이야기로 한 가닥을 이루고 있기 때문에 더 쉽고 자연스럽게 연습할 수 있다는 장점이 있다. 어휘 묶음을 제시할 때 이 방법으로 단어들을 넣어 이야기를 만들게 하면 더 쉽게 기억할 수 있는 효과도 있다.

또한 학습자들은 단어에 대한 문제를 풀 때 그 단어들이 더 기억될 수 있는 기회가 많아지므로 제시 어휘가 포함되는 연습 문제를 함께 제공하는 것이 좋다. 어휘에 대한 목표를 두면서도 의사소통 기술이 적절히 연계되는 다양한 활동으로 유도하는 게 중요하다. 예를 들어 '직업'에 대한 어휘를 소개하고 관련된 어휘로 확장하고자 할 때는 '-고 싶다'나 '-(으)거예요' 등을 연계해서 묻고 답하기를 진행한다. 혹은 친구들과의 인터뷰를 통해 장래 희망 직업을 조사하게 한다. 이미 직업을 가진 성인의 경우에는 자신의 소개나 자기 나라의 유명 직업들을 소개하는 방식으로 진행할 수도 있을 것이다.

[교실 적용]

- 교사는 다양한 직업을 나타내는 그림을 통해 어휘를 제시한다.

- 학습자들은 그림을 보면서 어휘를 따라 읽는다.

- 교사는 단어 카드의 그림을 한 장씩 보여주면서, 학습자들에게 해당 단어와 관련된 간단한 질문을 한다. (예) 교실에서 한국어를 가르치는 사람입니다. 누구예요? / 사람들 앞에서 노래를 하는 사람이에요. 누구예요? / 병원에서 일해요. 아픈 사람을 고쳐줍니다. 누구예요?

- 학습자는 제시 어휘와 관련된 연습 문제를 푼다. (그림과 직업 이름을 연결하는 문제를 제시할 수 있다).

- 학습자들은 동료들과 함께 그림과 직업 이름을 잘 연결했는지를 확인한다.

- 교사는 학습자의 활동을 보면서 맞게 연결했는지 확인한다.

다음으로는 배운 어휘와 관련된 어휘를 조어 단위를 활용해서 확장하는 방법도 있다. 예를 들어, '값, -비, -금, -료'와 같이 돈을 의미하는 유사한 접사를 활용하여 어휘를 확장하는 연습을 할 수 있는데, 이러한 연습은 어느 정도의 기본 어휘가 확보되어야 한다는 점에서 중급 이상의 학습자가 연습하는 것이 바람직하다. 의미가 유사하더라도 결합하는 단어가 다르므로 변별적으로 학습할 필요가 있다.

[어휘 확장]

- **값**: 사고파는 물건에 일정하게 매겨진 돈의 액수
  (예) 몸값, 담뱃값, 책값, 찻값

- **-료**: '요금'의 뜻을 더하는 접미사.
  (예) 광고료, 대관료, 보험료, 보관료, 수강료, 수업료, 입장료, 주차료, 통화료

- **-금**: '돈'의 뜻을 더하는 접미사
  (예) 요금, 계약금, 기부금, 등록금, 벌금, 보상금, 보험금, 비상금

- **-비**: '비용' 또는 '돈'의 뜻을 더하는 접미사
  (예) 교통비, 교육비, 관리비, 등록비, 생활비, 식비, 숙박비, 외식비, 하숙비, 차비, 학비, 회비

한자권 학습자의 경우 자신의 모국어의 유사 접미사와의 대조 분석적 접근을 통해 그 차이를 점검해 보는 것도 좋은 방법이다. 같은 한자 접미사가 존재하더라도 결합되는 어근에는 차이를 보일 수도 있기 때문이다. 예를 들면, 중국이나 일본의 한자권 학습자들이 사람을 나타내는 접미사 '-인(人), -자(者), -가(家)' 등이나, '-장(場), -소(所), -원(院, 園)' 등과 같은 장소를 나타내는 접사군과 결합하는 단어들이 양 언어 간에 차이가 있는지를 확인해 보는 활동을 할 수 있다.

한편, 어휘 제시는 교재의 텍스트를 읽기 전에 제공할 수도 있고, 텍스트를 읽는 중에 제시할 수도 있으며, 텍스트 읽기가 끝난 후에 출현한 어휘에 초점을 두어 설명을 할 수도 있다. 우선, 어휘의 의미는 사전에 가르치는 것은 후행 과제 활동에 효과적이라고 알려져 있다. 후행 과제를 준비하기 위해 학습자들이 익숙하지 않다고 생각되거나 과제 수행에 중요한 역할을 하는 단어들을 미리 선택하여 가르치는 것은 효과적이다. 하지만 본문 읽기에 집중하면서 이해에 걸림돌이 되는 단어에 한해서만 해당 의미를 참고하는 방법도 있다. 마지막으로, 어휘를 미리 제시하지 않고 본문을 먼저 읽은 후 교사가 어휘를 제시하는 방법도 있는데, 이 방법은 읽는 과정에서 맥락에 따른 어휘를 유추하는 능력을 키워준다는 점에서 긍정적이라고 알려져 있기도 하다. 텍스트 읽기의 목적과 어휘의 특성에 따라 어떤 방법이 좋은지를 결정하여야 할 것이다.

어휘 제시는 목표 어휘뿐만 아니라 문법 설명과 과제 교수에도 필연적으

로 나타나는데, 교사는 학습자들에게 과제 지시, 문법 설명 등에 내포되어 있는 의도하지 않은 많은 단어들을 제공하게 된다. 아울러 수업 중에 다루어지는 어휘 중에는 목표 어휘는 아니지만 교수 중에 도구어로 사용되는 메타 어휘도 많다. 예를 들면 '동사, 조사, 현재 시제'와 같은 문법 용어나, '초대, 거절, 사과, 불만' 등의 의사소통 기능어, 그리고 '쓰시오, 답하시오, 채우시오, 연결하시오' 등의 과제 지시 어휘도 포함된다.

2.4 제시 어휘 수

학습자에게 제시되는 단어의 수는 한 번에 어느 정도가 적절할지를 고민해야 한다. 제시되는 단어의 수는 학습자의 능력을 초과해서는 안 되며, 특히 새로 제시되는 단어의 수는 그것들을 기억할 수 있는 학습자의 능력을 초과해서는 안 된다.[33]

한편 학습자의 능력을 넘어서는 많은 어휘 수를 제시하여 좀 더 많은 어휘 입력을 주자는 입장도 있다. 예를 들어 암묵 교수법이나 가속 학습과 같은 총체적 교육[34]으로 묘사되는 학습 방법에서는 많은 어휘를 제시하는 것에 찬성하는 입장이다. 이들은 이완과 암시라는 방법을 사용하면서, 학습자들에게 훨씬 더 많은 양을 입력을 제공하려고 하는데, 이러한 근거에는 전통적인 어휘 학습 방법이 학습자가 새로운 단어를 기억할 수 있는 능력을 과소평가했다는 믿음에 기반한다. 하지만 제시 어휘 수를 늘리는 방법은 좀 더 많은 실험 연구들이 보강되어야 하며, 다양한 학습자 변인과 학습 환경이 고려되어야 한다.

---

33) 교재에서 단어를 제시할 때는 한 번에 약 12개 내외의 새 단어에 한정해서 제한적으로 도입해야 한다는 연구도 있으나, 실험적으로 검증된 바는 없다.

34) 암묵 교수법(suggestopedia)은 편안한 학습 환경의 조성을 통하여 빠른 학습을 유도하는 교수법으로, 교사는 학습자와의 감정적 유대를 형성하고 학습자들이 학습에 대한 스트레스를 받지 않도록 분위기를 조성한다. 가속 학습(accelerated learning)이란 개인의 타고난 학습 능력을 긍정적으로 강화시켜 통합시키는 학습법으로, 분석적 두뇌와 정서적 두뇌 모두를 학습에 몰두시키는 원리를 교육에 적용하고자 한다.

2.5 어휘 제시 교실 활동

우선, 교사 주도의 형태를 통한 어휘 제시 활동을 살펴보자. 실제 가르치는 활동에는 다양한 방법이 있다.

- **듣고 구어 형태 주목하기**: 단어의 구어 형태를 강조하는 것은 단어를 기억하는 데 유용하다고 알려져 있다. 듣기 훈련을 통해 구어 형태가 포함된 간단한 덩어리 부분을 반복한 뒤, 목표 단어를 다시 명확하게 제시하는 방법이다.
- **음운 반복하기**: 목표 단어에 대한 교사의 반복을 통해 학습자는 단어의 음운론적 형태에 익숙해지게 된다. 흔히 '들어 보세요'라는 신호 후에 분명하고도 자연스러운 단어 발음으로 두세 번 반복하여 제시한다.
- **따라 하게 하기**: 구두청각 교수법의 일종으로, 학습자 개인이나 혹은 전체가 목표 단어를 반복하면서 습관화되어 암기하도록 하는 것이다. 때로는 목소리를 거의 내지 않고 입모양으로만 중얼거리게 하는 훈련도 가능하며, 교사의 지시에 따라 학습자가 스스로에게 자신의 속도에 맞추어 소리를 내어 중얼거리게 할 수도 있다.
- **칠판에 판서하고 옮겨 적게 하기**: 판서를 통해 목표 단어를 집중하게 하는 것은 교실에서 가장 많이 사용하는 방법이다. 학습자들로 하여금 판서한 내용을 인지하거나 옮겨 적게 하는 방법은 시각적 방법을 통해 단어의 발음과 형태를 동시에 익히는 방법이다.
- **들려주고 받아쓰기**: 목표 단어를 들려준 뒤 학습자로 하여금 받아쓰게 하는 듣기와 쓰기가 연계된 활동이다. 다만, 받아쓰기 활동은 발음과 철자가 일치하지 않는 단어는 부정적인 학습 효과를 낳을 수도 있으므로 반드시 옳은 철자를 확인하게 해야 한다. 쓰기에 익숙하지 않은 초급 학습자들에게는 이 방법이 다소 부담이 될 수도 있다. 교사가 단어를 들려준 이후에 명확하게 철자를 이어서 제시하는 것은 매우 중요한데, 단어의 의미에 대한 중요한 단서들은 발음보다는 철자를 통해 더 명확하게 분별되기 때문이다. 학습자들에게 철자 쓰기를 통해 단어의 의미를 확실하게 이해하는 방법은 유용한 전략으로 알려져 있다.

다음으로, 어휘를 제시하는 활동 중에 교수자의 설명만이 아닌 학습자가 참여하는 활동에 초점을 두는 것이 있다. 이러한 활동 중에 교사는 어휘 정보를 전달하는 전달자의 역할을 함에 반해 학습자는 수동적인 수용자의 역할을 하게 되기 쉬우므로, 어휘 제시와 이어지는 학습에서 학습자를 보다 적극적이게 할 필요가 있기 때문이다.

- **유도**: 주로 교사가 단어의 뜻을 제시한 다음 학생들에게 단어의 형태를 질문하는 방법으로 할 수 있다. 순서를 바꾸어 교사가 단어를 제시한 다음 학생들로 하여금 단어의 뜻이나 유사어를 답변하도록 하는 것도 방법이 된다. 즉 형태와 의미 중 무엇을 먼저 제시하고 나머지 하나를 이끌어내는가 하는 문제이다. 일방적인 설명이 아닌 유도를 하게 되면, 학생들은 자연스럽게 어휘 제시에 참여하게 되며 말할 기회를 가지게 된다. 또한 교사의 유도 활동은 학습자가 방심하지 못하게 하고 긴장을 늦추지 않게 하는 효과가 있다. 특히 수업에 소외되기 쉬운 사람들을 효과적으로 자극하는 좋은 방법이기도 한다. 유도 활동 뒤의 응답을 통해 학습자의 이해력 향상을 체크할 수도 있다.

하지만 유도가 습관화되거나 과용될 때의 문제도 있다. 흔히 잘 하는 학습자들만이 주도적으로 참여하고 나머지는 수동적으로 물러나 있을 수 있으며, 응답하기 어려운 상황에서 계속 교사가 원하는 답을 얻기 위해 유도한다면 학습자들은 좌절할 수도 있다. 아울러 교사가 실제로 답을 구하는 게 아니라 습관적으로 질문을 허공에 던지는 방식으로 운영한다면 교사와 학생 간의 진정한 유도 활동은 이루어지기 어렵다.

- **개인화**: 개인화는 학습자에게 개인적으로 실재한 맥락 속에서 새로운 단어를 이용하는 과정인데, 새로운 단어가 개인적으로 연관이 있는 어떤 의미를 표현할 때 단어 암기가 더욱 쉽다. 개인화의 방법은 학습자에게 새로운 단어를 사용하여 자신이나 가까운 사람에게 적용될 수 있는 실제 문장을 만들도록 요청하는 방식이다. 예를 들어, '친절하다'라는 단어를 배우면서 학습자 자신의 주변 사람 중 '친절하다'로 묘사할 수 있는 사람을 떠올리게 하거나, 한국에 와서 '친절함'으로 감동을 받았던 실제 상황을 떠올리게 한다.

개인화는 학습한 어휘의 의미를 장기 기억으로 가져가게 하는 효과가 있다. 새로운 단어를 사용해서 다른 학습자들에게 질문을 작성하도록 하거나 새로운 단어를 사용한 어휘 네트워크를 스스로 만들어 보게 하는 것도 방법이다. 예를 들어 음식 목록이나 교통수단 혹은 직업과 같은 어휘 목록을 가르칠 때는 개인적인 선호도에 따라 순위를 매겨 보도록 하는 활동을 할 수도 있다. 어휘를 제시하는 것만이 중요한 것이 아니라 제시된 어휘들이 학습자들에게 수용되어 기억될 수 있는 의미 있는 활동들이 이어지게 하는 게 더욱 중요하다.

마지막으로, 어휘를 제시하는 활동 중에 동료가 동료에게 서로 어휘를 교수하는 방법도 있다. 이른바 동료 간 어휘 제시 활동이다.

- **정보차 활동**: 짝 또는 소그룹의 학생들 간에 정보를 분배하여 서로 간에 어휘를 제시하는 방법이다. 과제를 완성하기 위해서는 학생들 간의 정보차를 채워야하기 때문에 학생들은 정보를 교환해야 하며, 단어의 의미에 대한 정보가 그룹의 각각의 학습자들에게 나뉘어져 있다면 서로 정보 교환을 통해 그 단어를 서로 가르쳐주게 된다.
- **소그룹 활동**: 학습자를 그룹별로 나눈 뒤, 소규모 그룹 내에서 어휘를 제시받아 그룹 간 소통을 통해 어휘를 학습하는 방법이다. 그룹 내 학습자들은 힘을 합하여 카드에 써 있는 단어들의 범주에 따라 어떤 기준에 따라 순위를 매기게 하는 활동을 할 수 있다. 또는 번역이나 단어의 정의가 적혀 있는 6~8개의 단어 리스트를 준 다음, 그 단어들을 이용해서 그룹 내의 전체 학습자들이 돌아가면서 완성된 이야기를 만들도록 하는 방법도 있다.

일방적인 교수자의 전달보다는 동료들과의 활동이 흥미를 가져올 수도 있고, 제시된 어휘를 장기 기억으로 가져가게 하는 효과를 낳을 수도 있다. 아울러 동료와의 활동 중에 리더 학습자를 통한 학습이 이루어질 수도 있으며, 소그룹 내에서 학습자들은 말할 기회를 더 많이 얻게 된다는 점에서도 효과적이다.

③ 어휘 교수의 기술

3.1. 어휘 교수의 방법

교사가 알아야 할 유용한 어휘 교수의 기술은 무엇인가에 대한 관심은 늘 있어 왔다. 하지만 교수 기술이 무엇인가를 생각하기에 앞서 이러한 기술을 교수 과정의 어느 부분에 활용할지를 결정하는 것도 매우 중요하다.

사실 단순한 어휘 교수의 기술 자체보다는 어휘 교수를 효율적으로 계획하는 일이 중요하며, 학습자가 가장 필요로 하는 어휘에 집중할 수 있도록 하고 학습자에게 필요한 어휘 학습의 기회가 균형적으로 제공되게 하는 것이 더 중요하다.

먼저, 효율적인 어휘 교수를 위해서는 아래의 네 가지 교수 방법의 균형적인 적용이 필요하다.[35] 아래 표에서 보듯이 의미에 초점을 두는 충분한 입력 활동과 의미에 초점을 두는 산출도 중요한 방법이지만 언어 형식 자체에 초점을 두는 직접적 교수와 이에 대비되는 유창성을 증진시키는 방법도 중요하다. 즉 어휘 교수에 있어서 의미나 형식, 입력과 산출, 정확성과 유창성 모두가 중요한 요소가 되므로, 각각의 요소를 고려해서 활동 유형을 결정해야 한다.

[표 3] Nation의 4가지 어휘 교수의 방법

네 가지 방법	활동 및 기술 예시
의미 초점 입력 (Meaning-focused input)	고급 숙달도 학습자용 읽기, 이야기 듣기, 의사소통 활동에 참여하여 어휘 익히기 등
의미 초점 산출 (Meaning-focused output)	쓰기 입력과 함께 의사소통 활동, 준비된 작문 등의 어휘 산출하기 등
언어 형식 초점 (Language-focused learning)	어휘 형태의 직접적 교수와 학습, 집중적 읽기, 어휘 전략 등의 훈련 등
유창성 증진 (Fluency development)	초급 숙달도 학습자용 읽기, 반복 읽기, 빠른 읽기, 쉬운 입력물 듣기, 예비 과제 활동, 10분 쓰기 등

다음으로, 교사의 어휘 교수의 기술은 학습자에게 어휘 사용의 전략을 훈련시키는 것과도 밀접하게 연계되므로 학습자의 전략에 대한 고려가 필수적이다. 학습자가 활용하는 어휘 사용 전략으로는 단어 카드 학습, 문맥에서의 추측 학습, 조어 단위 학습, 사전 사용하기 등의 전략들이 있다. 또한, 교사는 학습자의 현재 숙달도 정도에 가장 잘 맞는 어휘 학습 프로그램을 설계하는 것이 중요하며, 현재의 학습자에게 가장 효과적인 기술을

---

35) Nation and Stuart Webb(2011)

선택하여 활용하게 하고 이를 모니터링 하는 것이 중요하다.

또한, 성공적인 어휘 수업은 교사와 학습자의 상호작용에 의해 이루어지므로 교사는 효과적인 상호작용 기술을 개발해야 한다. 학습자를 대상으로 하여 교사의 적극적인 이끌어내기와 학습자의 적극적 동기 유발이 매우 중요하다. 즉, 교사와 학습자가 함께 문제 해결 활동에 참여할 때 어휘 습득은 확대되기 때문이다.

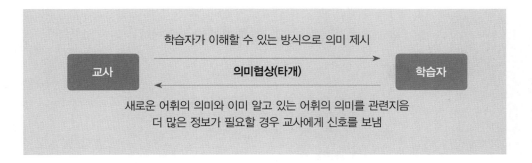

3.2 어휘 교수 기술 분석

교사는 스스로 기술을 사용할 것인가를 선택하고 가장 효과적인 기술을 활용할 수 있어야 한다. 많은 종류의 활동들이 있지만 모든 활동이 효과적이지는 않고, 교실에서 활동을 다 할 수 있는 시간적 여유도 많지 않다. 따라서 어떤 활동이 효과가 있는지, 왜 그 활동이 효과적인지, 어떻게 그 활동들을 더 발전시킬 수 있는지를 파악하는 것은 중요하다. 어떤 것이 효과적인 어휘 교수 기술이 될 것인가를 알기 위한 분석에는 몇 가지 방법들이 필요하다. 이에는 분석, 관찰, 비교의 세 가지 방법이 알려져 있다.

- 분석: 기술 분석, 개입 부담량 분석, 목표나 지표, 학습 조건을 설계하고 분석하는 방법
- 관찰: 학습자의 생각이 드러날 때, 어휘 학습 후에 학습자의 활동을 관찰하는 방법
- 비교: 어휘 학습 활동의 효능을 실험을 통해 비교하는 방법

분석

교사는 운영하고자 수업에서 가장 적절하고 효과적인 교수 기술을 분석한다. 교수 현장에서는 많은 어휘 교수의 기술들이 활용되는데, 문제는 어떤 기술들을 활용하는 것이 현재의 교실에 적합할 것인가를 고민해야 하며, 무엇을 선택한다면 그러한 어휘 교수의 기술이 어떤 면에서 효과적인지를 면밀히 고려해야 한다. 교수 현장에서 활용되는 효과적인 교수 기술에는 다음과 같은 다양한 활동들이 있다. 교사는 다양한 기술 중 어떤 기술이 학습에 가장 도움이 되는지에 대한 답을 알아내는 것이 중요하다.

- 빈칸 채우기, 글에서 단어 찾기, 단어 표 완성하기, 목표어로 글쓰기, 정오 (○ ×) 응답하기, 문장 바꿔 쓰기, 선다형 문제, 단어 카드, 읽고 맞는 것 고르기, 키워드 찾기, 읽고 이어 쓰기, 주석 보고 읽기 등

우선, 어떤 기술이 효과적인지를 분석하려면 '학습자 개입의 비중'을 살펴야 한다. 학습자가 얼마나 과제에 개입하느냐의 비중이 중요하다는 이 가설은 필요(Need), 탐색(Search), 평가(Evaluation)로 이어지는데, 학습자의 정신적 활동이 과제 수행의 질을 결정한다는 관점이다.[36] 학습자가 이루어내는 학습의 양은 학습이 일어나는 당시에 학습자의 머릿속에서 일어나는 정신적인 활동의 질에 따라 결정되므로, 학습자가 머릿속에서 학습의 요소들을 더 연상하여 연계하는 양과 질의 증가가 이루어지도록 교사의 정교한 과제 계획이 중요하다는 것이다. 보통 필요, 탐색, 평가의 세 단계로 구성하여 각각의 요인들을 중요도의 자질 등으로 표시하여 어떤 것이 더 비중이 있는지를 분석한다.

- **'필요' 단계**
  : 학습자가 모르는 단어가 반드시 과제 수행을 위해 필요한 단어인가를 살피는

---

36) '학습자 개입의 비중' 가설은(involvement load hypothesis) 가설은 Laufer and Hulstijn(2001)에서 제시된 것이다.

것이다. 필요는 학습 의욕을 유발하는 자질로 중요하다. 과제 설정의 주체가 교사이냐 학습자이냐에 따라 달라질 수 있으므로, 교사의 선택보다는 학습자가 요구하거나 학습자가 이해하고 사용하기 위해 필요한 경우가 더 중요한 요소가 된다.

- **'탐색' 단계**
  : 학습자가 새롭게 힘들여 알아야 하는 것인지 아니면 이미 알고 있는 단어인데 언뜻 생각나지 않는 단어들을 다시 상기하기만 하면 되는 것인지의 문제로, 전자의 경우가 더 힘들 것이다. 아울러 단어의 의미와 형태가 과제 활동에 이미 제시되어 있는지 혹은 학습자가 회상해야 하거나 목표 단어의 의미를 새롭게 찾아야 하는지에 따라 달라지는데, 이미 제시되어 있는 경우가 가장 쉽고 의미를 새롭게 찾아야 하는 경우가 가장 어려울 것이다. 따라서 탐색의 단계에서는 목표 단어에 대한 학습자의 친숙도 여부가 중요한 요소가 된다.

- **'평가' 단계**
  : 수행하는 과제가 다른 단어들과 비교하는 활동을 포함하는지 또는 맥락에 가장 알맞은 단어를 고르기 위해 뜻을 알아야 하는지 등의 문제와 관련된다. 학습자들이 어떤 단어나 단어의 의미를 사용할 것인가 결정해야 하는지 여부와 학습자들이 맥락 속에서 그 단어를 꼭 써야 하는지 여부에 따라 과제의 질은 달라진다고 본다.

다음으로, 체크리스트를 활용하여 구체적인 교수 기술 자질을 분석할 수 있다. 어휘 교수 기술을 디자인할 때 중요한 많은 자질들이 있는데, 아래와 같은 체크리스트를 통해 자질을 분석할 수 있을 것이다. 체크 리스트는 기준의 설정이 중요하며, 각 기준별 점수의 값은 기술들을 평가하는 데에 활용된다.[37]

- **동기 [Motivation]**
  - 어휘 학습의 목표가 있는가?
  - 활동이 학습에 동기를 부여하는가?
  - 학습자가 단어를 선택하는가?

---

37) Nation and Stuart Webb(2011)에서 인용

- 주목 [Noticing]
  - 활동이 목표 단어에 초점을 두고 있는가?
  - 활동이 새 어휘 학습에 주의를 기울이도록 하는가?
  - 활동에 의미협상(negotiation)이 있는가?
- 검색 [Retrieval]
  - 활동에 단어의 (머릿속) 검색이 있는가?
  - 생산적인 검색인가?
  - 기억을 상기(recall)하는가?
  - 각각의 단어들에 대한 다중적인 검색이 있는가?
  - 검색 사이에 간격이 있는가?
- 생성 [Generation]
  - 활동에 생성적인 사용이 있는가?
  - 생산적인가?
  - 다른 단어의 사용을 포함하는 눈에 띄는 변화가 있는가?
- 기억 유지 [Retention]
  - 활동이 형태와 의미를 성공적으로 연결시키는가?
  - 활동에 예시화(instantiation)가 있는가?
  - 활동에 이미지화가 있는가?
  - 학습에 방해가 되는 요소를 피하는 활동인가?

우선, 동기와 관계된 기준에 대해 구체적으로 살펴보면 아래와 같은 요소들을 고려할 필요가 있다.

첫째, 어휘 학습의 목표가 없다면 배울 수 있는 게 거의 없다. 만약 학습자들이 어휘 활동을 완수함을 통해 배우기 원한다면 그 활동에는 반드시 학습자들이 이 목표를 성취하도록 동기를 부여하는 분명한 어휘 학습의 목표가 있어야 한다. 둘째, 활동은 학습에 동기를 부여해야 한다. 즐거운 놀이 활동(예. 십자말풀이, 게임 등), 학습자들의 도전 의식을 불러일으키는 활동(예. 선다형 문제, 단어 연결 문제, 빈칸 메우기 등), 성공적인 학습의 중요성에 대한 관심을 고취하는 활동(예. 낱말 카드, 키워드 기술)들은 모두 학습의 동기를 부여하는 것들이다. 셋째, 학습자가 스스로 단어를 선택하는 것이 중요하다. 교수자로부터 단어가 교수되는 것은 바람직하지 않다. 단어에 대한 집중이 학습자가 글을 읽으면서, 낱말 카드에 넣을 단어를 고르면서 또는 진짜 실제 대화에서 이 단어를 사용하면서 생긴 강한 흥미의 결과이어야 한다.

　다음으로, 주목과 관계된 기준과 이와 관련되어 고려해야 할 요소들이다. 첫째, 활동은 목표 단어에 초점을 두어야 한다. 모르는 단어나 모르는 단어의 특징들의 중요성에 대한 관심을 높이는 것은 학습의 잠재력을 증가시킨다. 문맥에서 떼어놓고 고찰하는 학습, 강조하기, 밑줄 긋기, 맥락에서의 단어를 주석 달기를 통해 단어에 집중할 수 있다. 뿐만 아니라 학습자가 활동을 완수할 때 그 단어들에 주의를 기울이라는 요청을 하는 지시를 통해서도 단어에 집중을 시킬 수 있다. 둘째, 활동은 새 어휘 학습에 주의를 기울이도록 해야 한다. 목표 단어들의 중요성에 대한 인식을 높이는 것만으로는 어휘 학습이 일어나는 것을 보장하지 못한다. 학습자들은 단어에 관해 배울 무언가가 있다는 것에 지속적으로 신경 써야 한다. 글에서 단어를 마주하는 것, 여러 선다형 중 맞는 단어를 고르는 것, 맥락 안에서 단어들을 사용하는 것 그리고 실제 수행에서 향상을 보는 것은 모두 새로운 어휘 학습의 중요성에 대한 주의를 기울이는 데에 효과적이다. 셋째, 활동에는 반드시 의미 협상이 있어야 한다. 짝 활동에서 협상된 단어가 그렇지 않은 단어에 비해 더 잘 학습된다고 알려져 있다. 활동에 목표 단어가 포함되는 것이 잠재적인 협상을 증가시키는 방법이지만 그렇다고 늘 협상을 보장하지는 않으므로, 모르는 단어의 지식을 위한 활동도 협상을 이끌어 낼 수 있어야 한다.

　다음은 검색과 관계된 기준과 이와 관련되어 고려해야 할 요소들이다. 첫째, 활동에는 단어의 (머릿속) 검색이 포함되어야 한다. 성공적인 검색 활동은 단어의 지식을 더 견고하게 만든다. 수용적이고 생산적인 검색뿐만이 아니라, 재인식 검색(예. 선다형 문제, 매칭하기 활동)과 상기하는 검색 활동(예. 번역, 단어의 형태나 의미를 다시 상기하는 것), 단순 검색 활동과 다중 검색 활동, 일정 간격의 검색을 강화한다. 학습자들이 단어의 뜻을 검색하도록 하거나 단어의 형태를 각각 검색하도록 하는 활동은 바람직하지만 뜻과 형태가 모두 주어지면 유의미한 검색이 되지 못할 수 있다. 둘째, 생산적인 검색이 이루어져야 한다. 목표 단어가 제공되지 않는 십자말풀이와 말하기, 쓰기 활동은 생산적인 검색을 요구한다. 단어가 부분적으로 있는 표를 완성하는 것도 역시 생산적인 검색을 요구한다. 셋째, 활동은 기억을 상기시켜야 한다. 무엇을 선택을 하거나 듣는 활동을 통해 단어나 그 뜻이 검색될 때에, 학습자는 인식을 하게 된다. 그러나 기억으로부터 단어나 의미를 검색해야 할 때 상기 활동이 일어난다. 그래서 상기는 단순한 인식보다 더 많은 것이 요구된다. 넷째, 각각의 단어들에 대한 다중적 검색이 이루어져야 한다. 검색을 많이 하면 학습 효과가 더 크다. 예를 들어, 단어 카드로 학습하는 것은 단어의 다중적 검색을 포함하는 한 활동이다. 다섯째, 검색 사이에 간격이 존재해야 한다. 단어들이 검색될 때는 한 번에 연속적으로 검색하기보다는 일정한 시간적 간격을 두고 검색하는 것이 더 효과적이기 때문이다.

다음은 생성과 관계된 기준과 이와 관련되어 고려해야 할 요소들이다. 첫째, 활동에 생성적인 사용이 있어야 한다. 새로운 방향으로 사용되는 단어를 만나는 것(수용적인 검색)과 학습자가 이전에 경험하지 못한 방법으로 단어가 사용되는 경우(생산적인 검색)가 단어의 기억을 강하게 해준다. 예를 들어, 이전에 생각한 단어들을 포함하는 빈칸 채우기 활동은 수용적이고 발생적인 사용을 포함하지만, 문장 생산 활동은 생산적이고 발생적인 사용 활동이다. 둘째, 활동은 생산적이어야 한다. 생산적이고 발생적인 사용은 수용적이고 발생적인 사용보다 부담이 크지만 더 의미를 가진다. 생성은 전형적으로 문장의 맥락과 관계가 있지만 때로는 단어 차원에서 발생할 수도 있다. 셋째, 다른 단어의 사용을 포함하는 눈에 띄는 변화가 있어야 한다. Joe(1998)은 생성성의 규모를 아래와 같은 단계로 고안하였다.

0. 생성 없음: 기존 텍스트에 있는 것을 반복.
1. 낮은 생성: 작은 문법적이나 어미 활용적인 변화.
2. 중간 생성: 새로운 연어들과 함께 사용되거나 문법적 변화가 상당한 경우.
3. 높은 생성: 의미를 고심하여 만들거나 의미를 확장시키는 것, 의미를 확장시키는 새로운 연어들을 사용하는 것, 파생접사를 붙이거나 삭제하는 것.

마지막으로 기억 유지와 관계된 기준과 이와 관련되어 고려해야 할 요소들이다.

첫째, 활동은 형태와 의미를 성공적으로 연결시켜야 한다. 형태나 의미의 성공적인 검색은 형태와 의미의 연결을 강화한다. 반면에 오류는 학습에 효과가 없거나 부정적인 영향을 준다. 형태와 의미 모두를 제공하는 활동들은 오류의 가능성을 줄이지만 검색이 이루어지지 않는다. 따라서 형태와 의미의 성공적인 연결의 기회를 부여하는 그 자체가 중요하다. 키워드 전략(keyword technique)이나 단어 카드, 주석을 보면서 읽는 활동들은 모두 확실히 형태와 의미를 성공적으로 연결시킨다. 또한 사전에서 단어를 찾는 활동도 형태와 의미를 성공적으로 연결시키는 높은 기회를 제공한다. 반면, 선다형, 정오(O×) 문제, 빈칸 채우기와 같은 활동들은 높은 점수를 받을 수 없다. 둘째, 활동에는 예시화가 있어야 한다. 예시화는 단어의 사용 사례를 포함한다. 진짜 대화에서 사용되었을 예시들을 통해 활동한다면, 목표 단어는 진짜 대화 상황에서 사용할 수 있게 된다. 상황 속 예시를 통한 가상의 기억들은 나중에 유사 상황을 만났을 때 쉽게 기억에서 상기될 수 있다. 셋째, 활동에는 이미지화(시각화)가 있어야 한다. 이미지는 키워드 전략이 사용되는 동시에 단어의 의미와 관계가 있는 시각적 이미지를 포함한다. 단순한 형태 안에, 목표 단어가 들어 있는 문장으로 머릿속에 그림을 만든다. 예를 들어, 사전에서 찾은 예문을 시각화하는 것도 방법이다. 넷째, 학습에 방해가 되는 요소를 피하는 활동이어야 한다. 학습자가 모르는 어휘의 어휘장 속 단어들을 동시에 교수하는 것은 부정적인 영향을 보여준다. 가까운 동의어, 반대말, 옷의 하위 단어나 과일의 이름 등과 같이 비슷하고 관계가 있는 것들을 같이 배우는 것은 서로 관계가 없는 단어들을 같이 배우는 것보다 50% 이상 학습을 더 어렵게 한다. 학습자들은 한 어휘 세트 안에서 교차로 연상하는 경향이 있으므로, 이와 같은 간섭적인 어휘 세트를 학습하기 위해서는 반복을 더 많이 해야 한다. 반면, 어휘의 통합 관계에 있는 세트들은 같이 배우는 게 더 효과적이라고 본다.

　이러한 기술 자질 분석에도 약점이 있는데, 평가 기준들은 새로운 이론에 의해 변화해 가므로, 이들을 매번 반영하는 것은 쉽지 않다는 점이다. 또한 이미 알고 있는 단어에도 역시 여러 측면이 있고 그 여러 측면이 어휘 지식에 모두 동등하게 중요한 것도 아니라는 점도 문제이다. 따라서 이러한 기술 자질 분석은 이러한 특징을 다루지 못하는 한계가 있으며, 실제 사용을 통해 실험하거나 효과를 검증할 필요가 있다.

관찰

어휘 교수 기술의 향상을 위한 두 번째 방법으로는 학습의 목표, 학습 조건, 활동 등에 대해 면밀하게 '관찰'해 보고 이를 분석하여 교수에 반영하는 것이다.

우선, 교사는 교수 활동의 정보를 모아 어휘 교수의 기술을 점검하는 것이 중요하다. 또한 교수 활동이 일어나는 상황에서의 학습자들을 관찰하는 것이 필요하며, 학습자들과 그 교수 활동에 대해서 이야기를 나누는 것도 중요하다. 예를 들면 학습자에게 인터뷰를 통해 개별적으로 그 활동을 어떻게 했는지에 대해 질문하고 그들의 응답을 분석한다. 학습자들은 이런 인터뷰나 설문에 대한 응답을 하면서 회상을 하고 다시 한 번 학습의 과정을 성찰하게 된다는 점에서 의미를 가진다. 사후 인터뷰 결과를 보면 때로는 학습자들은 교사가 의도한 것과는 전혀 다른 활동을 한 경우도 있는데, 교실 활동에서의 문제점들을 파악할 수 있다. 교사는 읽기 과정에서 어휘 항목에 집중하기를 의도했으나, 학습자들은 읽기 중 내용 이해에 필요한 일부분만을 보고 어휘 항목 등 나머지 많은 부분은 무시했음을 파악할 수도 있다. 인터뷰 외에도 짝 활동이나 그룹 활동, 단어 게임과 같이 학습자 중심의 활동을 수행할 때, 교사는 이들의 수행 정도를 면밀히 관찰할 수도 있다.

다만, 관찰하면서 데이터를 수집하는 것은 약점이 있다. 어떤 현상이 관찰자의 존재의 영향으로 인해 부지불식간에 실제와는 달리 관찰되어지는 현상인 '관찰자 역설'과 관찰자의 선입견과 배경 지식이 데이터의 해석에 영향을 주는 것을 의미하는 '라소몽 효과'가 그것이다. 또한 실험에 참여한 개인이 자신이 관찰되고 있다는 사실을 아는 것만으로도 행동을 바꾸게 되는 참여자의 심리적 요소가 반영되는 '호손 효과'도 존재한다. 완벽하게 객관적으로 관찰하는 게 가능하지 않으므로, 이에 대한 해석에 다소의 위험이 따른다.

비교

어휘 교수 기술의 향상을 위한 세 번째 방법은 학습자의 어휘 학습 활동의 결과를 '실험'을 통하여 비교 분석하는 방법이다. 어느 한 방법이 다른 방법보다 더 효과적인 방법이라는 것을 결정할 때, 실험을 통해 그것들을 모두 시도해보고 무엇이 가장 효과적인지 결과를 비교해 보는 것이다.

실험 연구는 연구 질문을 설정하고 가설을 세운 뒤 실험을 통해 가설의 효과를 점검할 수 있다. 실험은 다른 요인들에 영향을 받지 않는 독립 변인과 가설로부터 무엇을 배웠는지 비교하고, 실험을 통해 측정되는 종속 변인으로 구성해야 한다. 독립 변인은 다른 변인에 영향을 주는 변인을 말하며, 종속 변인은 영향을 받거나 의존하는 변인, 즉 독립 변인에 의해 변화되는 변인을 말한다. 실험에서는 실험자가 조작하는 변인이 독립 변인이 되고, 실험자의 통제 아래 있지 않은 변인이 종속 변인이 된다. 연구에서 연구자의 주된 관심사는 독립 변인이 종속 변인에 미치는 효과이다.

따라서 사전과 사후 실험의 경우, 실험의 처리는 독립 변인만 달라야 하고 나머지는 모두 같아야 하는 것이 가장 중요하다. 우선 참가자는 동일한 사람들이거나 성별, 나이, 동기부여, 배경 지식, L2 능력, 피로도, 실험에 대한 지식 등의 요인에서 서로 비슷한 사람들로 구성되는 것이 중요하다. 아울러 물리적 조건들 – 소음의 양, 조명, 이용 가능한 공간 등– 도 동일해야 한다. 아울러 사전, 사후 처리에 관련된 어휘의 특징은 매우 비슷해야 하며, 각 처리에 소요되는 시간이나 점수화되는 방법도 모두 정확히 동일해야 한다.

하지만 이렇게 모든 변수들을 통제하면 사실 이것은 실제 교육 현장의 실제의 모습을 반영했다고 보기는 어려운 측면이 있다는 문제점도 있다. 그야말로 실험을 위한 실험이 되어 소위 생태학적 타당도가 매우 떨어질 수 있다. 이는 실험 연구가 가지는 근본적인 한계일 수도 있는데, 이러한 이유로 실험 자체가 아무리 완벽해도 설정된 실험의 결과가 실제 언어 교육에의 적용에 이어지는 효용성은 매우 미약할 수 있다.

④ 어휘 교수학습 모형

4.1 의도적 어휘 학습과 우연적 어휘 학습

의도적 어휘 학습은 학습자가 의도적으로 마음먹고 어휘 학습에 집중할 때 일어난다. 이에 반해 우연적 어휘 학습은 의사소통 목표가 텍스트의 이해나 메시지의 전달 같은 다른 것에 있지만 이러한 활동 중에 어휘를 익히게 되는 것을 말한다. 의도적이냐 우연적이냐 하는 것은 인식과 주의 집중을 근거로 구별하지만 엄밀한 구분은 쉽지 않다. 의도적 학습과 우연적 학습을 구별하는 이유는 둘 간의 어휘 학습 효과와 학습량을 비교하여 살펴볼 수 있기 때문이다.

우선, 의도적 학습은 우연적 학습보다 같은 기간 내에 더 빠르게, 더 많은 어휘를 학습할 수 있다고 알려져 있다. 정해진 시간 동안 학습된 어휘를 측정할 수 있다면, 의도적 학습을 수행하는 데에 드는 시간과 비교해서 어느 쪽이 더 빠를 것인가를 계산할 수도 있을 것이다. 이를 확인할 수 있는 방법은 읽기처럼 의미 중심 과제 중에 일어나는 모든 학습을 계량화하는 것이다. 여기에는 어휘 지식, 읽기 기술, 문법 지식 등이 포함되는데, 모든 학습을 고려할 때 의도적 학습이 우연적 학습보다 더 나은 결과를 얻을 수 있을지는 미지수이다. 흔히 언어 형태 중심의 수업은 짧은 시간 동안에 많은 양의 학습을 하게 된다고 알려져 있지만, 사실 진정한 어휘 습득으로 이어지는가에 대한 근거는 단편적일 수밖에 없기 때문이다.

다음으로 우연적 어휘 학습은 읽기 기술, 문법 특성 학습, 다단어 단위 학습 등의 동시에 진행되는 다른 학습을 함께 일으킬 가능성이 많다. 왜냐하면 일반적으로 의도적 학습에 비해 우연적 학습은 암시적 지식을 불러일으킨다고 보는 시각이 많기 때문이다. 암시적 지식은 일반적인 언어 사용에 필요한 지식으로 무의식적이고 유창한 사용이 가능하며, 기존 단어에 통합되는 지식을 만들어낸다. 예를 들면 학습자가 언어 사용에 집중하고 있을 때 우연적 어휘 학습이 일어나고 우연적 어휘 학습은 잠재의식에서 일어나기 때문에 암시적 지식을 불러일으킨다.

이렇듯 의도적 어휘 학습과 우연적 어휘 학습을 구별하는 것은 보기보다 간단하지 않다. 학습 의도는 학습할 어휘에서 수행되는 과정의 일종으로 학습에 영향을 미치는 중요한 조건이 아니며, 오히려 학습이 의도적인지 아닌지 보다는 학습자가 단어를 가지고 무엇을 하는지가 더 중요하다고 볼 수 있다. 즉 얼마나 학습자 스스로가 해당 단어에 비중을 가지고 관여하느냐가 더 중요하다는 의미이다.

4.2 다독을 통한 어휘 학습

다독을 통한 어휘 학습은 우연적 어휘 학습의 대표적 사례이다. 읽기를 통한 어휘 학습은 교육 과정에서 매우 중요하며, 의미에 초점을 둔다는 점에서 학습을 위해 유용하다. 따라서 잠재력과 학습을 향상시키는 의미에 초점을 둔 어휘 학습에 대해 주목할 필요가 있다. 아울러 정규 수업 외에도 학습자 스스로 읽기를 통한 어휘 학습을 지속적으로 유지할 필요가 있다.

직접적인 어휘 교수와 더불어 텍스트를 통한 어휘 학습의 효율성은 중요하며, 특히 긴 시간을 통한 어휘 성장이라는 관점에서 보면 우연적 어휘 학습은 매우 중요하다. 학습 과정에서 만나는 어휘는 한 번의 학습으로 그 지식 전반을 습득하지는 않더라도 계속해서 어휘들을 만남으로 해서 실질적인 어휘에 대한 지식을 증가시켜 가게 된다.

이에 학생들이 수업에서뿐만이 아니라 교실 밖에서도 가능한 많은 책을 읽을 수 있도록 하기 위해 교사는 폭넓은 주제의 다양한 자료들을 사용하는 것이 좋다. 또한 학생들은 자신들이 읽고 싶은 것을 선택하고 그것들에 흥미를 잃었을 때 자유롭게 중단할 수 있어야 한다. 읽기는 자신의 속도에 따라 개별적으로 소리를 내지 않고 수행되며, 교실 밖에서도 자신이 선택한 시간과 장소에서 수행될 수 있어야 한다. 읽는 속도는 보통 학생들이 쉽게 이해할 수 있는 책이나 다른 자료를 읽을 때보다 느리지 않고 오히려 더 빠르게 이루어져야 하며, 교사들은 학생들이 읽는 것을 계속 확인하여 최대의 효과를 얻도록 이끌어야 한다. 텍스트를 읽을 때 일어날 수 있는 어휘 학습의 모든 다양성을 포착할 필요가 있다. 즉, 새로운 단어 학습뿐만 아니라 이전에 읽을 때 부분적으로 알았던 단어의 강화와 성숙도를 산정해야 하며, 텍스트를 읽을 때 진행되는 우연적 어휘 학습량에 대한 정보, 충분한 어휘 성장이 이루어지기 위해 필요한 독해량 등을 더 정확하게 측정할 필요가 있다.

실제로 어휘 학습에 읽기 프로그램을 이용하는 사례는 많지 않은데, 일부 학생들은 흥미를 느끼지 못하는 경우도 많기 때문이다. 따라서 효과적인 다독을 위해서 학생들에게 독서를 즐기도록 격려하고, 학습자가 의미를 이해하려고 과도하게 분석하거나 모르는 단어를 찾아보려고 할 때 그럴 필요가 없음을 알려줄 필요가 있다. 읽기 자체가 보상이 되며 읽기 후 뒤따르는 후속 활동을 할 필요가 없다. 그리고 읽기 자료는 어휘와 문법에 있어서 학생들의 언어 능력을 넘지 않는 것이 좋으며 단어를 찾기 위해 지속적으로 멈추는 것은 유창한 읽기를 어렵게 하기 때문에 읽는 동안 사전은 가능한 사용되지 않는 것이 좋다.

4.3 맥락 단서를 통한 어휘 학습

단어를 추측한다는 것은 단순 어휘 학습뿐 만이 아니라 텍스트 이해에도 영향을 끼치며 이러한 현상은 듣기와 읽기에서도 나타난다. 맥락의 단서들을 통해 파악하는 제2 언어 학습자들의 단어 유추 능력은 중요하다. 단어를 추측한다는 것은 꼭 정확한 의미를 짚어내는 것을 의미하는 것이 아닌 맥락상 어울리는 구조를 찾아내는 것을 의미한다. 즉 단어의 본 의미를 학습하는 것보다 의미를 근접하게 이끌어내는 것에 집중하는 것이다.

맥락 속에서 우연히 새로운 단어를 발견하여 학습하는 과정은 모어 화자들의 단어 학습 팽창에 굉장한 도움을 준다. 하지만 외국어 학습자들은 그러한 기회를 얻기 쉽지 않으므로 우연한 어휘 학습을 하고 싶다면 특별한 환경을 조성해야 한다. 맥락 내에서 단어의 의미를 이끌어 내는 능력은 읽기에 있어 필수적인 기술이고 새로운 단어를 만났을 때 이해하기 위한 필수적인 전제 조건이다. 이에 학습자들은 단어의 의미를 추측해 내기 위해서는 텍스트가 제공하는 다양한 정보에 집중해야 한다.

맥락 내 추측은 보통 단어를 처음 보는 것을 의미한다. 하지만 대부분의 추측은 이미 학습자가 단어와 이전에 몇 번의 만남을 통해 부분적 지식을 형성하고 있는 경우가 많다. 학습자들이 맥락을 통해 정보를 얻는 과정을 보여주는 방식은 아래와 같다.

- **짝을 지어 소리 내어 생각 말하기**: 두 학습자가 함께 의미를 추측하는 방식으로 두 명이서 함께 의견을 주고받으면서 추측하는 방법이다.
- **개인적으로 소리 내어 말하기**: 학습자 혼자 추측하는 동안에 이를 밖으로 소리 내어 말하는 방식이다.

● **인터뷰 하기:** 연구자가 단어에 대해 학습자를 인터뷰하는 방식이다. 학습자가 글을 읽는 도중에 '단어 품사가 무엇이죠? 긍정적인가요? 부정적인 의미인가요? 단어가 어떤 종류의 의미를 지니고 있나요?'와 같은 질문을 던짐으로써 학습자들이 얻은 다소의 정보들을 구체적으로 이끌어 낼 수 있다.

　맥락 내 단어의 의미가 무엇을 나타내는지를 추측하는 활동은 발화 맥락과 비발화 맥락 모두에서 가능하다. 우선 발화 맥락은 맥락에서 찾을 수 있는 것들은 문법적인 것이나 의미론적인 것들인데, 이들은 단어의 의미를 유추하는 단서가 된다. 비발화 맥락에서의 상황적(위치, 시간, 화자, 작가, 주제), 묘사적(이전의 정확한 주제), 대상(주제의 배경지식), 전반적(세상의 배경 지식)인 요소들도 유추의 단서가 될 수 있다. 하지만 비발화 맥락의 맥락 정보들은 학습자들로 하여금 추측을 더 쉽게 만들 수는 있지만 결과적으로는 이를 통한 어휘 학습이 기억에 잘 안 남을 수도 있는 문제가 있다.

　추측의 성공률은 학습자의 숙달도에 따라 많은 영향을 받을 수 있으며, 학습자가 모르는 단어의 밀집도 또한 주요한 요소가 된다. 숙달도에 따라 읽기에의 이해력은 달라지므로 읽기 전략 역시 추측에 있어 중요한 변수가 된다.

제 9 장

어휘 학습과 교재

① 교실에서의 어휘 입력 자료

학습자가 접할 수 있는 어휘 입력 자료는 다양하다. 단어장부터 시작해서 교재, 사전 등에서 어휘 목록을 만날 수 있으며, 수업 중 교사나 동료 학습자로부터도 입력을 얻을 수 있다. 학습에 기본이 되는 필요한 문턱 어휘는 약 2000~3000 단어 정도라고 알려져 있다. 이를 달성하기 위해서는 풍부하고 의미 있는 어휘 학습이 필요하다. 많은 단어들은 과제 활동을 통하여 학습되기도 하고 우연히 선택되기도 한다. 어휘 학습은 학습 목적으로 활동 학습을 위해 선정된 단어들로 구성되는 것이 좋으며, 어휘의 노출을 통해 부수적인 어휘 학습이 이루어지도록 고안한 학습의 개발이 중요하다.

1.1 어휘 목록집

어휘 목록은 전형적인 활동 학습을 위한 어휘 목록집으로 단어장이라고도 불린다. 단어의 나열과 설명을 기본으로 하는 전통적인 형식의 자료이다. 어휘 목록은 학습자 스스로 구성할 수도 있고 수업 활동 중에 제시될 수도 있다. 짧은 시간에 집중적으로 학습할 수 있다는 점에서 경제적인 자료이다. 많은 단어를 짧은 시간에 배울 수 있고 편리하게 모국어 해석과 함께 단어의 의미를 파악할 수 있다는 점에서 초급 학습자들이 즐겨 사용한다. 단어 카드 사용은 단어 형태와 의미를 학습하기(혹은 L2 단어 형태를 L1 의미로 연결하는 학습) 위한 매우 효과적인 방법이다. 이러한 어휘 목록은 책자 형태일 수도 있지만, 개별 단어별 카드의 형태로도 제작되어 활용될 수 있다.

어휘 목록집이나 단어 카드는 학습의 초기에 대단히 넓게 사용되는 어휘 학습의 자료이다. 짧은 시간에 매우 간단하고도 효과적인 학습 방법이 될 수 있어 널리 사용되며, 학습을 위한 초기의 다량의 단어량이 필요할 때 주로 사용되는 효과적인 방법이며 널리 사용되는 전통적인 방법이다.

하지만 단어 목록을 활용하는 의도적인 어휘 학습을 부정적으로 보는 견해가 우세하다. 어휘에 대한 이러한 의도적인 학습은 단어를 고립시키고 실제적인 언어 사용을 통한 학습의 기회와 연계되지 않는다는 점 때문이다. 보통 어휘 목록집 속의 단어들이 체계적으로 선정되고 배열되었다기보다는 학습의 과정상에서 단순히 모아진 목록일 가능성이 높다. 이런 점 때문에 어휘 목록들은 애초에 유용성, 빈도성, 어휘장에 대한 의미 있는 접근을 바탕으로 하지 못했다는 한계가 있다.

흔히 학습자들은 단어 카드로 학습하면서 모르는 것과 아는 것으로 단어 카드를 구분한 뒤, 다시 모르는 단어들에 집중하는 방식을 취하기도 하는데, 이것은 시간을 절약시켜 주기는 하지만, 빨리 학습된 단어는 더 어렵게 배운 단어보다 더 적은 반복이 이루어진다는 점에서 상대적으로 안정되지 않은 학습의 형태로 볼 수 있다.[38]

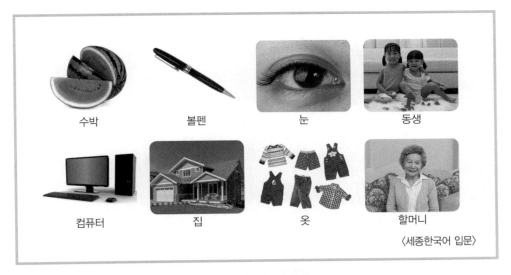

수박   볼펜   눈   동생

컴퓨터   집   옷   할머니

〈세종한국어 입문〉

[그림 2] 세종한국어 입문

또한 단어 카드를 사용하여 학습을 하다 보면, 개별 단어의 학습이 진정으로 이루어진 것인지, 단순히 목록에 순서에 따라 다음 단어를 생각나게 유발하는 것인지(부정적인 순차 효과)를 구분할 수 없다는 단점이 있다. 물론 이러한 부정적인 순차 효과를 예방하기 위해서, 이들 단어 카드의 순서

---

38) 처리 이론(processing hypothesis)의 단계는 덜 접하고 쉽게 배운 단어들을 덜 안정되게 학습한다고 예측한다.

배열을 뒤섞어 단순한 순차 효과를 해결하려는 노력도 있지만, 여전히 진정한 어휘 학습이 이루어졌는지에 대한 의문이 남을 수 있다.

따라서 어휘 목록집은 이러한 장단점을 고려하여 학습에 효율적으로 활용해야 한다. 우선, 이러한 의도적인 단어 학습이 실제 언어 사용으로 넘어갈 수 있느냐를 고려해야 한다. 왜냐하면 단어 카드를 사용하는 것은 단어의 형태와 의미로만 학습의 범위를 제약하여, 단어의 통합적인 학습이 이루어지지 못해 실제적인 사용으로 연계되지 않기 때문이다.

단어 카드를 효율적으로 사용하기 위해서는 단어 카드의 활용 방법에 대한 다양한 측면을 고려해 보다 효율적인 방법을 고안해야 한다. 예를 들면, 단어 카드를 통한 학습이 암묵적인 지식에 기여하는지 아닌지, 단어 카드의 활용에 학습자의 L1 번역을 활용하는 게 유용한지[39] 등에 대한 적용 사례를 쌓을 필요가 있다. 또한 단어 카드를 만드는 주체가 학습자들 스스로가 되어야 하는지, 아니면 만들어져 있는 것을 쓰는 것이 나을지도 고려해야 한다. 단어 카드를 통한 학습을 어느 정도 반복해야 하는지와 어느 정도의 반복 간격이 적절한지에 대한 문제와, 종이 카드가 효율적인지 아니면 단어 카드와 유사한 컴퓨터 프로그램을 활용하는 것이 더 효용이 있는지 여부에 대한 다양한 검토도 필요하다.

1.2 교수자 언어

교사의 언어는 아주 생산적인 단어 학습의 자료가 된다. 수업 중 교사의 발화 시간은 반 이상을 차지한다는 연구가 있다. 그만큼 수업에서의 교사 언어의 비중이 크다는 의미이다. 학습자를 고려한 교사의 발화 속도는 일반인과의 대화보다 느리며, 보다 길게 휴지를 두며 보다 또렷하게 말하고자 하는 경향이 있으므로 학습자들에게는 유의미한 자극이 될 수 있다. 학습자 숙달도에 맞추어 어휘나 문법 수준을 조정하거나 자주 반복하기도 한다. 교사들은 학습자들에게 직접 질문을 통해 수업을 이끌기도 하고, 목

---

39) 만약 학습자가 중급이나 고급 학습자라면 모국어 번역(L1)이 아닌 목표어의 의미 풀이를 적극 활용할 수 있을 것이다.

표 어휘를 활용한 개인적 경험 소개나 주말 활동 소개 등의 교사 자신에 대한 짧은 일화를 직접 얘기해 줌으로 해서 향후 학습할 내용과 연계하기도 한다.

수업에서 제시되는 교사의 발화는 유용한 대인 관계, 회화 언어의 자료가 될 수 있다. 학습자들은 교수자의 언어에 특히 주목하기 때문에 수업 중 노출되는 교사의 언어는 매우 좋은 입력 자료가 된다. 아래와 같은 예문들은 실제 회화에서도 활발히 활용될 수 있는 예시들이다.

- 주말 잘 보냈어요?, 오늘 날씨가 아주 덥네요. ○○씨 아침/점심 드셨어요?

또한 수업의 방법이나 절차를 제공하는 힌트가 있어 아래와 같은 구 단위 담화 표현들이나 문장들을 숙지하여 학습하면 효율적 수강이 가능하다.

- 자 이제 …, 지금부터 배울 것은 …, 다음 시간에는 …
- 다 끝났어요? 다시 시작해 볼까요?

수업 중에 교사가 어휘를 제시하는 과정에서, 설명에서, 대화를 하거나, 학습자의 이해를 점검하는 다양한 영역에서, 자연스럽게 어휘가 노출된다. 교사는 아래와 같이 수업의 다양한 영역에서 어휘 제시의 자극을 줄 수 있다. 교사들이 칠판에 판서하는 어휘들은 형태 인식에 매우 도움을 주게 되며, 복습이나 숙제를 통해 제시되는 어휘는 어휘 기억하기에 도움을 준다. 이렇게 교사를 통해 제시되는 어휘들은 매우 중요한 단어로 인식되어 학습자로 하여금 장기 기억으로 가져가게 하는 장점이 있다.

- 제시: 선생님은 어제 저녁을 먹고 사과를 먹었어요. 수박도 먹었어요. 사과, 수박 알아요? 오늘은 과일에 대해서 공부해요.

- 설명(예시): 사과는 달고 맛있어요. 수박은 크고 무거워요.

- 대화 이끌기: ○○씨, 친구 생일 선물로 무엇을 샀어요?

- 이해 점검: 그래요. ○○ 씨는 수영을 좋아해요. 테니스를 싫어해요. '-어하다'로 말해 보세요.

어휘 연습 활동 중의 교사 언어도 어휘 학습에 도움을 줄 수 있다. 예를 들어, 교사는 목록 내의 순서와 관계없이 단어들을 읽고 학습자들은 들은 단어들을 체크하면서 소리와 문자 형태를 맞추어 보는 활동을 수행할 수 있는데, 이러한 활동을 학습자 간에 짝을 이루어 지도할 수도 있다. 또한 교사가 번역어를 주면 학습자들은 모국어 번역을 가리고 상응하는 한국어-모국어 단어에 체크하는 활동들을 할 수도 있다. 학습자들은 교사로부터 들은 단어들을 학급 동료에게 설명하는 연계 활동도 할 수 있다.

하지만 수업 중에 어휘의 제시와 학습에만 많은 시간을 할애하기 어려운 한계가 있어 교수에의 적용이 쉽지 않다.

1.3 동료 학습자 언어

동료 학습자의 산출 어휘도 학습자들에게는 주요한 어휘 입력 자료가 된다. 학습자들은 종종 자신들의 발화와 비교하여 다른 학생들의 말에 더 주의를 기울이기 때문에 동료들의 산출 어휘는 어휘 학습에 큰 영향을 주기도 한다. 흔히 학습자들은 수업 활동 중에 동료들이 제기한 주제와 관련된 단어들을 더 많이 기억하므로, 이를 적극 활용하여 상호 간의 대화를 이끌도록 하는 방법도 어휘 교수에 효과적이다.

교실에서 이루어지는 짝 활동이나 그룹 활동을 통한 어휘 학습은 동료 학습자의 언어에 주목하게 하는 대표적인 활동들이다. 동료 간 어휘 학습 활동으로는 3, 4그룹으로 나누고, 시간제한을 두어 어떤 주제(음식, 범죄, 예술 등)와 관련된 단어들을 할 수 있는 한 많이 찾아내게 하여 단어들을 공유하는 브레인스토밍 방법이 있다. 각 그룹에 서로 다른 주제를 주고 이를 서로 공유하는 방법도 있다. 큰 주제에 딸린 세부 주제들을 팀별로 나누어 해당 주제에 어울리는 단어들을 조사하게 하고, 이를 다시 전체에 공유하는 방식이다. 예를 들어 음식을 주제로 삼으면, 조별로 음식 재료, 음식의 종류, 만드는 방법 등을 조사하게 하고 한 팀이 조사한 음식을 만드는 데 사용되는 동사(끓이다, 부치다, 썰다, 볶다 등)들의 목록을 다른 팀들도 공유하게 하는 방식으로 활동을 진행할 수도 있다. 이러한 수업은 어휘 공유 활동도 가능하지만, 사전 조사를 통해 개인이나 팀별 발표의 형식으로 진행하여 말하기 활동과 연계할 수도 있다. 이러한 학습 활동은 주제를 통한 어휘 확장을 가능하게 한다는 장점이 있다.

동료 간 어휘 학습 활동	3-4그룹으로 나누고, 시간제한을 두어 어떤 주제와 관련된 단어들을 할 수 있는 한 많이 찾아내게 하여 단어들을 공유하는 브레인스토밍
	각 그룹에 서로 다른 주제를 주고 이를 서로 공유하는 방법
	큰 주제에 딸린 세부 주제들을 팀별로 나누어 해당 주제에 어울리는 단어들을 조사하게 하고, 이를 다시 전체에 공유하는 방법

음식 ← 음식 재료 / 음식 종류 / 만드는 방법

단어 상자(단어 가방)를 활용하여 어휘를 학습하게 할 수도 있다. 학습자들이 저마다 새롭게 익힌 단어들을 카드에 넣어 단어 상자에 넣게 하고, 다음 수업 시간을 시작할 때 교사가 상자에서 단어를 꺼내어 새로운 단어를 활동과 연계시키는 활동이다. 예를 들어 학습자들이 고른 단어를 가지고, 한 명씩 단어를 정의하는 활동이나 번역하는 활동을 하거나 그 단어가 들어가는 문장을 만들도록 하는 활동들로 유도할 수 있다. 다른 학습자들이 넣은 단어도 함께 학습된다는 점에서 어휘 확장의 기회가 된다. 정기적으로 단어 상자의 단어 카드 중 이미 학습되어 더 이상 필요 없는 카드들은 버리게 하여 일정한 단어의 수를 유지하게 한다. 이러한 수업 중 활동을 통해 전달되는 동료 학습자들의 어휘는 혼자 어휘를 암기하는 것보다 장기 기억으로 가져가는 데에 효과적이다.

아울러 수업의 단원과 연계하여 학습자들에게 수업 시간에 나온 단어

들의 목록으로 만들게 하고, 수업 전 서로의 단어 목록을 가지고 상호 테스트하는 어휘 복습 활동을 하거나, 교재의 이전 단원에서 나온 단어들의 목록을 누적하여 단어 목록장을 만들게 한 뒤, 기억하기 어려운 단어들을 서로에게 질문하는 방식으로 어휘 기억하기 전략을 구사하게 할 수 있다.

1.4 교재 속 어휘

교재 속에 제시된 어휘는 가장 풍부한 어휘 입력 자료이다. 수업 중에 가장 많이 사용되는 통합적인 교재는 어휘 학습만을 위한 단독 교재가 아니라, 말하기, 듣기, 읽기, 쓰기의 의사소통 기능을 중심으로 구성되어 있다. 비록 어휘 학습만을 목적으로 하지 않았더라도 이러한 의사소통 기능을 학습하기 위한 자료에는 새로운 어휘가 포함되기 마련이므로 자연스럽게 어휘 학습 활동이 이루어진다.

우선, 새 어휘는 한국어 교재 속에 주석으로 제시되는 경우가 있는데, '새로 나온 어휘'의 형식으로 보통 페이지의 하단이나 옆단에 주석의 형태로 제시된다. 어휘는 독립된 영역이 아니고 교재의 대화문, 문법 연습이나 말하기, 듣기, 읽기, 쓰기의 의사소통 활동에 종속되어 학습 비중도 상대적으로 낮으며, 별도로 다루어지지 않기도 한다. 주석 형태의 어휘 제시는 어휘 학습 자체에 목적을 두고 있지 않으므로, 실생활과 관련한 상황별, 주제별 어휘들을 체계적으로 학습하기는 어렵다. 대화문이나 의사소통 기능 영역 안에서 노출되는 어휘는 임의적으로 나타나는 경우가 많으며, 이로 인해 한 단원의 주제를 드러내는 데에 필수적인 어휘를 체계적으로 학습하는 데에 한계를 가진다.

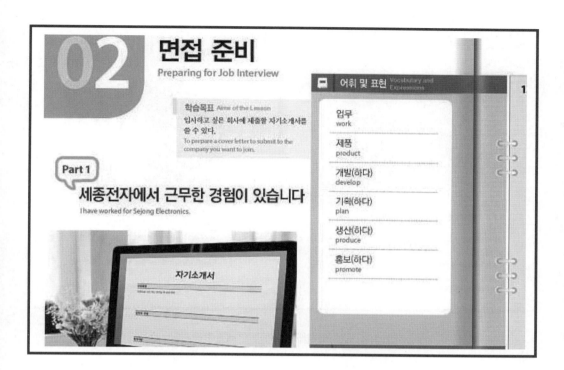

[그림 3] 비즈니스 한국어, 세종학당재단

이에 반해, 어휘를 독립적 학습 영역으로 삼아 교재 내에 어휘 코너를 별도로 제시하는 교재도 있다. 본문을 배우기 전에 어휘를 따로 제시하거나, 본문과는 별개로 단원의 주제와 관련된 어휘를 모아 어휘장의 형태로 제시하기도 한다. 어휘의 목록만을 제시하는 경우도 있고, 번역어나 사전적 풀이, 함께 나타나는 연어 구 등을 포함하기도 한다. 어휘장으로 제시하는 경우에는 어휘 간의 관계를 드러내기 위해 그림을 이용하기도 한다.

하지만 이렇게 어휘를 독립된 학습 영역으로 제시하는 경우에도 의미 있는 연습 활동은 배제되는 경우가 많다. 설사 어휘 연습 활동이 있더라도 문장 또는 대화 완성하기 등 어휘의 의미 이해에 초점을 둔 제한된 유형의 연습 활동 정도에 머물 뿐 어휘의 장기 기억이나 사용 능력으로의 전이를 위한 의미 있는 연습 활동은 많지 않다. 이는 비록 어휘에 독립 페이지를 할애했더라도 전체 교재의 비중에 많은 분량을 할애할 수 없는 제약 때문으로 보인다.

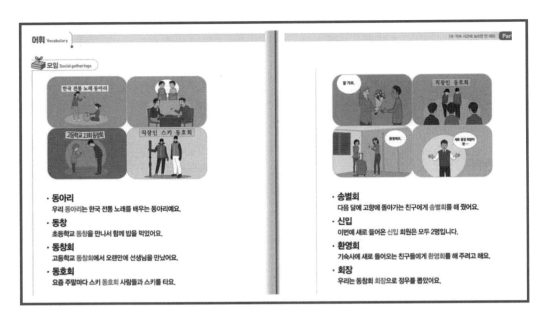

[그림 4] 사이버 한국어 중급 1, 세종학당재단

② 어휘 학습 전용 교재

2.1 독립 교재로서의 어휘 교재

어휘는 통합 교재 내에서 교수요목상의 일부로 제시될 수도 있지만, 별도의 어휘 교재로 학습하는 경우도 많다. 이주민 학습자, 학문목적 학습자와 같은 특정 목적(혹은 대상) 학습자가 증가하면서 실생활에서 사용할 어휘에 요구가 증가하였고, 이에 따라 자가 학습 혹은 보충 학습과 연계할 수 있는 어휘 교재가 늘고 있다. 어휘는 학습자가 많은 시간과 노력을 투자해야 할 체계적이고 지속적인 학습을 필요로 하는 영역이라는 점에서 학습자의 자율적인 어휘 학습을 이끌 보충 교재의 활용은 중요하다. 학습자의 측면에서 볼 때 어휘 능력이 일정량의 암기 학습과 반복 학습 등 학습자 자신의 꾸준한 노력과 체계적인 어휘 확장을 통해 신장되는 것임을 전제할 때 그러한 학습 과정을 돕기 위한 전문적인 어휘 교재의 활용은 매우 필요하다.

독립적인 어휘 교재의 개발을 위해서는 교재 개발의 목적을 명확히 해야 한다. 어휘는 학습자의 언어 숙달도 수준에 맞는 다양한 활동을 통해 단계적, 체계적으로 교수되어야 하며, 더불어 학습되어야 하는데, 그러기 위해서는 오랜 시간을 필요로 하는 복잡한 어휘 습득 과정을 학습자 자신이 주도적, 능동적으로 이끌어 갈 수 있도록 치밀하게 구성된 어휘 학습 교재의 설계가 필요하다. 아래의 내용들이 중요한 요소들이 된다.

- (타 기능에 종속되지 않는) 어휘 학습 자체를 목적으로 한 어휘 교재
- 의사소통 도구로서의 종합적인 언어 능력을 배양하기 위한 의사소통적 어휘 교재
- 학습자가 주도적으로 어휘 학습을 이끌어 갈 수 있는 자기주도적 어휘 교재

첫째, 통합 교재의 부수적 어휘 제시가 아닌 어휘 학습을 목표로 하는 독립적 내용 구성이 필요하다. 교재는 어휘 학습을 위해 다양한 방식으로 목표 어휘를 학습할 수 있도록 구성해야 하며, 반의어, 유의어 등 어휘의 의미 관계나 파생어, 합성어 등 조어 방식, 연어 등을 활용한 연습 활동을 통해 체계적으로 어휘를 학습하고, 확장할 수 있도록 만들어져야 한다.

둘째, 말하기, 듣기, 쓰기, 읽기 활동을 통해 실제 사용 맥락에서의 어휘 사용 능력 강화가 가능하도록 구성해야 한다. 어휘 학습을 목적으로 하지만, 네 가지 언어 기능과의 통합 활동을 통해 종합적인 언어 사용 능력을 강화하여야 한다.

셋째, 학습자 스스로 어휘 학습을 위한 전략을 사용하고 훈련을 위한 연습 활동이 이루어지게 구성되어야 한다. 효과적인 어휘 학습 전략의 사용은 장기적이고 지속적인 학습을 필요로 하는 어휘 학습을 보다 효율적으로 해 나가기 위해 매우 중요한 요소이다. 학습자의 인지 발달이나 언어 숙달도를 고려하여 어휘 학습 전략 사용이 이루어질 필요가 있다.

어휘 교재의 유형은 학습 목적이나 대상에 따라 별도로 개발될 필요가 있다. 우선 학습 목적에 따라 일반 목적 학습자, 비즈니스 목적 학습자, 학문 목적 학습자들은 각각이 필요로 하는 어휘가 다를 수 있어서, 핵심 어휘는 공유할 수 있으나 목적별 어휘는 달라질 수 있다. 아울러 학습의 대상에 따라 연령별, 언어권별 학습자에 따라 필요로 하는 어휘가 구분될 수 있다. 아동의 경우에는 어휘에 대한 개념적 이해가 어려우므로 그림이

나 동영상 등의 시작 자료가 보조되는 것이 바람직한 반면에, 성인 학습자는 이미 모국어에서 개념 형성이 이루어졌으므로 번역어의 제시가 아동에 비해 더 자유롭게 활용될 수 있을 것이다. 언어권별 어휘 보충 교재는 언어 간 대조 분석의 결과에 기반해서 양 언어 간에 혼동이 될 만한 어휘가 존재하거나 아예 어휘가 부재하는 경우에는 이러한 특성이 고려되어야 할 것이다.

어휘 교재의 구성은 효율적 어휘 학습과 연계되어야 하므로, 어휘를 이해하기 위한 사전적 기능과 더불어 이미 학습한 어휘를 강화하고 확장하는 활동이 필수적이다. 조어 단위나 주제별, 혹은 어휘장을 중심으로 하여 구성할 수 있으며, 이를 통해 단어 형성법에 따른 어휘 확장 활동을 하거나 어휘 의미 관계에 따른 추가 어휘로의 확장이 가능하게 한다. 아울러 관용 표현과 연어 표현을 학습할 수 있도록 구성되는 것이 좋다.

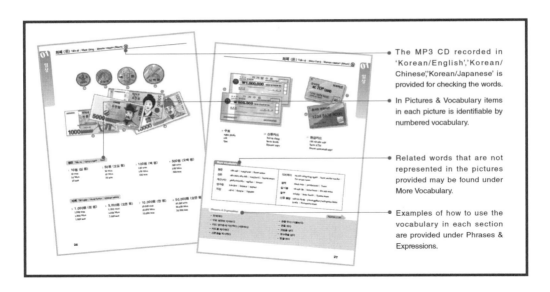

[그림 5] Korean Picture Dictionary

한편, 어휘 보충 교재는 웹이나 스마트폰 어플리케이션을 이용한 교재도 가능하다. 이러한 교재들은 학습자의 발음 학습을 도울 수 있으며, 반복 학습이나 자가 학습에 도움을 줄 수 있어 활용도가 높다.

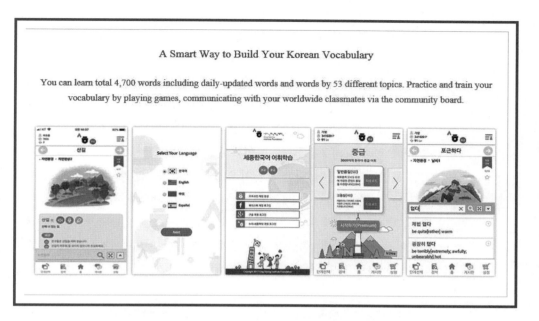

[그림 6] 세종한국어 어휘 학습 앱

텍스트 교재도 텍스트를 넘어 웹 사이트와 연계하여 확장 어휘 학습이나 자가 평가 기능을 추가해 주는 것도 좋은 방법이다. 웹이나 앱 활용 교재는 예문 번역, 뜻풀이 번역, 의미관계 정보 외에도, 학습 자료 연동 기능(이중 언어 사전, 문법 사전 제공), 실제 발음 듣고 연습하기 기능, 그림 및 동영상 보기를 통한 어휘 학습, 어휘 학습 및 자가 평가 기능, 웹 교사와 학습자 간의 상호작용 기능을 제공한다면 더욱 효율적인 어휘 학습이 가능하다. 어휘를 통한 문화 학습까지 가능하게 하는 다양한 시각 자료가 뒷받침 된다면 언어 능력과 문화 능력을 제고하는 통합적 활동이 가능해 질 것이다.

2.2 숙달도에 따른 어휘 교재

체계적인 어휘 학습을 위해서는 학습자의 수준을 고려해 난이도를 달리한 연습 활동이 체계적으로 제시되어야 한다. 이를 위해서는 우선적으로 숙달도별로 학습할 목표 어휘를 선정하는 것이 중요하다. 그런데 어휘 학습에 있어서의 숙달도는 일반적인 언어 숙달도와 반드시 일치하지 않을 수도 있다.

일반적인 한국어 숙달도는 소위 한국어 학습 시간이나 학습량에 비례한 종합적인 한국어 사용 능력을 지칭하는 개념으로, 대학 기관에서의 학습 과정의 단계, 또는 한국어 능력시험 등의 객관적인 지표에 의해 판정된다. 반면, 어휘 숙달도는 목표 어휘와 연계된 어휘 학습의 측면에 국한시킨 개념으로 일반적 언어 숙달도와는 구분된다. 예를 들어 학습자가 목표 어휘를 처음 접하는 경우를 [1단계], 어휘의 기본 의미는 인지하고 있으되 구체적인 용법이나 사용에 대한 학습이 필요한 경우를 [2단계]로 상정해 볼 수 있다. 즉, [1단계] 학습은 해당 주제에 관한 어휘 학습을 처음 시작하는 학습을 의미한다. 해당 학습은 언어적 숙달도로는 초급 학습자가 해당될 가능성이 높다. [2단계] 학습은 [1단계]에서 학습한 어휘에 대한 심화, 확대 학습의 형태로 의미, 상황 맥락이 포함된 확장된 학습의 형태가 된다.

> **[1단계]** 목표 어휘를 중심으로 형태와 의미, 기초적인 용법을 중심으로 학습하되, 일상적인 주제와 관련한 어휘를 학습할 수 있다.
> **[2단계]** 목표 어휘와 관련 어휘를 확장하여 의사소통적 맥락 내에서의 용법을 중심으로 학습하며, 다양한 주제에서의 어휘를 학습할 수 있다.

③ 어휘 교재 개발의 원리

어휘 교재의 개발 원리로는 다음과 같은 것들을 고려해 볼 수 있다.

첫째, 체계적인 반복 학습이 이루어질 수 있도록 나선형으로 설계한다. 어휘를 안다는 것은 의사소통 상황에서 어휘의 형태와 의미를 맥락에 맞게 적절하게 선택해서 사용할 수 있음을 의미한다. 실제적인 사용 능력으로 전이가 일어날 수 있도록 어휘가 학습되어야 함을 의미하는데, 그러기 위해서는 체계적이고도 지속적인 반복 학습이 필수적으로 요구된다. 한 단원에서 학습한 어휘는 해당 단원 내에서 문법 학습이나 연습 활동과의 연계를 통해 혹은 사전과의 연계를 통해 다시 한 번 인지할 수 있도록 하고, 다양한 의사소통 활동을 통해 반복, 심화 학습될 수 있도록 해야 한다. 이러한 어휘 반복은 초급에서 중급, 고급에 이르기까지 심화, 확장하여 연습할 수 있도록 체계적으로 연습 활동 배열을 마련하는 것이 나선형 설계이다.

둘째, 어휘 습득의 점진적 특성을 고려하여 단계별로 배열하여 설계한다.[40] 처음 새로운 어휘에 노출되었을 때 어휘의 형태나 의미의 일부만을 기억하게 되고, 다시 노출되었을 때에 그것이 보충, 강화된다. 이는 기억 능력과 관련된 것으로 습득의 특성을 고려하여 단계적으로 학습 활동을 고려함으로써 학습 부담을 줄이고 효과적인 학습을 통해 장기 기억으로 전이를 도울 수 있다. 이에 단원별 어휘 연습 활동을 인지 단계, 확인 및 강화 단계, 사용 단계로 제시할 필요가 있다. 인지 단계는 어휘 형태와 의미를 인지하기 위한 활동이 제시되는 첫 번째 단계이고, 확인 및 강화 단계는 첫 번째 단계에서 인지한 어휘 의미를 명확하게 이해하고, 그것을 강화하기 위한 두 번째 단계이다. 마지막으로 사용 단계는 학습한 어휘를 의사소통적 상황에서의 사용 능력으로 전이시키기 위한 단계이다. 의사소통적 어휘 능력을 갖추기 위해서는 이렇게 체계적인 어휘 학습을 통해 어휘를 장기 기억으로 전이시켜야 줄 수 있어야 한다.

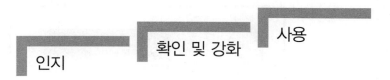

셋째, 관련어와 연계한 활동을 통해 효과적인 어휘 확장이 이루어질 수 있도록 설계한다. 하나의 어휘는 대개 일정한 특성에 의해 다른 어휘들과 개념적으로 연결 고리를 가지며 하나의 장을 이룬다. 하나의 의미장 안에 속하는 어휘들이 의미적으로 공통적인 기반을 가지고 있기 때문에 효과적으로 어휘 확장을 할 수 있다. 또한 어휘들은 반의 관계, 유의 관계 등의 의미 관계를 이룬다. 어휘와 어휘가 이루는 의미적 연관 관계는 마음 속 기저 관계를 반영하고 있기 때문에 장기 기억에 용이하므로 이를 적극 활용하여야 한다.

넷째, 어휘가 통합적으로 연결되는 연어 관계를 학습할 수 있도록 설계한다. 어휘는 다른 어휘와의 연쇄, 또는 결합을 통해 특정한 의미를 나타

---

40) 전혀 알지 못하는 영(Zero)의 상태에서 부분적 습득(partial), 완전한 습득(precise)으로 어휘 습득의 점진성이 이어진다고 설명한다(Schmitt, 2000 참고).

내게 된다. 사람들이 말하고 듣고 쓰고 읽을 때 사용하는 말의 약 70%가 고정된 표현이라고 알려져 있는데, 언어를 사용할 때 사람들은 이러한 연쇄나 결합 표현을 적극 활용한다. 그런데 이러한 어휘 간의 결합 방식은 자의적이지 않으며 일정한 규칙과 패턴을 가지므로, 학습자들이 연어를 학습함으로 해서 다른 예측 가능한 패턴을 발견할 수 있게 된다. 교재는 이러한 결합 관계를 고려하여 설계되어야 한다.

다섯째, 조어법을 활용하여 생산적인 어휘 사용 및 어휘 확장이 이루어질 수 있도록 설계한다. 특히 생산성이 높은 파생 접사나 합성어의 어근을 활용한 어휘 학습은 학습자들이 직·간접적으로 한국어의 조어 체계를 이해하고, 어휘 확장이 용이해지며 생산적인 어휘 확장으로 이어지게 한다. 접사나 어근에 의해 만들어지는 어휘들은 서로 단어족을 형성하는 경우가 많은데, 이들 묶음은 어휘의 의미를 이해하고 생산해 내는 데에 유용한 단서가 된다. 단어족을 활용한 어휘 학습은 다른 어휘와의 연관성을 바탕으로 학습자들의 인지 체계 안에서 집합되도록 하기 때문에 장기 기억에도 용이하다.

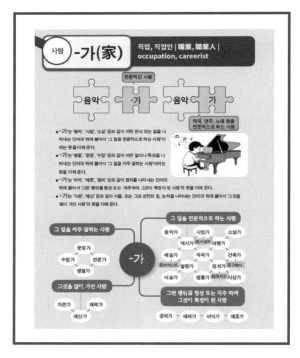

[그림 7] 단어 형성 원리로 배우는 한국어 어휘

여섯째, 어휘가 의사소통 기능과 통합적 활동이 되도록 설계한다. 적절한 어휘 사용을 통한 실제적인 의사소통 능력을 갖추기 위해서는 특정한 의사소통적 맥락에서 어휘가 어떻게 사용되는가를 아는 것이 필요하다. 이에 어휘와 말하기, 듣기, 쓰기, 읽기 등의 의사소통 기능과의 통합적인 과제 활동은 매우 중요하다.

일곱째, 실제성 있는 자료를 활용하여 실생활에서의 어휘 사용 능력을 높이도록 설계한다. 어휘 학습의 궁극적인 목적은 보다 풍부한 어휘 사용 능력을 통해 보다 효과적인 의사소통을 하도록 하는 데에 있다. 따라서 실생활에서 접하기 쉬운 실제성 있는 자료들을 연습 활동에 사용함으로써 실제 사용 맥락 속에서 어휘의 용법을 익히고 의사소통적 상황에서의 적응력을 키울 수 있다. 다음은 실제성을 살릴 수 있는 자료로, 각 단계의 연습 활동에서 사용할 수 있는 자료들이다.

> 예 e-mail, 안내문, 기사문, 뉴스레터, 보고서, 설명문, 논설문, 소개문, 소설, 신문 기사, 신문 칼럼, 안내문, 에세이, 인터뷰 기사, 일기문, 일정표, 음식 조리법, 쪽지, 편지글, 휴대폰 문자 메시지, 관광 안내문, 가전제품 보증서, 건물 안내 사인, 광고, 슈퍼마켓/음식 배달 전단지, 생활 정보지, 제품 사용 매뉴얼, 구인구직 광고, 기차표, 할인 쿠폰, 달력, 메뉴판, 상품 라벨, 신문 광고, 여행 일정표, 영수증, 기상 안내도, 전화번호부, 지도, 지원서, 처방전, 청첩장, 초대장, 팸플릿 등

여덟째, 다양한 유형의 연습 활동을 제시하여 학습자의 흥미를 유발하도록 설계한다. 성공적인 어휘 학습의 관건은 체계적이고 지속적인 학습에 있다. 그러려면 학습자가 지루함을 느끼지 않고 다양한 유형의 활동을 통해 어휘를 학습하도록 해 주어야 한다. 따라서 학습 목표와 어휘의 특성에 따라 어휘, 구, 문장, 대화문, 읽기 지문 등 다양한 층위의 텍스트 자료와 그림사전의 삽화, 그래프, 도표, 실생활에서 접할 수 있는 인쇄물과 같은 풍부한 자료를 통해 제시할 필요가 있다.

그림 보고 알맞은 표현 쓰기, 그림 보고 제시 자료 완성하기, 그래프 보고 문장/대화/글 완성하기, 그림 보고 순서에 맞게 문장 배열하기, 그림 보고 알맞은 어휘/표현/문장 고르기, 관련어 고르기, 반대말/비슷한 말 쓰기, 상황에 알맞은 순서로 배열하기, 선행 문항을 참고하여 대화 완성하기,

설명에 알맞은 표현 고르기, 제시 자료 보고 진위 가리기, 지시문에 따라 퍼즐 완성하기, 학습자 정보를 활용하여 질문에 답하기, 학습자의 선호도 표현하기 등이 관련된 활동들이다.

아홉째, 어휘 학습 전략 사용을 고려한 연습 활동에 기반하여 설계한다. 어휘 학습의 주체는 학습자이며 보다 효율적인 어휘 학습을 위해 학습자 특성에 맞는 적절한 전략 사용이 필요하다. 적절한 전략의 사용은 보다 효율적인 학습을 돕고, 학습의 효과를 강화한다. 그런 면에서 전략의 사용뿐만 아니라 전략 사용을 위한 교수도 필요하다. 기억 전략으로 많이 사용되는 방법들로는 목표 단어에 대해 그림이나 이미지화하기, 관련어 만들어 기억하기, 무리 짓기, 단어의 철자와 음운 짝꿍 짓기 등이 제시될 수 있다. 이러한 방법들은 학습자의 선호 양식에 따라 선별적으로 사용되는 전략들로 어휘 학습 활동에 활용할 경우 보다 효율적인 학습은 물론, 장기적으로 학습자 스스로 전략 사용 방법을 배우고 훈련할 수 있도록 한다는 점에서 매우 유용하다[41].

어휘 교재 활동 유형

4.1 인지 단계

인지 단계는 학습자가 어휘의 의미를 인지하고 있는가를 확인하는 단계이다. 〈예시 1〉은 의미 인지 활동 중 하나로 그림에 알맞은 어휘를 찾아 연결하도록 구성한 것이다. 해당 어휘를 처음 접하는 학습자도 연습 활동을 하는 데에 어려움이 없으며, 해당 어휘의 그림을 사전의 검색을 통해 반복, 확인함으로써 어휘의 의미를 '마음속 그림'으로 만들어 기억할 수 있다.

---

41) 학습자들은 어휘 의미 발견을 위해서는 이중 언어 사전의 사용이나 맥락으로부터 추측하기, 동료에게 의미 묻기 전략의 사용을 선호하였으며, 어휘 의미 강화를 위해서는 언어적인 반복이나 반복적 쓰기, 철자 학습, 소리 내서 새 단어 말하기, 수업 중에 필기하기, 발음 학습, 어휘의 목록화 전략을 선호하는 것으로 나타났다. 또 각 학습 영역에서 가장 도움이 되는 전략은 이중 언어 사용 사전과 소리 내서 말하기인 것으로 나타났다.

〈예시 1〉 인지 단계 연습 활동

1. 그림에 알맞은 어휘를 연결하세요.

(1)　(2)　(3)　(4)

슬프다　즐겁다　기분 좋다　재미없다
기쁘다　화나다　기분 나쁘다　재미있다

(5)　(6)　(7)　(8)

4.2 확인 및 강화 단계

　확인 및 강화단계는 앞선 인지단계를 통해 인식한 어휘의 의미를 반의어, 유의어와 같이 의미관계를 이루는 어휘, 연어, 또는 관련 상황을 묘사한 그림, 관련 사물, 풀이 등을 통해 정확하게 이해하고 장기기억으로 전이될 수 있도록 돕는 단계이다. 〈예시 2〉는 전 단계에서 학습한 어휘를 그 특성에 따라 범주화해 보도록 한 확인 활동이다. 해당 어휘에 대한 이해가 전제되기 때문에 유사한 속성을 지닌 어휘들로 분류하여 쓰는 과정에서 어휘 의미를 확인하고 그것을 내재화할 수 있게 된다. 또한 의미적 연관관계를 이루고 있는 어휘들을 함께 학습함으로써 기억이 용이하고 실제 상황에서 해당 어휘를 쉽게 인출해서 사용할 수 있다.

<예시 2> 확인 및 강화 단계 연습 활동

---

1. 〈보기〉의 어휘를 제시된 그림에 알맞게 나누어 쓰세요.

> 〈보기〉 기쁘다 슬프다 좋다 싫다 웃다 울다 즐겁다
> 화나다 기분 좋다 기분 나쁘다 재미있다
> 재미없다 편하다 불편하다 감사하다

〈예시 3〉은 어휘와 관련이 있는 상황을 찾아 쓰도록 한 활동이다. 목표 어휘가 사용되는 전형적인 상황을 문장을 통해 확인하고 어휘의 용법을 간접적으로 인지함으로써 어휘에 대한 이해를 강화하게 된다. 다음 단계에서의 심화된 어휘 활동을 통해 어휘의 실제적 용법을 명확하게 학습하게 된다.

<예시 3> 확인 및 강화 단계 연습 활동

---

1. 서로 관계있는 것을 찾아 쓰세요.

　　　　 (1) 좋은 대학에 합격했어요.　　　　　가. 기쁘다

　　　　 (2) 지하철에 사람이 많아요.　　　　　나. 화나다

　　　　 (3) 친구가 약속에 1시간 늦었어요.　　 다. 상쾌하다

　　　　 (4) 남자 친구에게 선물을 받았어요.　　 라. 불편하다

　　　　 (5) 아침 일찍 일어나서 조깅을 했어요.　마. 자랑스럽다

〈예시 4〉는 그림을 참고하여 제시 어휘와 반의 관계를 이루는 어휘를 사용하여 대화를 완성하도록 한 활동이다. 대화에 제시된 어휘에 대한 이해를 전제로 한 활동으로 의미적인 연관성이 있는 관련어를 생각해 내는 과정에서 학습한 어휘의 의미를 확인하고 강화할 수 있다.

〈예시 4〉 확인 및 강화 단계 연습 활동

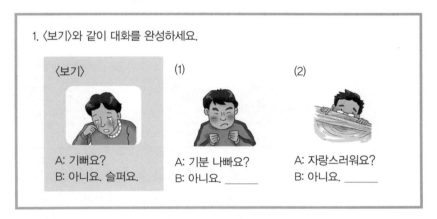

4.3 사용 단계

사용 단계는 의사소통 상황에서의 어휘 사용 능력을 배양하기 위한 단계이다. 말하기, 듣기, 읽기, 쓰기 활동을 통해 학습한 어휘를 사용할 수 있는 기회를 제공하여 실제적인 맥락에서의 어휘 용법을 배우고, 사용 능력으로의 전이를 돕는 단계이다. 처음에는 길이가 짧고 쉬운 자료를 제시하여 목표 어휘 자체의 사용에 초점을 두고, 다음 단계에서는 실제성이 있는 대화문이나 지문을 활용하여 특정 맥락에서의 어휘의 용법을 종합적으로 익히고 사용할 수 있도록 한다. 사용 단계의 활동은 자가 학습은 물론 교실 수업에서의 활용을 전제로 확장 활동이 가능하도록 구성한다.

〈예시 5〉은 듣기 연습 활동 유형 중 하나로 녹음된 지문을 듣고 들은 어휘를 찾아 표시하는 문항이다. 사용 단계의 문항들은 의사소통적 어휘 사용 능력을 목적으로 하는데, 듣기에서는 위의 문항과 같이 들은 어휘 고르기, 유사 발음의 어휘를 듣고 해당 어휘 선택하기, 듣고 받아쓰기 등의 활동이 주로 제시된다. 이러한 활동은 해당 어휘의 정확한 발음을 인지하고 사용하는 활동을 통해 구두 언어 사용 능력을 갖추도록 하는 데에 유용하다.

〈예시 5〉 사용 단계 연습 활동: 듣기

1. 잘 듣고 들은 어휘에 모두 √표 하세요.

　　□ 재미있다　　□ 재미없다　　□ 슬프다　　□ 울다　　□ 좋다
　　□ 즐겁다　　　□ 편하다　　　□ 불편하다　□ 웃다　　□ 싫다

> 〈녹음〉
> 어제 친구하고 영화를 봤어요. 영화가 재미있어서 많이 웃었어요. 의자가
> 조금 불편했지만 좋았어요.

〈예시 6〉은 듣기 활동 유형 중 하나로 대화문 또는 지문을 듣고, 대화문 또는 지문의 내용에 알맞은 어휘를 찾아 표시하는 활동이다. 주제와 맥락이 있는 지문을 듣고 정답을 유추해 내는 과정에서 어휘의 의미와 사용 환경을 종합적으로 점검하게 된다. 그 밖에 [2단계]의 듣기에서는 미완성의 대화문 또는 지문을 듣고 알맞은 어휘를 넣어 완성하기, 들은 내용의 진위 여부 가리기, 대화문 또는 지문을 듣고 도표나 그래프, 카드 등의 제시 자료 완성하기 등 실제성을 띤 자료를 통해 어휘를 학습하도록 구성한다. 다음은 사용단계의 연습 중 말하기와 연계된 활동으로 독학용 교재에서는 혼자 말하고 정답을 확인하게 하고, 교실에서 보충자료로 활용될 때는 동료 학습자와 더불어 사용될 수 있다.

<예시 6> **사용 단계 연습 활동: 듣기**

1. 대화를 듣고 대답한 사람의 느낌과 맞는 곳에 √표 하세요.

	(1)	(2)	(3)	(4)
즐겁다				
부끄럽다				
불편하다				
만족하다				

〈녹음〉
(1) A: 주말에 뭐 했어요?
    B: 친구하고 공원에 갔어요. 공원에서 자전거를 탔어요. 그리고 사진
       도 찍었어요.
(2) A: 한국어 수업 재미있었어요?
    B: 선생님이 질문을 했어요. 그런데 대답하지 못했어요.
(3) A: 학교에 어떻게 와요?
    B: 지하철 1호선을 타요. 그리고 동대문운동장에서 2호선으로 갈아타
       요. 지하철에서 내려서 마을버스를 타요.
(4) A: 한국 생활 어때요?
    B: 한국 음식도 맛있고, 한국 사람들도 아주 친절해요.

〈예시 7〉은 말하기 활동 유형 중 하나로 〈보기〉와 같이 느낌표현 어휘를 쓰고 해당 어휘의 감정과 관련된 상황을 말해 보는 활동이다. 어휘를 직접 입 밖에 내어 말해 봄으로써 강화하고 해당 어휘를 제시된 환경에서 사용함으로써 실제적인 용법을 학습하게 된다.

〈예시 7〉 **사용 단계 연습 활동: 말하기**

1. 느낌을 나타내는 어휘를 사용하여 친구들과 함께 〈보기〉와 같이 이야기해 보세요.

	나	수잔
〈보기〉 기쁘다	졸업	결혼
?		

가: 언제 가장 기뻤어요?
나: 졸업 때요.

〈예시 8〉은 말하기 활동 유형 중 하나로 〈보기〉에 제시된 상황에서 학습자의 행동 양식을 말해 보는 활동이다. 목표 어휘와 관련한 자신의 경험이나 의견을 말하는 과정에서 해당 어휘의 적절한 의미와 사용 환경을 종합적으로 학습하고 강화할 수 있으며, 어휘 학습에서 의사소통적 말하기 활동으로의 확장이 가능하다. 이 단계의 말하기 활동에서는 단원의 주제와 관련하여 학습자의 선호도 표현하기, 관련 경험 말하기, 자신의 상황을 근거로 질문에 답하기와 같이 짝활동이나 소그룹 활동, 경우에 따라서는 간단한 발표 등 다양한 유형의 말하기 활동이 이루어질 수 있도록 학습 활동을 구성할 수 있다.

〈예시 8〉 사용 단계 연습 활동: 말하기

1. 〈보기〉와 같이 메모해 보고 메모한 내용을 글로 써 봅시다.

〈보기〉	언제 그래요?	어떻게 해요?
기분이 좋다	시험을 잘 봤을 때	친구들하고 술을 마셔요.
?		

제 10 장

의사소통 기능과
어휘 교육

① 의사소통의 기술별 어휘 교수

규칙에 기반을 둔 체계인 문법 학습과 달리, 어휘 학습은 개별 항목들을 축적해 가는 문제라고 할 수 있다. 학습자에게 구체적으로 어떤 단어가 필요한지는 개인적 요구와 연계되는 것으로, 어휘는 발음이나 문법에 비해 개인적 요구에 따른 어휘 습득이 이루어진다.

그렇다면 학습자의 요구를 분석해서 교수할 항목으로 선택한 단어들은 실제로 모두 학습될 것인가에 대한 대답은 쉽지 않다. 실제로 언어 교수 현장에서는 오로지 어휘에만 초점을 두는 것은 아니며, 학습자들이 어휘를 배울 시간을 따로 할애하지 않는 경우도 많기 때문이다. 이런 측면을 고려한다면 어휘의 습득은 목표를 두고 명시적으로 교수되기 보다는 '확장된 읽기' 등과 같은 형태로 부차적으로 이루어질 가능성이 높으며, 수업 중의 다양한 의사소통 기술(말하기, 듣기, 읽기, 쓰기) 중에 자연스럽게 노출되어 습득되는 것이 바람직함을 알 수 있다. 따라서 교수 현장에서의 어휘 학습은 네 가지의 의사소통 기술들과 밀접히 연계될 필요가 있다.

1.1 말하기와 어휘 교수

유창한 말하기는 어휘와 깊은 연관을 가진다. 말하기는 쓰기에 비해서는 적은 어휘를 필요로 하는데, 이는 논리적이고 체계적인 구조 내에서 정보가 전달되어야 하는 문어와는 달리 친밀성, 단순한 정보 전달, 단순한 언어 형식을 가지는 구어의 특성과 연계되어 있는 측면일 것이다. 하지만 상대적으로 적은 단어라도 각 단어들의 용법에 대한 충분한 지식이 없다면 대화에서의 유창성을 담보하기 어렵다. 유창한 말하기를 위해서는 구어적 어휘의 특성을 알고, 유창한 어휘 사용을 위한 어휘 학습에 주력해야 한다. 말할 때 단어를 정확하게 이야기할 수 있는지는 단어의 음향적 특성의 자세한 지식뿐 아니라 단어의 전반적인 요소에 대해 알아야 한다. 우선 언어 구조의 개별적 음소를 알아야 하며, 단어들이 함께 결합할 때 어떻게 소리가 변화되는지도 알아야 한다. 또한 어떻게 단어가 음절로 나누어지는지 알아야 하며, 모국어 화자가 보이는 자연스러운 강세나 억양도 익혀야 한다. 아울러 맥락에 따라 소리에 힘주기나 소리 줄임의 방법까지도 유창성에 영향을 미치게 된다.

학습의 초기에 어느 정도의 어휘를 알지 못하면 대화문의 이해나 문법 연습에도 어려움을 겪게 된다. 따라서 교사는 통제된 활동이나 어휘 학습 기술을 사용하여 학습자들의 어휘를 늘리게 할 필요가 있다. 하지만 학습자가 충분한 양의 어휘를 알고 있음에도 이를 생산적으로 사용할 수 없는 경우도 있다. 이는 개별 단어에 대한 지식이 의미에 머무는 경우에 발생하는데, 해당 단어에 대한 질적 지식(문맥에서 실제로 사용할 수 있는 지식)으로 전환될 필요가 있다.

표현 어휘는 적극적 사용 어휘로 학습자가 일상생활에서 사용할 필요가 많고, 모든 맥락에서 거리낌 없이 사용할 수 있는 어휘들이다. 이에 반해 이해 어휘는 소극적으로 사용되는 어휘로 일상적 의사소통에서는 상대적으로 필수적이지 않는 단어들인 경우가 많고 단어의 이해도 부분적으로만 이루어지는 경우이다. 따라서 말하기의 유창성을 확보하기 위해서 교사는 어휘의 층위를 구분하여 학습 어휘를 관리하는 게 바람직하며, 학습자들이 이미 기존에 알고 있던 이해 어휘를 더 충분히 학습하게 함으로 해서 이를 표현 어휘로 사용할 기회를 전환시키는 활동에 집중해야 할 필요가 있다.

말하기에 있어 어휘력 향상을 위한 교실 활동은 어휘 활동만이 독립적으로 이루어지기보다는 일반적 학습 활동과 연계된다. 충분한 어휘량을 가지고 있지 못한 초급 학습자들을 대상으로 하는 활동에는 통제된 활동이 있다. 학습자들이 자신이 말할 내용에 대해 선택을 거의 못하게 하며 교사가 제시한 어휘 내에서 반복 연습, 대체 연습 등을 진행하는 방법이다. 대화를 통째로 외움으로 해서 해당 단원의 전형적인 어휘와 문법 형태를 외우게도 한다. 흔히 통제된 활동에서의 어휘 설명은 대개 연습 직전에 간단하게 설명되거나 연습 중에 그림이나 실물을 통해 제시된다. P(제시)-P(연습)-P(산출)로 진행되는 수업에서는 학습자들이 개별 단어의 의미나 용법을 충분히 익히기도 전에 어휘를 산출해야 하는 경우도 있다. 초급에서 나타나는 어쩔 수 없는 현상이지만 이러한 단순 반복이나 대체와 같은 통제된 활동들은 짧은 시간에 입을 열게는 하나, 진정한 학습으로 연계되지 못하는 단점이 있다.

교실에서 활용할 수 있는 말하기와 연계된 어휘력 향상 활동의 예시에는 아래와 같은 것들이 있다.

첫째, 말하기 활동을 통해 단어의 형식(발음 및 철자) 기억에 도움을 주는 활동이 있다.

- (교실에서) 배운 단어를 기억해서 말하게 하는 연습
- 단어 카드를 활용한 말하기를 통해 어휘를 기억하는 방법

둘째, 연어(collocation)를 활용하여 말하기의 유창성을 높이는 활동을 할 수 있다. 연어를 활용하는 것은 새 단어를 학습하는 중요한 방법의 하나가 되기도 하지만, 무엇보다도 말하기의 유창성을 높여 준다. 학습자들이 소그룹으로 나뉘어 연어의 목록 사전을 활용하여 문맥에서 연어 관계를 가진 단어를 찾는 활동이나, 주어진 단어를 대상으로 하여 어떤 연어 관계가 나타날 수 있는지를 추측해 보는 활동을 할 수도 있다. 연어 관계를 익혀 이를 말하기에 사용하는 연습은 실제 발화에서 완성된 문장으로 발화하는 데에 큰 도움을 준다.

[그림 8] 결혼이민자 한국어 2

셋째, 학습자 간의 짝활동(pair activities)을 활용하여 말하기 능력을 향

상시키는 방법이다. 예를 들면 짝을 지어 정보 결합 활동을 수행하면서 말하기 능력을 기르는 연습을 할 수 있다. 정보 결합 활동이란, 한 학습자가 하나의 단어를 가지고 있고 다른 학습자는 다른 단어를 가지고 있어서 두 학습자의 정보를 결합하여야만 어떤 결론에 도달할 수 있게 하는 활동이다. 이를 위해 두 학습자는 서로에게 자신의 정보를 이야기하게 하며 정보를 모아가야 하므로 저절로 말하기 연습이 활발히 진행되게 된다.

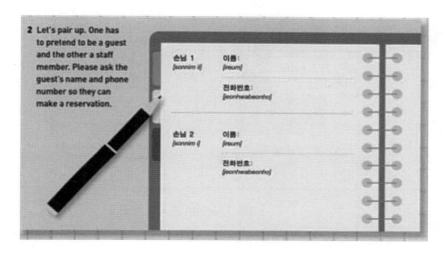

넷째는 반복적 말하기 활동이나 바꿔 말하기 활동 등으로 말하기의 유창성을 증진시킬 수 있다. 들은 단어를 전하거나, 단어의 의미를 뜻풀이로 바꾸어 보거나 들은 내용을 배운 단어로 요약하기 등의 활동을 통해 배운 어휘를 강화할 수 있다. 바꿔 말하기는 필요한 단어를 떠올리는 것을 일시적으로 하지 못할 때 이런 현상들을 대처하기 위한 어휘 전략으로도 활용될 수 있다. 바꿔 말하기 기술이 특별히 말하기에서 유용한 이유는 말할 때 사전을 찾을 시간이 없고, 자신이 말한 바꿔 말하기가 맞았는지 틀렸는지를 청자로부터 피드백 받을 수 있는 기회가 있기 때문이다. 아래는 교실에서 자주 활용되는 말하기 중심의 활동들이다.

이밖에도 주어진 어휘로 빈칸을 채워 올바른 문장으로 말하게 하거나 그림을 보고 말하기, 제시된 어휘를 설명하기, 어휘 정의해 보기, 주어진 어휘를 넣어 문장 만들기, 주어진 주제와 관련된 어휘를 예측하고 그 어휘로 상황을 만들어 대화하기, 주어진 주제와 관련된 어휘를 대상으로 하여 그룹별로 어휘의 의미를 파악한 후 해당 어휘를 이용하여 대화 구성하기 등의 다양한 활동이 가능하다.

적절한 단어를 골라 대화를 완성하세요.

나타샤 씨는 걱정이 많아요.

왜요?

1) _____ 때문에
2) _____ 가 취소될 수 있어서 그래요.

산불　바람　태풍　장마　여행　야외 행사　비행기　등산

[그림 9] 사이버 한국어 초급 2

1.2 읽기와 어휘 교수

학습자의 어휘 지식량과 읽기 능력과의 관련성에 대한 논의는 일반적이다. 많은 어휘를 알고 있으면 독해력이 증가한다는 가설이 여러 연구에서 검증된 바 있고, 반대로 읽기를 많이 하면 어휘력이 증가하다는 논의도 많다. 읽기로부터 부차적인 어휘 학습은 아주 적은 양이 이루어지지만 많은 양의 텍스트를 읽으면 그만큼 지식의 양이 커지게 된다. 어휘력이 읽기에 있어 가장 중요하고 강력한 영향을 가지며, 읽기 능력의 명백한 요소라고 볼 수 있다. 이런 이유로 많은 한국어 교재에서는 읽기 지문을 통해 해당 지문 안의 새로운 단어에 대한 입력과 이해를 통해 목표 어휘를 제공해 왔다. 또한 읽기와 연계된 어휘 교수의 방법으로는 크게 확장적 읽기를 통해서 어휘를 간접적으로 학습하는 방법과 집중적 읽기를 통해 목표 단어를 직접 교수하는 방법이 논의되어 왔다.

교사는 효율적인 읽기와 어휘 간의 연계 교수를 위해서, 우선 '기초적인 읽기'에 필요한 어휘 지식량을 살필 필요가 있다. 흔히 단순화되지 않은 텍스트의 읽기를 이해하기 위해서는 최소 3,000개의 단어족을 알아야 한다고 알려져 있다. 텍스트에 모르는 단어가 많으면 이해와 어휘 학습에 부정적 영향을 미치게 되므로, 읽기를 위한 중요한 기초 어휘를 마스터하고 읽기 자료가 숙달도별로 어휘 등급에 맞춰져 제공된다면 읽기 학습 활동은 성공적이 될 것이다. 다음으로 교사는 전체 읽기 능력의 가장 중요한 예측 요소가 된다고 알려져 있는 어휘의 난이도를 고려해야 한다. 학습자의 어휘 지식과 어휘 난이도를 맞추어 읽기 자료를 제시하는 일이 중요하다. 어휘 난이도의 평가 방법에는 어휘 빈도나 (어휘에 대한) 친근성, 단어 길이 등이 주된 기준이 되는데, 아무래도 자주 나타나는 고빈도 어휘나 긴 것보다 짧은 어휘를 포함하는 문장을 더 잘 읽을 수 있다는 의미이다.

읽기 활동 중 사전을 활용하는 것은 널리 알려진 방법이다. 다만, 사전을 사용한 읽기 교수에서 실제로 어휘 지식이 증가하는가 하는 문제는 쟁점이 되어 왔다. 읽기 시험 중 사전을 이용하는 것과 사전을 이용하지 않는 것 사이에 뚜렷한 차이가 없다는 연구가 있다. 읽기 시험이 끝나고 일정 기간이 경과한 뒤 다시 어휘를 평가해 보면, 설사 시험 중에 사전의 도움을 받아 어휘를 이해했더라도 시간이 흐른 뒤에는 장기 기억으로 이어지지 않는다는 것을 지적한다. 이는 사전에 의해 주어진 어휘 지식의 임시적인 증가는 결과적으로는 진정한 어휘 지식의 증가를 가져오지는 못했음을 의미한다. 이렇듯 읽기는 단순한 그리고 임시적인 어휘 의미의 인지보다 훨씬 더 많은 것을 포함하고 있음을 알 수 있다. 어휘 지식은 단순히 어휘 의미나 형태에 대한 지식에 그쳐서는 장기적 지식이 될 수 없으며, 해당 단어에 대한 연어적 지식, 통사적 지식, 특정 맥락 속에서 해석 등의 다양한 질적 지식이 보강될 때에 비로소 장기 기억으로 이어져 어휘 지식이 증가함을 알 수 있다.

교실 활동에서 읽기에서의 어휘 제시 방법에는 크게 세 가지 접근이 가능하다. 읽기 활동 전에 어휘를 제시하기, 읽는 도중에 제시하기, 읽은 후에 제시하기 등이 그것이다.

| 읽기 전 제시 | ➡ | 읽는 중 제시 | ➡ | 읽은 후 제시 |

읽기 전에 어휘를 제시하는 것은 읽기 과제에서 다룰 어휘에 미리 주목함으로써 읽기 자료의 독해에 도움을 주고 흥미를 돋울 수 있다는 장점이 있다. 실제 읽는 과정에서 앞서 제시된 단어를 만나게 되면 사전 학습할 때의 맥락을 마음속에 상기시키게 된다는 점에서 효과적일 수 있다. 하지만 어휘는 학습자에게 텍스트에서 정보를 얻도록 하는 많은 요소들 중의 하나일 뿐이므로 특정 텍스트에서 어휘 지식이 별로 중요하지 않다면 어휘를 사전에 교수하는 것과 읽기 효과와의 상관성을 논하기는 어려움이 있다.

읽기 도중에 어휘가 제시되는 것은 보통 주석의 형태로 제공되는데, 하단에 주석을 넣거나, 본문의 옆 날개에 어휘의 주석을 넣는 방법이 있다. 새 단어 혹은 핵심 단어의 목록만이 제시될 수도 있고, 번역어가 함께 제시될 수도 있다. 주석을 통한 어휘 제시는 해당 단어를 만날 때 그 단어에 집중을 하는 효과를 가지게 된다.

읽기 후에 어휘를 제시하는 것은 가능한 모르는 단어를 맥락 안에서 추측하는 훈련을 제공할 수 있다는 장점이 있다. 모르는 어휘에 대한 추측이나 '모르는 단어 건너뛰기' 같은 전략의 사용을 가능하게 할 수 있으며, 나중에 해당 단어의 의미와 용법을 확인함으로 해서, 배운 내용을 다시금 확인하고 강화할 수 있게 된다.

읽기에서의 어휘 학습 전략에 대한 논의도 활발하다. 성공적인 학습자는 추측 접근법을 사용해서 텍스트에서 실마리를 발견한다는 논의가 많은데, 이미 자신들의 모국어로는 글을 읽고 쓸 줄 알기 때문에 이런 하향식 접근은 유용하다. 독자는 텍스트의 주제에 대한 배경 지식을 갖고 있으며, 그러한 배경 지식을 텍스트에서 진행시키고 어떤 종류의 어휘가 나타날지 기대하게 된다. 학습자가 읽기 전에 읽기 자료의 화제에 관한 정보를 주는 것은 텍스트의 모르는 단어의 뜻을 추측하기에서 아주 중요하다.

아울러 문맥을 통한 어휘 학습은 어휘 지식 향상의 주요한 방법이 되는데, 향상을 위해서는 상당히 많은 양의 읽기가 필요하다는 것과 맥락으로부터 추측 기술을 발전시키는 것이 필요하다. 학습자는 문맥에서 발견한 모르는 단어를 흔히 철자법상 비슷했던 알고 있는 단어로 착각하는 일이 있는데, 이러한 잘못된 추측은 결국 문맥의 이해를 실패하게 만들게 되므로 이를 주의하게 해야 한다.

아울러 효율적인 읽기를 위해 잉여적인 단어를 빠르게 인식하고 건너뛰는 전략도 필요하다. 특히 읽기의 하향식 접근에서는 텍스트의 대부분을 스키마를 통해 추측과 예측을 할 수 있어 잉여적인 단어들을 건너뛰게 되는데, 잉여적인 단어를 인식할 수 있는 능력과 함께 아는 단어와 덩어리 표현을 빨리 해독하여 읽기의 속도를 높이는 연습도 필요하다.

그밖에 읽기 어휘력을 향상시키는 교실 활동으로는 짝활동, 조별 활동을 활용해 볼 수 있다. 교사가 본문에 나오는 어휘를 미리 제시하고 학생들은 4명이 한 조가 되어 본문의 내용을 예상해 보는 작업이나, 앞으로 읽게 될 본문의 내용에 대해 대략적 정보를 주고 2명이 한 조를 이루어 본문에 나올 만한 어휘를 약 10개 정도 예상해 보게 한 뒤, 소그룹을 만들어 서로의 어휘 목록을 비교해 보게 하는 방법도 활용할 수 있다. 또한 어휘 목록 만들고 분류하는 활동도 가능한데, 본문에 나온 어휘나 관련된 어휘들을 목록을 만들게 하고 특성별로 분류하게 할 수 있다. 이를 말하기 활동으로 연계하여 조별로 어휘 목록을 비교하는 활동도 연계할 수 있다. 아울러 문맥에서 어휘 의미 추측하기, 본문에 나온 어휘들을 분류하기, 본문에 나온 중요 어휘 찾기, 본문에 나온 어휘와 관련된 어휘 목록 만들기, 선택하기, 연결하기 등이 있다.

나는 반 친구들하고 같이 공원에 소풍을 갔습니다. 우리는 큰 나무 밑에 앉아서 이야기를 하고 놀았습니다.
이것은 그때 찍은 사진입니다. 나는 긴 머리에 짧은 바지를 입고 있습니다. 그리고 큰 가방을 메고 있습니다. 나는 어디에 있습니까? 나를 찾아보세요.

사진에서 쯔엉 씨는 어떤 모습입니까? 맞는 것에 모두 O 하세요.

키가 큰 사람		짧은 바지를 입은 사람
키가 작은 사람		긴 바지를 입은 사람
머리가 긴 사람		작은 가방을 멘 사람
머리가 짧은 사람		큰 가방을 멘 사람

[그림 10] 사이버 한국어 초급 2

1.3 듣기와 어휘 교수

교사는 듣기를 위한 어휘적 정보를 제공하는 데에 도움을 주어야 한다. 듣기 연습의 방법으로는 교사나 교육 자료의 일방향적 듣기를 통한 어휘 학습도 있지만, 학습자 간의 대화 활동에서 의미협상을 통한 어휘 학습이 이루어지도록 할 수도 있다.

우선 교실에서 사용된 발음들에 노출되는 것은 중요하다. 학습자들은 교사의 자연스러운 어조를 들으면서 진짜 세계와 관계있는 말들을 접하게 된다. 교사는 단어를 떠올릴 수 있게 도움을 주는 묘사들을 제공하면서 학습자들의 이해를 돕는다. 다음으로, 학생들로 하여금 자신이 들은 말 중에서 확실히 아는 것을 중심으로 응답할 때의 상황에 필요한 단어를 분석하는 연습을 하게 할 수 있다.

학습자들이 매우 제한된 어휘밖에 모른다면, 듣기를 통해 어휘를 가르치는 것도 좋은 방법이 된다. 모국어 습득에서 동화책 읽어 주는 일은 어린 학습자로 하여금 풍부한 듣기 입력을 통해 어휘력을 향상시켜 주는 일이 되는데, 이는 제2언어 학습에도 적용될 수 있다. 읽기용 어휘를 듣기용 어휘로 전환시키는 활동도 있다. 대부분의 학습자들은 읽기는 잘 하나 모어 화자에게 직접 들을 기회는 가져보지 못하는 경우가 많다. 따라서 자신의 읽기용 어휘를 듣기용 어휘로 전환시키는 기회가 필요한데, 학습자의 읽기 수준보다 더 낮은 어휘 수준의 흥미롭고 단순화된 읽기 교재를 선택한 뒤 흥미를 유지하도록 매일 읽어주거나 반복해서 말하게 하는 방법도 어휘력을 향상시킬 수 있는 좋은 방법이다.

듣기를 통해 어휘를 늘리는 활동으로는 단어 단위의 듣기 연습이 기초적이다. 이는 구 단위나 문장 단위의 듣기 연습으로 확장할 수 있다. 단어에 초점을 맞추는 듣기 연습으로 단어를 틀린 순서로 쓴 뒤, 그것을 들려주고 스스로 바로잡게 하는 방법을 사용할 수도 있다.

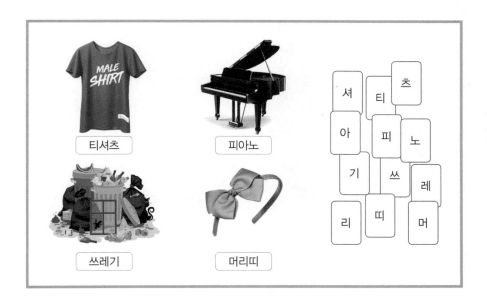

듣기 어휘력을 향상시키는 교실 활동으로는 어휘 받아쓰기 활동이나 특정한 묘사 내용을 듣고 그림 그리기나 주석 달기 등의 활동이 있다. 받아쓰기 활동은 쓰기와 듣기 사이에 유용한 연결점을 제공할 수 있다. 아주 단순한 텍스트를 녹음시켜 학습자들에게 이를 듣고 받아쓰도록 하는 연습도 듣기 활동에 도움을 줄 수 있다.

듣기를 통해 어휘를 추측하는 활동도 가능한데, 학생들에게 친숙하지 않은 어휘를 칠판에 적은 후, 이 어휘가 나오는 본문의 개요를 들려준다. 그런 다음 3-4명이 한 조를 이루게 하여 각 어휘의 의미 등을 적게 해 보고 다른 조와 비교해 본 뒤, 본문을 나눠주고 확인하게 하는 방법이 있다. 영화, TV, 라디오 등의 자료를 녹음 또는 녹화한 것 등을 사용하여 실제 사용 맥락에서의 시청각 자료를 활용하는 방법도 있다.

이밖에 프린트나 그림, 지도, 사진 등과 같은 시각 자료를 활용하는 방법도 있는데, 학생에게 동일한 그림 또는 지도를 나누어주고 하나의 단어를 듣게 하고 학생들이 이를 표시해 나가게 하거나, 교사가 나누어준 그림 자료를 교사의 지시를 듣고 맞추어 나가는 연습할 수 있다. 교사의 지시에 따라 그림 그리기, 이미 배운 단어를 활용한 단어 게임, 듣고 행동하기, 듣고 완성하기, 듣고 관련이 없는 내용 찾기, 듣고 맞는 답 고르기 등의 활동도 가능하다. 듣기 중심의 교실 활동으로는 받아쓰기, 본문을 들은 후에 주어진 어휘의 뜻을 추측하기, 듣고 그리기, 듣고 지도에 표시하기, 듣고 완성하기, 듣고 관련 없는 어휘 찾기 등이 있다.

〈듣기 지문〉

엄마 지연아, 내일 엄마랑 친한 친구가 한국에 오셔. 네가 공항에 가서 모시고 올래?
지연 네, 제가 갈게요. 그런데 엄마 친구는 어떻게 생겼어요?
엄마 짧은 머리에 키가 커. 그리고 항상 웃는 얼굴이야. 자, 여기 아줌마 전화번호가 있어.
지연 네, 제가 공항에서 아줌마께 전화할게요.

대화를 잘 듣고 들은 표현을 모두 고르세요.

① 키가 크다 ② 머리가 길다 ③ 멋있다
④ 키가 작다 ⑤ 머리가 짧다 ⑥ 귀엽다

[그림 11] 사이버 한국어 초급 2

1.4 쓰기와 어휘 교수

쓰기는 문자 언어를 생산하는 기능을 가지며 표현 능력을 수행하기 위한 영역에 속한다. 쓰기는 언어학적인 지식의 훈련 수단이고, 말하기나 듣기, 읽기의 기초가 되는 훈련 방법이다. 쓰기는 심화 학습의 도구가 되며, 이미 습득한 언어 수행 능력을 확인하는 도구가 되기도 한다는 점에서 네 가지 의사소통 교육의 완성이라고 볼 수 있다.

우선, 쓰기 교육에서의 어휘 교육은 문어적인 어휘의 특성을 알아야 한다. 쓰기는 철자 쓰기부터 문장에서의 단어 쓰기, 텍스트의 구성까지를 모두 포함하는데, 철자와 문장에서의 단어 사용이 어휘와 가장 밀접하게 관련되어 초급 학습자부터 어휘에 주목해야 할 영역이다. 쓰기는 문장의 배열이나, 텍스트의 조직, 통사적인 결속성 및 의미적인 결속성과 관련된 절과 절 사이의 관계에 많은 관심을 두는데, 이러한 담화 조직에 있어서 어휘의 역할은 매우 중요하다. 아울러 장르에 적절한 어휘 사용을 위한 어휘 학습도 중요하다.

다음으로, 쓰기 교수에는 전략적 접근이 필요하다. 쓰기는 그 언어가 사용되는 환경에 노출된다고 하여 저절로 습득되는 기술이 아니므로, 외국어를 배울 때 말하기 기술과 쓰기 기술은 서로 다른 전략을 사용하여 익혀야 한다. 같은 표현 영역인 말하기는 적은 수의 생산적 어휘를 최대한 사용할 줄 아는 것이 중요한 데 반하여, 쓰기의 경우엔 일상 어휘부터 공부나 흥미의 분야에 관련된 어휘에까지 그들의 생산적 어휘를 확장하는 것이 매우 중요하다. 특히 학문목적 학습자의 경우에는 전문 영역에서의 방대한 어휘력이 요구된다.

그런데, 쓰기는 독립적으로 운영될 수 있는 교육이라기보다는 다른 영역과의 연계를 통해서 이루어지는 특성이 있다. 학습의 초기 단계인 자모 익히기나 단어 및 맞춤법에서는 듣기 읽기와 연계가 되고 자기 소개하기, 상대방 설득하는 글쓰기 등의 작문은 말하기의 발표하기와 연계하여 수업이 진행될 것이다. 이처럼 쓰기가 타 영역과의 통합 운영이 될 수밖에 없는 특징은 곧 쓰기 교육을 위한 단계적이고 지속적인 학습에 장애로 작용할 수도 있다.

교실에서 철자를 교수하는 방법으로는 학습자가 전에 배운 단어의 지식을 이용하여 새 단어를 배우는 유추 방법을 쓸 수 있다. 만약 학습자가 '학생'과 '교실'을 쓸 줄 안다면 '학교'를 쓸 줄 알게 된다. 가능한 한 새 단어와 철자가 같고 학습자가 이미 아는 단어를 사용해야 하여 철자를 지도하는 것이 중요하다. 철자 규칙을 가르치는 것이 중요한데, 학습자가 생산한 철자 오류를 고치는 활동도 이에 유용하다.

❶ 문장을 쓸 때에는 단어와 단어 사이를 띄어 씁니다.

저는 V 운동을 V 좋아해요.

❷ 받침이 있는 단어의 끝소리 뒤에 모음이 오는 경우 받침이 뒤 음절 첫소리로 옮겨 발음됩니다.

할아버지 → [하라버지]   동생이 있어요. → [이써요]

쓰기 어휘력을 기르는 교실 활동으로는 우선 불규칙한 철자 익히기 활동이 있다. 규칙을 따르지 않는 어휘가 있다면 철자가 틀리는 단어를 리스트에 적는다. 왼쪽엔 단어를, 오른쪽엔 첫 번째 글자만 적고 왼쪽을 가리고 오른쪽에 나머지 철자를 쓴 후 정답을 확인하는 방법이다. 또 배운 철자를 강화하는 활동도 있다. 칠판에 새 단어의 철자를 틀린 순서로 적은 다음 이를 추측하여 순서대로 바로 잡기, 단어의 위치 찾기 등의 게임을 통해 이미 배운 철자를 다시 한 번 확인하게 할 수 있다.

읽기를 사용해 쓰기를 돕는 활동으로 연계할 수도 있는데, 글을 읽다가 새로운 단어가 나오면 단어를 파악하여 노트에 그 단어의 문법 의미, 그 단어가 있는 문장, 사전의 예문을 적고 그 단어를 넣어 새 문장을 만들어 적은 다음 교사에게 확인 받는 방법이다. 사전을 사용하는 방법은 개별 단어를 사전에 찾아보는 활동을 통해 의미, 문법, 연어, 적합한 사용역, 빈도, 흔히 저지르는 실수에 대한 충고, 숙어 등을 제공받을 수 있다. 이러한 개별 단어의 질적 정보는 쓰기에서 다른 단어와의 통합적 관계를 파악할 수 있다는 장점을 가진다.

연어 관계를 익히는 것도 쓰기에 도움을 주는데, 특정한 범주에만 쓰이는 단어는 전형적으로 매우 한정된 어휘와만 나타나므로 이를 통해 어휘를 학습하면 해당 단어를 쓸 때 적절하게 사용할 수 있게 된다. 쓰기란 단어 하나만을 쓰는 일이 아니므로, 공기하는 단어나 통사적 정보를 알아야만 문장의 완성이 가능하다. 쓰기 중심의 교실 활동으로는 베껴서 쓰기 연습, 맞는 철자로 고쳐 쓰기, 바꾸어 쓰기, 응답하여 쓰기, 줄여서 쓰기, 완성하여 쓰기, 확장하여 쓰기, 변형하여 쓰기, 의미가 비슷한 단어 쓰기, 주어진 어휘로 문장 만들기, 주어진 어휘로 담화 구성하기 등이 있다.

② 화제 및 상황 범주에 따른 어휘 교수

2.1 화제 범주 및 상황 맥락

한국어교육에서 어휘를 화제(topic)별로 구분하여 범주화하는 것은 중요한 의미를 가진다. 화제는 주제라고도 불리는데, 학습자가 필요로 하는 요구의 영역과 매우 밀접한 관련을 가진다. 또한 화제에 따른 어휘 교수는 어휘의 장기 기억에도 많은 도움을 주어 학습 효과의 지속성에 기여를 한다고 알려져 있다.

따라서 화제 범주를 분류하고 해당 어휘를 묶는 것은 화제 중심의 어휘 학습에 기반이 되는데, 교사는 흔히 아래와 같은 화제 범주별 어휘를 대상으로 학습자의 숙달도에 맞추어 적절한 어휘를 골라 제시한다.

- 소개: 선생님, 의사, 은행원, 학생, 회사원, ……
- 약속: 늦다, 지키다, 어기다, 바꾸다, 시간, 장소, ……
- 취미: 독서, 노래, 그림, 춤, 여행, 등산, 낚시, 운동, 게임, 요리, ……

문제는 화제 범주의 기준이나 세부 항목이 교사별로 상이해질 수 있다는 점이다. 이런 이유로 화제 범주의 중요성에도 불구하고, 한국어교육에 필요한 화제의 범주나 세부 화제의 목록을 확정하는 것은 쉽지 않다.

첫째, 화제를 목록화하거나 화제의 명칭을 붙이는 것, 화제에 따른 어휘 목록들을 선정하는 것들은 주관적으로 접근할 가능성이 높다. 실제로 다수의 한국어 교재에서 제시한 화제의 목록과 명칭들은 통일되어 체계적이기보다는 교재별로 상이한 경우가 많다.

둘째, 숙달도별로 타당한 화제를 어떻게 정할 것이냐의 문제도 있다. 특정 화제를 특정 숙달도에만 한정할 수 있느냐의 문제이다. 예를 들어 흔히 '날씨'는 초급의 화제로 제시되지만, '기후'는 고급에서 다루어질 수 있으며, '자기소개' 역시 전문적인 인터뷰에서 다루어진다면 고급의 어휘와 연계되기 때문에 특정 화제나 상황이 특정 숙달도에만 연관된다고 보기가 어렵다. 실제 한국어 교재를 분석해 보면, 숙달도별 화제와 상황들이 일정한 체계를 이루지 못하고 혼재되어 있는 경우가 많다.

셋째, 화제의 범주를 어떻게 명확히 정할 것이냐의 문제가 있다. 예를 들어 '여행'은 독립적인 화제인지 아니면 '여가생활'의 하위 부류로 보아야 할 것인지의 문제가 있을 수 있다. 특정 범주의 화제의 경우 포괄적인 범위의 영역에 걸쳐져 있거나 추상적이어서 어휘를 한정하여 제시하기 어렵다. 화제의 중요성은 인식되면서도 이들의 세부 목록을 확정하는 일은 쉽지 않지만, 효과적인 언어 교수를 위해서는 화제에 따른 어휘 목록과 각 화제별 등급에 따른 어휘 목록이 필요하다.

'국제 통용한국어교육 표준 모형'에서는 주제(화제)를 '생각이나 활동을 이끌어 가는 중심이 되는 문제나 내용'이자 '언어를 사용하게 되는 환경과 조건을 제시해 주는 것, 말이나 글의 중심 화제'로 정의하고, 아래와 같이 17개 범주의 85개 항목으로 제시하고 있다[42].

- 개인 신상: 이름, 전화번호, 가족, 국적, 고향, 성격, 외모, 연애, 결혼, 직업, 종교
- 주거와 환경: 장소, 숙소, 방, 가구 · 침구, 주거비, 생활 편의 시설, 지역, 지리, 동식물
- 일상생활: 가정생활, 학교생활

---

42) '국제 통용한국어교육 표준 모형'에서는 1단계와 2단계 연구를 통해 17범주 88개의 한국어교육 주제를 제안하였다. 3단계에서는 17범주 85개 항목의 주제로 수정 보완하였다.

- 쇼핑: 쇼핑 시설, 식품, 의복, 가정용품, 가격
- 식음료: 음식, 음료, 배달, 외식
- 공공 서비스: 우편, 전화, 은행, 병원, 약국, 경찰서
- 여가와 오락: 휴일, 취미·관심, 라디오·텔레비전, 영화·공연, 독서
- 일과 직업: 취업, 직장 생활, 업무
- 대인 관계: 친구·동료·선후배 관계, 초대, 방문, 편지, 모임
- 건강: 신체, 위생, 질병, 치료, 보험
- 기후: 날씨, 계절
- 여행: 관광지, 일정, 짐, 숙소
- 교통: 위치, 거리, 길, 교통수단, 운송, 택배
- 교육: 학교 교육, 교과목, 진로
- 사회: 정치, 경제, 범죄, 제도, 여론, 국제 관계
- 예술: 문학, 음악, 미술
- 전문 분야: 언어학, 과학, 심리학, 철학

화제별 접근 외에도 특정 발화 상황에서의 범주와 목록 정리도 필요하다. 예를 들어 특정 상황에서 고정적으로 나타나는 어휘는 하나로 묶어 교수 자료로 삼을 수 있다.

- 비격식적 담화: 참, 진짜, 엄청 ……
- 존대 상황: 잡수시다, 주무시다, 계시다, 진지, ……
- 사무실 상황: 컴퓨터, 이메일, 인터넷, 메시지, 프레젠테이션, 브리핑 …
- 병원 상황: 치료, 수술, 입원, 퇴원, 진단서, 건강보험, ……

그런데, 화제와 상황은 이론적으로는 다른 개념이더라도, 화제와 상황에 따른 어휘를 엄격히 구분하기는 어렵다. 특정 상황에서 특정 화제가 주로 다루어지기 때문이다. 한국어 교재의 혼합적 교수요목에 의해 설계된 한국어 교재에서도 교재의 첫머리에 단원별 화제(혹은 주제)에 따른 어휘, 문법, 의사소통 기능 등을 그에 따라 차례로 제시하는 것이 많은데, 이는 화제가 학습자가 표현하고자 하는 발화 상황과 밀접하게 연계되기 때문이다. 사실 국립국어원의 '국제 통용 한국어 교육 표준 모형'이나 한국어 교재의 교수요목에서는 숙달도에 따른 주제(화제) 및 상황 범주가 섞여 제시되는 경우가 많다. 위에서 제시한 화제 목록 중 '공공 서비스'에 속하는 공공기

관들은 엄격히 발화면 주제라기보다는 발화가 이루어지는 장소 상황에 해당한다. 이는 숙달도에 따른 학습자들이 접하는 상황과 주제가 개인적 상황 〈 사회적 상황 〈 전문적 상황으로 나아가는데, 이것이 발화 장소와 같은 환경과 밀접하게 관련되어 있기 때문으로 보인다. 상황 맥락은 구체적 상황이 정해지면, 사용 기능과 연계된다. 따라서 화제 및 상황 중심의 어휘 제시는 필연적으로 화제와 구체적인 상황, 이에 따른 사용 기능과 연계되기 마련이다.

주제 항목 가운데에는, 특정 숙달도 단계에서만 사용되는 주제 항목도 있지만 여러 등급에 걸쳐 활용이 가능한 항목들이 있다. 예를 들어, '여행'이라는 주제 범주 안에는 '관광지', '일정', '짐', '숙소'의 주제 항목들이 있으며 어떤 주제 항목이 주요 대상이 되는지에 따라 1급부터 5급까지 활용이 가능하다. 2급에서는 여행의 경험이나 관련한 정보를 물어보는 활동을 할 수 있고, 3급은 여행 범주에 속한 모든 주제 항목의 중점 등급으로 관광지, 일정, 짐, 숙소 등의 항목이 두루 사용 가능하다. 4급은 여행을 다녀온 후의 소감이나 여행지의 특색을 설명하는, 확장된 과제 수행이 가능하다.

화제 및 상황 관련 어휘 학습 활동들은 실제 일상생활에서의 활용도가 높다. 교수 현장에서는 주로 초급에서 화제에 따른 어휘 교수가 이루어지는데, 화제를 중심으로 어휘를 학습한 학습자들의 경우가 그렇지 않은 학습자들에 비해 평가 점수와 문장 형성 능력에서 더 향상을 보인다고 보고되고 있다. 이는 화제 중심 어휘 교수가 학습자들의 어휘력 향상에 긍정적인 영향을 미친다는 것을 시사한다.

어휘 수업의 도입 단계에서 화제 및 상황을 활용하여, 학생들이 이미 가지고 있는 어휘 지식을 최대한 활용할 수 있도록 할 수 있다. 듣기나 읽기와 같은 이해 수업에서는 텍스트와 관련 있는 주요 어휘를 확인하면서 스키마를 형성할 수 있으며, 말하기나 쓰기와 같은 표현 수업에서는 화제별 어휘를 이용하여 앞으로 이야기하거나 쓸 내용의 브레인스토밍을 수행할 수 있다. 예를 들어, 아래의 예시처럼 화제 관련 어휘들은 화제 도입 전에 의사소통 기능별 사전 활동으로 활용할 수 있다.

〈예시 1〉 이해 과제 전 주요 어휘 확인하기

※ 다음은 취미 관련 어휘입니다. 먼저 모르는 어휘에 표시하십시오.

☐ 가사	☐ 볼링	☐ 오락실
☐ 골프	☐ 비기다	☐ 요가
☐ 공격	☐ 사냥	☐ 우승
☐ 동호회	☐ 수집	☐ 운동선수
☐ 등산복	☐ 시합	☐ 응원
☐ 렌즈	☐ 실내	☐ 줄넘기
☐ 마라톤	☐ 씨름	☐ 촬영
☐ 물감	☐ 야외	☐ 코트
☐ 바둑	☐ 예선	☐ 프로
☐ 배구	☐ 오락	☐ 흑백

〈예시 2〉 표현 과제 전 브레인스토밍

※ 여러분이 자주 하는 집안일에 √해 보세요.
Choice √ the box of the most frequent choices you do at home.

청소	세탁	식사

☐ 청소기를 돌리다	☐ 빨래하다	☐ 장을 보다
☐ 걸레질을 하다	☐ 세탁기를 돌리다	☐ 음식을 만들다
☐ 먼지를 털다	☐ 빨래를 널다	☐ 상을 차리다
☐ 유리창을 닦다	☐ 빨래를 개다	☐ 상을 치우다
☐ 분리수거를 하다	☐ 다림질을 하다	☐ 설거지를 하다

<예시 3> 표현 과제 전 브레인스토밍

※ 다음은 〈집안일〉 관련 어휘입니다. 다음을 이용하여 질문에 답해 보십시오.

걷다04,	걸레01,	널다01,	다리다01,	다리미,	다림질,
담요,	대청소,	더러워지다,	더럽히다,	말리다03,	먼지01,
못01,	바늘,	실01,	쓸다02,	씻기다02,	얼룩,
일손,	입히다,	재우다03,	주전자,	집안01,	청소기02,
치우다01,	털다				

1) 집안일에는 어떤 것들이 있습니까?
2) 여러분이 자주 하는 집안일은 무엇입니까?
3) 집안일을 하는 로봇이 있다면 그 로봇에 필수적인 기능은 무엇일까요? 왜 그렇게 생각합니까?

또한 의사소통 기능 수행 후, 어휘 확장 활동으로 화제에 묶이는 단어들을 제시할 수도 있다. 화제 및 상황 관련 어휘는 해당 화제와 연관된다면 품사나 의미장과는 관계없이 폭넓게 포함될 수 있는 장점이 있으며, 어휘 교수의 결과가 장기기억으로 이어지는 경우가 많다.

③ 기능 범주에 따른 어휘 교수

3.1 기능 범주

'기능'은 의사소통 상황에서의 화자의 의도로 언어 형태를 통해 수행된다. 언어 형태는 문법 항목과 같은 문법적인 형식과 더불어 어휘적 요소를 통해 구현되는데, 단어 단위일 수도 있고 구 단위나 문장의 형태일 수도 있다. 학습자들이 해당 기능에 가장 적절한 언어 형태를 익히는 일은 유창성에 도움을 준다. 하지만 아래의 예시와 같이 기능을 구현하는 고정된 언어 형태를 선정하는 일은 쉽지 않다. 간단한 단어에서 구 단위, 문장 단위에 이르는 다양한 언어 형태들이 기능을 수행하기 때문이다.

예 동의하기 (예) 응, 그래, 좋아
예 추측하기 (예) -을 것 같다, -을 것이다
예 인사하기 (예) 안녕하세요?, 저는 -라고 합니다.

'기능 범주'란 의사소통 상황에서의 화자의 발화 의도와 연계된 언어 기능을 범주화 한 것을 의미한다. 다양한 외국어 학습의 교수법 중 개념-기능 중심 교수요목은 학습자가 목표어로 표현할 수 있어야 하는 개념과 기능을 나열한 것인데, 이때의 '개념(notion)'은 존재, 공간, 시간, 양, 질 등과 같은 추상적인 개념과 여행, 건강, 교육, 쇼핑, 여가 등과 같은 상황 혹은 맥락을 의미하며, '기능(function)'은 인사하기, 보고하기, 거절하기, 사과하기 등과 같은 언어 기능을 뜻한다.

기능 범주의 세부 기능들은 과제를 통해 수행되게 되는데, 과제는 의미를 중심으로 하여 의사소통을 위해 수행되는 모든 이해, 처리, 생산, 대응 활동을 의미하는 것으로 언어를 사용해 무엇을 수행할 수 있는가 하는 측면을 가리킨다. 국제통용 표준모형 3단계 연구에서는 5개 범주의 52개 기능 항목을 제시했는데, 어휘 교수와도 밀접하게 연계된다.

- [정보 요청하기와 정보 전달하기] 범주: 설명하기, 진술하기, 보고하기, 묘사하기, 서술하기, 기술하기, 확인하기, 비교하기, 대조하기, 수정하기, 질문하고 답하기
- [설득하기와 권고하기] 범주: 제안하기, 권유하기, 요청하기, 경고하기, 충고하기 / 충고 구하기, 조언하기/조언 구하기, 허락하기/허락 구하기, 명령하기, 금지하기, 주의주기/주의하기, 지시하기
- [태도 표현하기] 범주: 동의하기, 반대하기, 부인하기, 추측하기, 문제 제기하기, 의도 표현하기, 바람 · 희망·기대 표현하기, 가능 / 불가능 표현하기, 능력 표현하기, 의무 표현하기, 사과 표현하기, 거절 표현하기
- [감정 표현하기] 범주: 만족/불만족 표현하기, 걱정 표현하기, 고민 표현하기, 위로 표현하기, 불평·불만 표현하기, 후회 표현하기, 안도 표현하기, 놀람 표현하기, 선호 표현하기, 희로애락 표현하기, 심정 표현하기
- [사교적 활동하기] 범주: 인사하기, 소개하기, 감사하기, 축하하기, 칭찬하기, 환영하기, 호칭하기

④ 의미 범주에 따른 어휘 교수

4.1 의미 범주 목록

어휘는 개별적으로 존재하지 않고, 의미적 연관성을 갖는 어휘들끼리의 집합을 이룬다. '의미 범주'란 어휘의 집합을 가르는 기준을 세우고, 각 기준에 의미적으로 부합하는 어휘들을 그룹화한 것을 일컫는다.

예를 들면, 아래와 같이 의미 범주별로 예시가 되는 어휘를 묶어 볼 수 있는데, 이들 어휘 목록은 학습자 대상 평가 문항의 개발이나 범주별 어휘 교육에 활발히 활용될 수 있다.

● **의미 범주별 어휘의 예시**
- 운동 범주: 축구, 배구, 탁구, 달리기, 야구, 수영, ……
- 자연현상 범주: 바람, 구름, 비, 눈, 해; 맑다, 흐리다, 덥다, 춥다, ……
- 모양 범주: 크다, 작다, 길다, 짧다, 넓다, 좁다, ……
- 의복 범주: 바지, 치마, 옷, 셔츠, 코트, 양말, 신발, 모자, ……

때로는 의미 범주에 문법적 의미를 포함시켜 문법적 의미의 특성에 따라 어휘를 묶어 볼 수도 있다.

● **어휘의 문법적 특성별 어휘의 예시**
- 단위 명사 범주: 개, 명, 마리, 송이, 자루, 권, 대, ……
- 이동 동사 범부: 가다, 오다, 다니다, 올라가다, 내려가다, 돌아가다, ……
- 시간 명사 범주: 어제, 오늘, 내일, 올해, 작년, 내년, 지금, ……
- 감정형용사 범주: 죄송하다, 미안하다, 감사하다, 고맙다, 반갑다, 무섭다, 그립다, ……

소범주를 설정하는 방식도 가능하다. 소범주는 해당 대범주의 구체적인 '유형, 상태, 행위' 등으로 구분될 수 있다[43]. 한국어교육에 활용될 수 있는 의미 범주의 예시를 보이면 아래와 같다.

식생활 범주를 예로 들어 그 하위 범주에 속하는 어휘의 예시를 보이면

---

43) 의미 범주별로 중범주를 선정하는 것도 가능하다.

아래와 같다.

[표 4] 식생활 관련 하위 범주에 따른 어휘 예시

소범주	예시
음식	갈비탕, 과자, 국, 국수, 매운탕, 인스턴트, 조림, 중식, 회, 진지, 찜 …
채소	감자, 무, 배추, 상추, 고구마, 고추, 당근, 시금치 …
곡류	쌀, 콩, 곡식, 보리, 옥수수, 팥, 곡물, 양식, 찹쌀, 햅쌀, 햇곡식 …
과일	감, 귤, 딸기, 바나나, 배, 레몬, 밤, 복숭아, 대추 …
음료	녹차, 막걸리, 맥주, 물, 사이다, 보리차, 와인, 요구르트, 생수 …
식재료	간장, 계란, 기름, 게, 고등어, 고춧가루, 깨, 꿀, 마늘, 노른자, 조개 …
조리 도구	그릇, 냄비, 수저, 칼, 프라이팬, 술잔, 식기, 저울, 전자레인지 …
관련 장소	레스토랑, 부엌, 빵집, 술집, 식당, 주방, 호프 …
맛	달다, 맛없다, 맵다, 쓰다, 짜다, 시다, 싱겁다, 간, 고소하다, 느끼하다, 달콤하다 …
식사 행위	마시다, 섞다, 외식, 편식, 푸다, 과음, 육식…
조리 행위	굽다, 깎다, 끓이다, 익히다, 조리, 절이다, 졸이다 …

의미 범주를 활용한 어휘 교수 역시 이에 대한 기초 어휘 목록이 체계적으로 구축되어야만 현장 교수에 활용할 수 있는데, 예를 들어 색깔 어휘를 가르친다면 색깔을 나타내는 어휘 중 초급에 가르칠 어휘 목록과 중급과 고급에서 가르칠 어휘 목록에 대한 전체적인 어휘 실러버스가 마련되어야만 교재 개발이나 교수 현장에의 적용이 용이하기 때문이다.

4.2 의미 범주를 활용한 어휘 교수

의미 범주별 어휘 교수는 아래와 같은 장점이 있다. 우선, 의미적 연관성을 가지는 어휘를 묶어 자료를 구축하여, 어휘 평가에 활용이 가능하다. 예를 들어 아래와 같이 어휘 평가에서 답항에서 제시되는 하위 목록들은 대부분 같은 의미 범주에 속하는 단어들이므로, 어휘 묶음 자료를 활용하여 교수자는 평가 답항을 구안할 수 있을 것이다.

〈예시 1〉

다음은 어느장소에서 하는 대화입니까?

> 남자 : 어떻게 해 드릴까요?
> 여자 : 짧은 머리로 해 주세요.

① 세탁소　　　　② 우체국　　　　③ 미용실　　　　④ 편의점

아울러, 단계별 어휘 교수 실러버스를 구축할 때에도 의미 범주에 따른 어휘 목록은 교재 개발이나 워크북 개발 등에 효율적으로 활용될 수 있다. 같은 의미 범주로 묶이는 어휘들을 대상으로 한 등급화 작업이 선행된다면 단계적 어휘 제시가 용이하기 때문이다. 예를 들면 '맛'에 관련된 어휘를 한데 묶은 뒤, 사용 빈도나 범위의 측면에서 이들을 숙달도별로 단계화할 수 있을 것이다.

예

- '맛' 의미 범주에 속하는 단어들
  초급: 달다, 쓰다, 짜다, 맛있다, 맛없다, 맵다 …
  중급: 간, 시다, 싱겁다, 느끼하다, 떫다 …
  고급: 고소하다, 매콤하다, 쌉싸름하다, 달콤하다 …

또한, 각 의미 범주별로 묶인 어휘는 서로 의미적으로 관련성을 가지므로 이를 중심으로 하는 어휘 활동이나 연습은 어휘 학습의 효율성을 높일 수 있다. 따라서 아래의 예시들처럼 두 범주의 어휘를 중심으로 서로 관련성이 있는 어휘를 함께 제시하거나 이를 이용한 어휘 연습 활동을 만들 수 있다.

<예시 2> 관련 있는 어휘 연결하기

※ 다음 A와 B의 어휘를 서로 관련 있는 것끼리 연결해 보십시오.

〈A〉			〈B〉
눈	•	•	감다
고개	•	•	구부리다
무릎	•	•	굽히다
입	•	•	꿇다
허리	•	•	끄덕이다
목	•	•	노려보다
발목	•	•	다물다
손목	•	•	

각 하위 범주 중에는 서로 연상적으로 연결될 수 있는 어휘 범주들의 많다. 예를 들어, [인간] 대범주의 [용모]와 [성격]은 인간을 묘사하기 위해 많이 사용되는 일련의 어휘군이다. 따라서 이들 어휘를 다양한 이야기를 만들기 활동 등에 활용할 수 있다.

<예시 3> 이야기 만들기

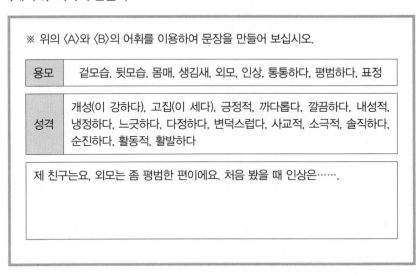

※ 위의 〈A〉와 〈B〉의 어휘를 이용하여 문장을 만들어 보십시오.

용모	겉모습, 뒷모습, 몸매, 생김새, 외모, 인상, 통통하다, 평범하다, 표정
성격	개성(이 강하다), 고집(이 세다), 긍정적, 까다롭다, 깔끔하다, 내성적, 냉정하다, 느긋하다, 다정하다, 변덕스럽다, 사교적, 소극적, 솔직하다, 순진하다, 활동적, 활발하다

제 친구는요, 외모는 좀 평범한 편이에요. 처음 봤을 때 인상은……

의미 범주 중 동일 대범주 내 각 하위 범주에 속하는 어휘들은 일정한 의미 속성을 공유하면서도 한편으로는 변별되는 의미 속성을 가진다. 따라서 동일 대범주 내의 소범주 어휘를 중심으로 어휘 분류 활동도 만들 수 있다. 예를 들어 대범주 [식생활]의 [과일]과 [채소] 범주의 어휘를 활용하여 어휘 분류 활동을 만들어 낼 수 있다.

〈예시 4〉 어휘 분류하기

※ 다음 어휘를 분류해 보십시오. 왜 그렇게 분류했는지 이야기해 보십시오.

감자, 고구마, 고추01, 곡식, 귤, 나물01, 땅콩, 당근, 레몬, 맥주, 보리, 복숭아, 버섯02, 사과, 상추, 시금치, 쌀, 양배추, 양파, 오이, 옥수수, 요구르트, 주스, 차, 커피, 콩, 포도주, 호박

제 11 장

어휘 교육과 과제 활동

① 어휘 학습과 전략

1.1 어휘 학습 전략의 중요성

교사의 어휘 교수의 전략에 못지않게 중요한 것은 학습자의 어휘 학습 전략이다. 결국 학습이란 학습자 주도적인 산물이며, 어휘 습득은 특히 그러하기 때문이다. 학습자가 모든 단어를 다 알 수는 없으며, 문맥을 이해함으로 해서 어려운 단어의 해석을 도울 수 있는데 이에는 전략이 필요하다. 특히 저빈도 단어는 그 수가 많으므로 이들을 개별적으로 가르치는 것보다는 이들을 처리하는 책략을 가르치는 것이 좋다. 학습자들이 구사해야 할 어휘 학습의 전략에는 모르는 단어를 추정하는 전략과 이미 학습한 단어이지만 잘 기억나지 않는 단어들을 효율적으로 재생하는 전략, 그리고 학습한 단어를 적극적으로 사용하여 소통하는 전략 등이 있다.

첫째, 모르는 단어를 추정하는 전략이 필요하다. 학습자들이 한국어의 모든 단어를 학습한 후에 의사소통을 한다는 것은 현실적으로 불가능하며, 학습의 과정에서 혹은 학습 외적 상황에서 어쩔 수 없이 낯선 단어를 만나게 되는 것은 당연하다. 실제로 아동들의 어휘 수는 많지 않지만 어휘 수가 적다고 해서 그들과의 소통이 불가능한 것은 아니라는 점을 생각해 본다면 이미 알고 있는 단어를 활용한 소통 전략이 중요함을 알 수 있다. 한 언어의 많은 어휘는 사용 빈도가 낮은 단어들이다. 모국어 화자가 그러하듯이 세상의 모든 단어를 알 필요는 없다. 학습자가 언제 필요로 할지 모르는 그 수많은 단어들을 모두 가르치려고 애쓰는 것보다는 이들을 만났을 때 처리하는 전략을 가르치는 일이 중요하다. 매번 새로운 단어를 제시하고 이를 학습하게 하는 것도 중요하지만, 모르는 단어를 만났을 때 현재 알고 있는 어휘 지식을 바탕으로 모르는 단어를 추측할 수 있는 전략이 필요한데, 여기에는 문맥적 실마리 찾기 전략이 있다. 예를 들어 제목, 요약, 개요, 문맥의 흐름 속에서 주변의 다른 단어들 참고하여 의미를 파악하는 것이다. 학습자들이 일정 수의 단어를 알게 되면, 그 동안 익힌 읽기 기술을 이용하여 모르는 단어의 의미를 추론할 수 있으며 대부분의 내용을 맥락으로부터 추측하여 소통력을 높일 수 있다. 또한, 반대어나 유의어를 통해 단어를 유추하거나 어근과 접사의 분석 등의 단어 형태 분석을 통해 의미를 추측할 수 있다. 또한 학습자가 단어를 접사와 어근으로 분리할 줄 알면 각 부분의 의미를 앎으로 해서 전체 단어의 의미를 파악할 수 있으므로, 이러한 전략을 적극 활용한다.

둘째, 이미 배운 단어 기억하는 전략이 필요하다. 학습자들로 하여금 이미 학습한 단어를 잊어버리지 않고, 효과적으로 기억하여 재생하게 하는 전략을 개발하게 해야 한다. 어휘 학습 상에서 겪는 가장 큰 문제는 이미 학습한 어휘임에도 불구하고 기억해 내지 못하거나 학습한 어휘 간의 혼동이 오는 것이다. 따라서 교사는 효과적으로 기억하는 전략의 다양한 방법들을 제공하거나, 학습자와 함께 효과적으로 기억하기 전략을 개발하는 일이 중요하다. 일반적으로 기능어는 수가 적고 의미가 한정되므로 기억이 쉬운 반면, 추상적 내용어는 기억하기 어렵다. 개별 어휘를 기억하는 데는 형태가 의미보다 중요하다는 연구가 있으며 단어의 형태가 의미로 이어질 수 있도록 지도하는 것이 중요하다. 단어는 연상의 망 속에 저장되고 기억되며 우리 마음속의 단어들은 서로 의미, 형태, 소리 뿐 아니라 시각에 의해서도 서로 연결되어 있다. 따라서 한 단어의 의미를 아는 것은 다른 단어들과의 연결 관계를 아는 것이라고 할 수 있다. 어휘를 기억하기 위한 전략들로는 단순한 것을 기억하는 기억술, 어떤 항목을 기억하기 위해 그의 시각적 이미지를 형성하여 그것을 마음속의 가상 장면 속에 담아 전체 장면을 회상함으로써 그 항목을 쉽게 회상하는 회상술, 직접적인 방법으로 대상물을 연결하여 기억하는 짝 연상, 비슷한 소리와 의미를 가진 단어를 짝 짓는 방법, 외국어의 단어를 모국어로 번역하여 그 둘을 연결하는 번역어와의 연상법 키워드 등이 있다. 번역어와의 연상법은 구체적 단어일수록, 이미지가 이상할수록 기억이 잘 되며 학생이나 교사 모두에 의해 만들어질 수 있고 초급과 고급 학생 모두에게 유용하다.

셋째, 실제 대화에서 어휘 사용을 통해 적절한 유창성을 기르게 하는 것을 어휘 학습 전략으로 삼을 필요가 있다. 새로 배운 단어를 힘들이지 않고 빨리 사용하는 것이 중요한데, 대화에 참여할 수 있는 어느 정도의 유창성이 학습자에게 자긍심을 주고 이는 그 언어에 더욱 접근할 수 있게 한다. 의사 전달 면에서는 실질 의미를 가진 내용어가 문법적 기능을 가진 단어보다 더 효용성이 있으므로, 내용어의 습득이 유창성을 확보하는 데에 아주 중요하다. 문맥상 정확하지만 빈도가 낮은 단어를 쓰도록 고집할 것이 아니라 일반적인 단어가 대충 뜻에 맞으면 먼저 사용하게 할 수 있다. 어휘 사용에 있어서 지나치게 활용이나 곡용 등의 정확성을 강조하기보다는 의미를 주고받는 의미 협상에 더 중점을 두는 전략을 가져야 한다. 예를 들면 학습자들이 자신이 아는 단어를 이용하여 파생, 합성, 조합, 모방 등의 수단을 동원하게 할 수 있다. 또한 단어는 연상의 망 속에 저장되고 기억되며, 단어들은 서로 의미, 형태, 소리 뿐 아니라 시각에 의해서도 서로 연결되어 있으므로 다른 단어들과의 연결 관계를 아는 것도 매우 중요하다. 따라서 학습자가 습득한 어휘를 최대한 유용하게 활용하는 전략과 더불어 실제 소통에서 유창성을 증진할 수 있는 다양한 방안을 모색해야 한다. 어휘 학습을 사용으로 이어지게 이끄는 것이 중요한데, 새로운 단어에 대한 기억은 단어들이 개별적으로 관련 있는 의미를 표현하기 위해 사용될 때 강화될 수 있으므로, 단어를 직접 사용하게 하는 방법은 좋은 전략이다.

1.2 어휘 학습의 난도

발음, 어휘, 문법, 문화 영역은 언어 지식 영역으로 학습의 대상이 되는 것들이다. 학습의 각 단계에서 각각의 영역들은 모두 어려움을 제공하지만 어휘는 특히 학습의 규모 면에서 더 어렵게 인식될 수 있다. 한국어의 발음은 제한된 자모 수와 음운 현상 등으로 한정되어 비교적 학습의 범위가 명확하며, 초급에서 대부분의 학습이 이루어진다. 물론 발음은 지속적으로 모국어의 영향을 받아 오류가 지속되기 쉬운 영역이기는 하나 상대적으로 다른 영역에 비해 학습 자체가 어려움이 많은 것은 아니다. 문법 영역 역시 숙달도별로 제한된 수의 문법 항목을 학습하게 된다는 점에서 대상의 수가 제한되어 있다. 물론 모국어와는 다른 문법 항목이나 유사한 목표 문법 항목 간의 변별에 대한 어려움이 있어 역시 지속적인 오류를 양산할 수 있다. 한편, 문화의 경우에는 오히려 학습의 범위가 너무 넓어서, 교수 현장에서 구체적인 학습의 목록을 한정하기 어렵다.

이런 특징들을 고려해 본다면 학습 대상의 범위가 가장 넓은 것은 어휘 영역이라고 볼 수 있다. 개별 단어들은 매우 구체적이고 소통에 필수적인 요소임에도 불구하고, 그 목록의 수가 매우 많은 데다가 필요한 영역별로 알아야 하는 어휘도 많아서 학습자들에게는 가장 부담이 큰 영역이 된다.

학습자의 어휘 오류는 발음이나 문법의 영역에 비해 많으며, 이들 오류의 세 배에 달한다는 연구도 있다. 사실 초급 학습자의 경우 단어 사용에 실수를 보이는 일이 매우 잦다. 단어를 정확히 발음하지 못하거나 유사한 철자와 혼동하는 일도 매우 흔하다. 정확하지 않은 발음은 철자 오류와 연계되는 일이 많은데, 철자를 잘못 선택하거나 생략하기도 하고 철자의 순서를 뒤집기도 한다. 단어에 대한 발음과 철자 오류 외에도, 학습자들은 때로 한국어에 존재하지 않는 단어를 만들어내기도 한다. 목표 단어와 유사하거나 관련된 의미를 가진 단어를 혼동하는 경우도 많고, 어휘량이 증가할수록 유사한 단어 간의 의미 구별에 실패하는 경우도 많다. 특히 학습자의 모국어에 기대어 발생하는 연어 관계에서의 오류는 초급부터 고급에 이르기까지 지속적으로 나타나는 경우가 많아 학습자들에게 매우 어려운 영역이다.

어휘 항목 자체의 특성으로 난도가 결정되는 경우도 있다. 우선, 어휘 항목 중에는 상대적으로 암기하기 쉬운 단어와 암기하기가 어려운 단어가 있다. 우선 암기가 쉬운 단어에는 아래와 같은 것들이 있다. 중국인 학습자나 일본인 학습자의 경우 모국어와 한자가 같은 한자어의 의미를 쉽게 파악할 수 있으며, 때로는 이들 어휘의 발음도 매우 유사해서 학습하는 데에 유리하다. 또한 영어를 원어로 하는 차용어의 사용이 늘고 있는 한국어의 경우, 영어를 안다면 쉽게 학습할 수 있는 차용어들이 있다.

- 의미와 형태 유사어: 모국어에 있는 대당 표현과 의미나 형태가 유사한 단어
- 동족어: 단어들이 (모국어와) 공통의 기원에서 파생된 단어
- 차용어: (학습자가 알고 있는) 영어로부터의 차용된 단어

반면에 학습자가 암기하기 어려운 단어들에는 아래와 같은 것들이 있다. 의미는 다름에도 불구하고 모국어의 단어와 형태가 유사하여 혼동을 주거나, 발음이나 철자가 어려운 단어, 길고 복잡한 단어는 학습하기 어렵다. 또한 단어 사용에 문법적 제약이 있다면 이를 정확하게 사용하는 데에 어려움이 생길 수 있다.

- 혼동어(false friends) : 의미는 다르나 형태가 유사하여 혼동되는 단어
- 발음이 어려운 단어: 학습자가 익숙하지 않은 소리가 포함된 단어
- 철자가 어려운 단어: 소리와 철자가 일치하지 않거나 어려운 철자로 구성된 단어
- 길고 복잡한 단어: 단어의 길이가 길고 복잡한 구성을 가진 단어
- 문법과 연계된 단어: 특정한 문법적 패턴으로 사용에 제약을 가지는 단어

이 밖에도 의미가 복잡한 단어나 특정한 문화적 맥락에서 해석되는 단어들도 학습하기가 어렵다. 문화의 특정적인 배경을 가진 단어들은 문화적 배경을 이해하지 않는 한 학습하기 어려우며, 좁은 범위의 문맥에서만 사용되는 단어들은 넓은 범위의 문맥에서 사용될 수 있는 단어들에 비해 더 어려움을 겪게 한다. 또한 단어가 다양한 다의항목을 가질 때, 다의항목별로 유의어가 달리 나타난다면, 학습자들은 다의항목별 관련어 학습에 혼동과 어려움을 가질 수 있다. 아울러 모국어에 없는 낯선 개념을 가진 단어도 학습하기 쉽지 않다. 문체적 제약을 가지는 단어들이나 부정적 함의를 가지는 단어들도 제약이 없거나 긍정적 단어들보다 더 학습이 어렵다고 알려져 있다. 이렇듯 학습자들은 모국어의 영향, 목표어 어휘 항목의 복잡성, 그리고 어휘가 가진 문화적 맥락 등의 다양한 요소로 인해 학습에의 어려움을 겪게 되므로, 교사들은 어휘 교수 시 이러한 요소들을 극복할 수 있도록 내용과 전략을 가르쳐야 한다.

- 의미가 복잡한 단어 : 상이한 의미 항목이 많거나 의미가 복잡한 단어
- 문화적 맥락으로 해석되는 단어 : 문화적 맥락을 이해해야만 해석이 가능한 단어
- 모국어에 존재하지 않는 단어 : (모국어에 없어) 학습자에게 생소한 의미의 단어
- 유의 관계가 상이한 다의어 : 서로 다른 유의어가 있는 다의항목
- 문체적 제약이나 부정적 함의를 가진 단어: 특정 문체에서만 사용되거나 부정적 함의를 가진 단어

어휘 항목 자체의 문제가 아니더라도 어휘 학습이 더 어려운 이유는 이미 학습한 어휘의 '망각'에서도 찾을 수 있다. 아무리 열정적인 의지를 가진 학습자일지라도 배운 단어를 잊어버리는 것은 피하기 어렵다. 또한 뒤에 배운 어휘가 선행 학습한 어휘를 간섭하여 어려움을 겪기도 한다. 새로운 어휘 항목을 학습한 것이 이전에 학습한 단어를 밀어내기도 하고, 학습자

들은 최근에 습득한 단어들과 매우 유사하다고 생각되면 특히 잘 잊어버리기도 한다. 이러한 망각을 방지하기 위해서는 이미 학습된 어휘 항목을 시간 간격을 두고 다시 반복하여 복습하는 것이 망각의 속도를 늦출 수 있다고 한다. 하지만 단순히 단어들을 반복만하거나 원래 문맥에서 다시 학습하는 것은 효과가 적으며, 이전 문맥과는 다른 방식으로 학습하거나 이미 배운 단어를 머릿속에서 의식적으로 의미를 연계하려는 노력이 효과적이라고 알려져 있다.

② 어휘 학습 전략의 유형

2.1 어휘 학습 전략의 분류

일반적으로 어휘 학습 전략은 간단한 암송, 반복, 어휘에 대한 메모 등으로 이루어진다. 이보다 더 정밀한 전략은 중요하고 활동적인 정보의 처리를 요구하는 상상적 기법, 추론적 기법, 키워드 방법 등 보다 복잡한 것을 선호한다. 전략은 개별적으로 사용되기 보다는 여러 전략을 한꺼번에 같이 사용하는 경우가 많다. 학습자들은 그들의 언어 학습 구조와 목표 언어의 복습과 연습에 있어서 이러한 다양한 전략을 사용하며, 제2언어 학습에 있어서 그전에 알고 있던 단어와 새로 배운 단어 사이의 의미적 연관성을 인지할 수 있다고 알려져 있다. 따라서 전략 학습에 있어서 학습자들의 협력을 얻어내는 일은 중요하다.

어휘 학습 전략의 효용성은 모국어 학습에서의 숙련도를 포함하여, 학습자의 문화, 학습 동기, 그들의 언어 사용 환경, 그리고 제2언어 자체의 특성에 따라 달라진다. 숙달도 등급 또한 상당히 중요한데, 초급 학습자들에게는 어휘 목록을 직접 보여주는 것이 낫고, 고급 학습자들에게는 문맥화된 어휘들을 암묵적으로 제시하는 것이 더 낫다고 한다. 또한 높은 빈도수의 어휘들은 주로 복습과 강화를 통한 전략을 필요로 하고, 반대로 빈도수가 낮은 어휘들은 보통 읽고 듣는 동안 우연히 접하게 하는 전략이 필요하다. 언어 교육에서는 어휘 학습 전략은 아래의 5개의 그룹으로 제시된다.

● **사회적 전략(SOC)**

: 다른 사람과의 상호작용으로 언어 학습을 개선한다. 한 사람이 선생님과 급우들에게 새로운 단어에 대한 정보에 대해 묻고 몇 가지 방법들 (동의어, 번역 등)로 답할 수 있다. 또한 다른 사람들과 함께 어휘 지식을 학습하고 강화할 수 있다.[44]

● **기억 전략(MEM)**

: 전통적으로 암기법으로 알고 있는 것으로, 새로운 어휘는 기존에 알고 있던 어휘나 경험과 연계해 현재의 지식들과 융화되며, 알고 있는 어휘의 형태나 의미에서 파생되는 경우가 많다. 우선, 어휘 집합으로 묶는 것은 어휘들을 되살려 기억하는 데에 중요한 방법인데, 어휘가 기억 속 어딘가에 조직화 된다면 기억을 되살리는 데에 더 도움이 된다.[45] 또한 목표 어휘의 철자법이나 음성학적인 형태에 초점을 두어 기억을 돕는 방법도 있다. 몸동작들을 사용하는 것도 습득을 쉽게 하는데, 초급 학습자들에게 더 적절하다. 키워드를 중심으로 어휘를 기억하는 것도 효과적이다.

● **인식의 전략(COG)**

: 학습자들에 의해 목표로 하는 언어에서 조작과 변형이 일어나는 방식이다. 암기 전략들과 유사해 보이지만, 특별히 조작적인 정신 과정(반복적이고 기계적인 학습법이나 어휘를 노트에 적는 것처럼)에 초점이 맞춰져 있지는 않다.

● **초인지적 전략(Met)**

: 학습자가 학습 과정, 계획, 감시 또는 학습법들의 평가 등의 개략을 의식하는 방법이다. 입력 방법을 개선하거나, 학습과 복습에 가장 효과적인 방법들에 대한 결정, 스스로 학습 성취도를 평가하는 것 등이 포함된다. 또한 어떤 어휘가 가치가 있고 없는지 어떤 어휘가 학습된 이후에 기억에 오래 남는 지를 스스로 결정한다.[46] 학습자 스스로 학습 방식에 대해 되돌아보기를 하도록 장려하고, 문제를 풀어나가는 데 개인별 접근 방법을 향상시키도록 의도하는 되돌아보기를 수행하게 하는 것도 좋다. 예를 들어 점검 목록(check-list)을 통해 학

---

44) 학습자들이 어려운 낱말들에 대한 정보를 얻는 방법에 대한 한 조사에 따르면, 동료에게 질문하기〉스스로 짐작해 보기〉사전 찾기〉교사에게 의미 질문하기〉무시하고 지나치기〉집단 활동에서 의미 알아내기〉의미 설명 요청하기(쉽게 풀어주거나 유의어 묻기)〉번역어 요청하기〉문장 용례 요청하기 등의 순으로 나타났다.

45) 학습자가 새로운 어휘를 적는 활동은 그 낱말을 기억하는 일에 도움이 된다. 교사는 가끔씩 학습자들이 써놓은 기록들을 점검한다면 학습자들의 수행과 향상을 살피는 데에도 많은 도움을 받는다.

46) 사고 구술법(think aloud)은 순간순간 일어나는 머릿속 이해 과정을 보여줄 수 있는 방법으로, 학습자는 의미를 추론하는 일을 겪어나가면서 단계별 과정을 알아볼 수 있다.

습자 스스로 개별 낱말들을 알기 위해 필요한 것들에 대해 질문 하도록 하거나 학습자들은 정규적으로 자신의 고유한 어휘 필요성과 단점들을 평가하고, 실제 상황에서 자신들의 수행 내용에 대한 기록을 해나가도록 장려할 수 있다.

2.2 기억하기 전략

학습은 기억하는 것이지만, 어휘는 다수의 항목들을 지속적으로 암기하여야 하며 이를 장기 기억으로 가져가야 한다는 부담이 있다. 언어 교수에서 학습한 단어의 기억의 측면에서 활용할 수 있는 구체적인 전략은 아래와 같은 것들을 들 수 있다.

- **반복(Repetition)**: 새로운 자료를 '기억하는' 가장 좋은 방법은 해당 어휘 항목을 반복하는 것이다. 하지만 항목을 단순히 반복하는 것은 장기 기억에 영향을 덜 미치며, 다른 단어와의 연계를 하면서 반복하는 것이 중요하다. 또한 7번 내외의 반복이 이루어지면 항목이 기억될 가능성이 매우 높아진다.

- **검색(Retrieval)**: 일종의 반복에 속하나 다시 끄집어내는 효과를 가진다. 기억으로부터 단어를 끄집어내는 행동은 학습자가 이후에도 다시 회상할 수 있게 하므로 효과적이다. 이러한 끄집어내는 활동의 반복은 회상을 위한 '기름길(oil the path)[47]'을 만들게 된다.

- **간격 두기(spacing)**: 이미 수업에서 학습한 어휘를 다시 복습하는 일은 매우 중요하다. 반복은 가능하면 일정 시간의 기간에 걸쳐서 나누어 하는 것이 더 낫다. 이는 분배된 연습의 원칙으로도 알려져 있는데, 처음 2–3개의 항목들을 제시하고 이를 복습하고, 다시 그것들을 시험 보고, 그런 후에 다시 되짚어보게 하는 것과 같은 다양한 반복의 절차를 거치는 방식이다. 다만 짧은 시간 내의 여러 번의 반복보다는 일정한 시간적 간격을 두어 어휘를 반복하게 하는 것이 좋은데, 가능하면 두 번째보다 세 번째 반복의 간격이 점점 증가하는 것이 바람직하다.[48]

- **속도(Pacing)**: 학습자들은 다른 학습 스타일과 다른 속도의 자료 처리 능력을 가지고 있으므로, 각자 활동들의 속도를 조절할 기회가 필요하다. 교사들은 학습

---

47) '길에 기름을 칠한 것처럼' 매우 원활하게 기억을 끄집어낼 수 있게 되는 것이다.

48) 첫 제시 후, 2일, 4일, 8일, 16일, 32일 … 이런 식으로 간격을 점점 크게 두어 가는 방식이다.

자들이 어휘를 학습하는 동안(자신들의 어휘를 조작하고 반복하는), '기억 작업'을 학습자가 개별적으로 할 수 있도록 허가해야 한다.

- **사용(Use):** 단어를 직접 사용하게 하는 것은 학습한 단어들을 장기 기억으로 가져가는 최고의 방법이다. '사용하지 않으면 잊는다'(Use it or lose it)는 대중적으로 널리 알려진 원칙이다.

기억 전략에서 단어들을 조작하는 다양한 방법들이 소개되어 있다. 먼저, 단어를 기억하면서 '인지의 깊이(cognitive depth)'를 두는 것 필요하다. 단어에 대한 인지적인 요구가 더 많아지면 기억되는 단어가 더 많아진다고 한다. 예를 들어, '머리/허리/소리'와 같이 '리'로 끝나는 단어를 리듬을 맞추는 단어를 함께 매치하여 기억하는 방법이나 '명사, 형용사, 동사 등'과 같은 단어의 품사를 구분하여 기억하는 방법 등은 해당 단어에 대한 인지적 깊이를 더할 수 있다.

다음으로, '개인적 조직화(Personal organizing)'도 좋은 방법이다. 학습하는 단어들에 대해 개인적으로 의미를 두어 초점을 두는 방법이다. 예를 들어, 새로운 단어들을 포함하는 문장을 크게 읽거나 읽으면서 자신만의 의미 있는 문장을 만드는 활동은 더 효과적인 기억으로 이어질 수 있다.

또한, '이미지화하기(Imaging)'는 새로운 단어를 학습하기 위해 마음속의 그림을 그려 조용히 시각화하는 방법이다. 이렇게 시각화로 이미지화한 단어들은 그렇지 않은(즉시 그림을 떠올릴 수 없는) 단어들 보다 더 잘 기억할 수 있다. 추상적인 단어라 할지라도 학습자들이 그것을 심리적 영상과 연관시킨다면 도움이 된다.

'연상부호(Mnemonics) 만들기'는 기억 속에 저장되어 있지만 자동적으로 회상할 수 없는 항목들을 회상하는 것을 돕기 위한 방법이다. 모국어의 유사한 음이나 의미를 활용한 암기하는 키워드 전략(keyword technique) 같은 것이 대표적인 방법이다. 예를 들어 영어를 학습할 때 '달'을 외우기 위해 영어 발음인 'moon(문)'과 한국어의 '문(門)'을 연계하여 '달 속으로 들어가는 문'을 연계하여 기억하는 방법이다.

'주의 집중(Attention) 하기'는 학습자로 하여금 매우 의식적으로 목표 단어에 집중하게 하는 것이다. 이렇게 집중한 단어는 그렇지 않은 단어에 비해 회상에 유리하다고 알려져 있다.

'정의적 깊이(affective depth) 두기'는 단어의 소리나 모양, 단어가 묘사하는 것, 단어의 연상을 좋아하는지 여부 등과 같이 단어에 정의적 의미를 부여해 암기하는 방식이다. 강한 감정적인 반응을 일으키는 단어들은 그렇지 않은 것보다 매우 쉽게 회상된다고 한다.

③ 어휘 학습의 원리

그렇다면 구체적인 어휘 학습의 원리는 어떤 것들이 있을까? 몇 가지 고려해야 할 사항을 정리해 보자.

우선, 학습자들은 최소한의 문턱 어휘(threshold vocabulary)를 습득해야 한다. 문법 습득이나 과제 활동 등의 수행하기 위해서는 최소한의 어휘가 필요한데, 어휘 학습도 이들 기반 어휘를 중심으로 확대되어 가기 때문이다. 따라서 교사는 가능하면 빨리 문턱 어휘를 학습하게 해야 하며, 이를 위해 학습자들이 적극적으로 단어 학습을 하게 도와야 한다. 문턱 어휘는 의도적으로 명시적인 교수를 할 수도 있으며 우연적으로 학습될 수도 있으므로 이 둘 모두를 고려해야 한다. 따라서 학습 초기에 너무 많은 단어를 제시하여 노출하기보다는, 학습자로 하여금 문턱 어휘를 반복적으로 기억에서부터 끄집어내는 활동에 초점을 두게 할 필요가 있다.

둘째, 숙달도가 증가하면서 가능하면 번역어 대응 짝보다는 목표 언어 내에서 어휘를 축적하면서 학습하는 게 바람직하다. 학습자가 모국어로부터 직접적인 번역에 의존하면, 초기에는 학습에 도움을 주지만 장기적으로는 목표어 어휘 학습에 잠재적인 장애 요소가 될 수 있다. 따라서 직역에 의존하기보다는 해당 단어가 가장 전형적으로 드러나는 좋은 예시문을 통해 문맥에서 단어들의 의미, 사용역, 연어, 통사적 환경에 대해 학습할 수 있도록 도와야 한다.

셋째, 어휘 학습은 어휘 간의 연결망을 통해 조직화해야 한다. 어휘 학습은 개별 어휘 항목을 배우는 것이지만 항목이 더해지면서 결국 이들 간에 어휘 연결망을 만들게 된다. 학습자들이 보다 많은 연상의 연결망을 지음으로써 스스로의 어휘 학습을 조직하는 것을 도와야 한다.

넷째, 학습자 스스로의 자기 주도적인 학습이 되게 이끌어야 한다. 어휘는 특히 학습자들 스스로 확장에 책임져야만 하는 영역이며, 어쩌면 교수될 수 없는 영역일 수 있다. 이에 학습자들이 자기 주도 학습을 할 수 있는 훈련은 매우 중요하다. 어휘는 교실에서 여러 종류의 활동들을 통해 제시되고 경험될 수 있지만 궁극적으로 학습자 개인에 의해 학습되며, 학습자는 개인 특유의 방식으로 각각의 어휘 목록을 갖게 된다. 학습자로 하여금 새로 나온 단어를 체계적으로 기록하기, 사전 사용하기, 암기 기술 사용하기, '반복 연습'과 같은 훈련이 익숙해지도록 이끄는 것은 매우 중요하다.

 어휘 과제 활동

4.1 어휘 과제 활동

어휘 과제 활동은 수업 시간에 배운 어휘 지식을 통합하게 하는 효과를 가진다. 단순한 따라 하기 등의 구두 반복 연습이나 단순화된 어휘 연습 문제 풀이 등은 어휘 항목을 장기 기억으로 가져가게 하지는 못한다고 알려져 있다. 따라서 어휘는 학습자의 어휘망 또는 어휘부에 통합되어 이전의 어휘 지식과 합쳐져 체계화되어야 한다. 학습자들이 어휘 항목에 대해 다양하고 깊이 있게 처리할 때 비로소 어휘가 학습자의 머릿속에서 어휘망으로 통합될 가능성 있다. 이렇듯 장기 기억으로의 보존과 상기(recall)를 위해서는 반드시 어휘 과제 활동이 필수적이다. 어휘들은 자주 상기할수록 더 쉽게 상기할 수 있게 되기 때문이다.

어휘 과제는 크게 판단 과제와 생산 과제로 구분해 볼 수 있다. 먼저 판단 과제에는 아래와 같은 다양한 과제들이 있다. 우선, 어휘 식별하기 (identifying)는 텍스트 안에 숨겨져 있는 어휘를 찾아내는 과제로 단순하여 초급 학습자에게 적절하다. 읽기나 듣기 활동을 수행하면서 목표 어휘를 식별하는 과제가 많으며, 수수께끼를 해독하거나 어휘 격자를 안에서 어휘를 찾는 데에도 많이 활용된다.

※ 〈보기〉 아래의 격자틀에서 다음의 단어를 찾아보세요.

학교, 비행기, 버스정류장, 치마, 양말, 포도, 친구, 바나나, 딸기, 파인애플 등

학	미	포	도	자	친
안	교	가	나	수	구
버	해	숨	비	행	기
스	바	나	나	활	전
정	식	어	우	양	과
류	치	딸	순	말	초
장	마	보	기	용	이
선	하	파	인	애	플

둘째는 어휘 선택하기(selecting)이다. 단순히 목표 어휘를 식별하는 것보다 인지적으로 더 복잡한 과제이다. 일단 어휘를 인지하고 여러 단어 중 하나를 선정해야 하는데, 보통은 나머지 것들과 다른 것 하나를 찾아내는 과제가 일반적이다. 혹은 제시어를 주고 그것과 무관한 것을 골라내는 과제도 가능하다. 주의할 점은 정답은 불필요하며 학습자들이 어떤 답을 내놓든지 그들의 선택에 대해 정당한 근거를 제시하면 된다는 것이다.

올바른 답을 얻어내는 것이 중요한 것이 아니라 학습자들의 그런 판단을 하는 과정 자체가 인지적인 작업이다. 예를 들어 아래의 보기에서, 학습자에 따라 관계없는 단어를 고르는 이유가 다를 수 있다. 특별한 성별만이 입는 옷이라고 하여 '치마'를 고를 수도 있고, 하의가 아니어서 '블라우스'를 고르거나, 옷이 아니라는 이유로 '양말'을 고를 수도 있다. 하지만 이러한 선택을 하고, 이에 대한 설명을 할 수 있다는 것은 해당 단어의 의미를 이해하고 있다는 것을 의미한다. 선택하기는 어떤 어휘 수업에서든 적용이 가능한 과제로, 선택할 단어를 구성할 때, 이전의 수업에서 배웠던 어휘를 재활용하여 복습의 효과를 노리는 것도 좋다.

예

※ 다음 단어 중 관계가 없는 한 단어를 찾아보세요.

● ㉠ 바지 ㉡ 양말 ㉢ 블라우스 ㉣ 치마

셋째는 짝 연결하기(matching)이다. 어휘를 인지하고, 인지한 어휘들을 묘사, 번역, 동의어, 반의어, 정의, 연어 등의 관계를 고려하여 연결하는 과제이다. 연어 관계에 있는 동사-명사의 짝을 연결하거나 반의어, 유의어의 짝을 찾는 것이 가장 전형적인 과제이다. 뒤집혀 있는 어휘 카드를 순서대로 한 장씩 집은 뒤 그 짝을 찾는 등의 활동을 할 수도 있다.

〈예시 1〉

※ 알맞게 연결하여 대화를 완성하세요.

① 공이 커요?	•	•	㉮ 아니요, 싸요.
② 한국어가 어려워요?	•	•	㉯ 아니요, 쉬워요.
③ 시계가 비싸요?	•	•	㉰ 아니요, 느려요.
④ 가방이 무거워요?	•	•	㉱ 아니요, 작아요.
⑤ 자동차가 빨라요?	•	•	㉲ 아니요, 얇아요.
⑥ 책이 두꺼워요?	•	•	㉳ 아니요, 가벼워요.

넷째는 분류하기(sorting) 과제이다. 어휘를 서로 다른 범주에 분류하는 과제인데, 범주가 주어지고 그에 맞는 단어를 고를 수도 있고, 단어만 제시된 뒤, 학습자가 범주를 추측하게 할 수도 있다.

〈예시 2〉

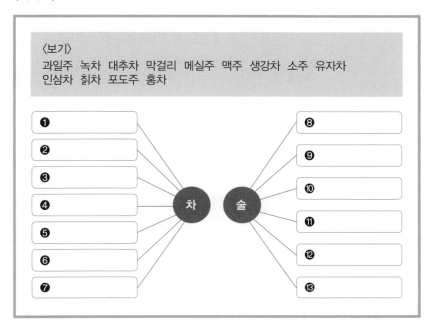

〈보기〉
과일주 녹차 대추차 막걸리 메실주 맥주 생강차 소주 유자차
인삼차 칡차 포도주 홍차

① ⑧
② ⑨
③ ⑩
④ 차 술 ⑪
⑤ ⑫
⑥ ⑬
⑦

다섯째는 순위 매기기, 차례대로 배열하기(ranking and sequencing)이다.
어휘 항목들을 일종의 순서에 따라 배열하거나, 연속 변이에 따라 순서대
로 배열하는 과제이다. 학습자들에게 어휘들을 각자의 선호도에 따라 순
위를 매기게 할 수도 있으며, 시간 순으로 배열하게 할 수도 있다. 이 역
시 정답은 존재하지 않을 수 있으며, 순서를 매긴 뒤 그 선택지들을 동료
학습자들의 것과 비교하는 활동을 통해 어휘 의미를 더욱 공고히 할 수
있다.

〈예시 3〉

※ 〈보기〉에서 빈칸에 들어갈 알맞은 어휘를 찾아 쓰세요.

〈보기〉　　그제(그저께)　　글피　　내일　　모레　　어제　　오늘

3월

| 일요일 | 월요일 | 화요일 | 수요일 | 목요일 | 금요일 | 토요일 |
| 28일 | 1일 | 2일 | 3일 | 4일 | 5일 | 6일 |

❶　　❷　　오늘　　❸　　❹　　❺

　　다음 어휘 과제의 유형에는 생산 과제가 있다. 주로 수용적이어서 학습자들은 어휘에 대해 판단을 내릴 뿐 생산할 필요 없는 판단 과제에 반해, 생산 과제는 일정한 종류의 말하기나 쓰기 활동 안에 새로 학습한 어휘를 통합하는 활동이다. 학습자들의 판단으로 이야기하거나 쓰는 과제이므로 판단 과제를 생산 과제로 전환하는 활동이 필요하다. 아래와 같은 생산 과제들이 대표적인 유형들이다.

- 문장과 말/글 완성하기(빈칸 채우기)
- 문장과 말/글 창작하기
- 기억을 장기기억으로 보존하기

　　첫째, 문장과 말/글 완성하기(빈칸 채우기)는 보통 쓰기 과제나 평가에서 자주 사용하는 방식이다. 빈칸 채우기(완성하기)는 개방형 빈칸 채우기와 폐쇄형 빈칸 채우기의 두 가지 유형이 있다. 개방형 빈칸 채우기는 학습자들이 빈칸을 채우면서 각자의 머릿속에 저장된 어휘를 활용하게 된다. 빈칸 채우기 과제의 난이도를 좀 낮추려면, 빈칸에 들어갈 단어의 첫 글자나 첫 음절을 힌트로 제공할 수도 있다. 폐쇄형 빈칸 채우기는 '보기'를 통해 제공된 어휘들 중에 학습자들이 각 빈칸에 어떤 단어나 문장을 집어넣을 것인가를 판단하게 한다. 제시되는 어휘는 이미 학습된 어휘를 복습하

는 경우가 대부분이다.

〈예시 4〉

※ 〈보기〉에서 알맞은 어휘를 골라 글을 완성하세요.

〈보기〉 돈을 각자 내다   예약을 하다   자리가 없다   주문을 받다

오늘은 제 생일입니다. 친구들하고 한국 음식점에 갔습니다.
식당에 손님이 많아서 ① _____.
하지만 우리는 ② _____기 때문에 기다리지 않았습니다.
테이블에 앉은 후에 종업원이 ③ _____으러 왔습니다.
우리는 삼겹살을 주문했습니다.
보통 때는 돈을 ④ _____지만 오늘은 제가 돈을 냈습니다.

둘째, 문장과 말/글 창작하기 과제이다. 이는 주어진 어휘를 가지고 완성된 맥락을 만들어야 하는 과제로, 제시되는 지시문들을 이해하고 이어지는 혹은 연관되는 작문을 하는 방식이다. 이러한 과제는 먼저 작문을 한 다음 자연스럽게 말하기 활동으로도 이어질 수 있는데, 크게 소리 내어 읽기, 동료 앞에서 대화문을 시연해 보기, 짝 활동 혹은 소그룹 활동으로 (각자 만든 문장을) 비교하고 설명하는 말하기 등의 활동으로의 연계가 가능하다.

〈예시 5〉

※ 〈문제 1〉과 같이 여러분 가족의 가계도를 그리고 가족을 소개해 보세요.

〈보기〉 우리 가족은 7명입니다. 아버지, 어머니, 남동생, 여동생, 언니,
오빠, 그리고 저입니다…

셋째, 기억을 장기기억으로 보존하기 위한 과제이다. 선택된 어휘를 사용하여 문장을 만들거나, 설문지를 활용해서 질문하고 답하는 대화의 형

식의 과제를 수행하면서 어휘 과제를 통합시키는 활동이다. 어휘의 다양한 요소들이 설문 문항의 대상이 될 수 있으며, 이러한 과제 활동을 통해 어휘 습득을 공고히 한다.

〈예시 6〉

□ 재미있다　　□ 재미없다　　□ 슬프다　　□ 울다　　□ 좋다
□ 즐겁다　　　□ 편하다　　　□ 불편하다　□ 웃다　　□ 싫다

〈문제 5〉의 어휘를 사용하여 친구들과 함께 〈보기〉와 같이 이야기해 보세요.

	나	수잔
〈보기〉 기쁘다	졸업	결혼

가: 수잔 씨는 언제 가장 기뻤어요?
나: 결혼할 때 가장 기뻤어요.

4.2 교실 활동

어휘 과제 활동을 동료와 함께 하는 교실 활동들에 포함시키는 다양한 활동들도 가능하다. 어휘 과제는 가능한 다른 의사소통 활동과 통합적인 활동을 지향해야 하며, 연습 및 강화 활동은 가능한 덜 기계적이고 보다 인지적으로 접근하는 것이 바람직하다.

● **단어 카드 사용하기**: 단어 카드를 활용한 다양한 교실 활동이 가능하다. 동료와 함께 자신들의 단어 카드를 비교하거나 팀별로 공유하여 서로에게 질문-응답 연습을 하게 할 수 있다. 학습자들은 각자 목표 언어로 적힌 단어 카드를 보여 준 후, 가장 먼저 그 단어들을 사용하여 문장을 완성하는 사람이 점수를 주는 게임을 할 수도 있다. 또는 자신이 가진 단어 카드를 뒤집어 보여 준 뒤 동료로 하여금 자신의 카드에 있는 단어를 맞게 할 수 있다. 그런 절차에서 동료들은 '예/아니요'로 대답하는 질문을 사용해서 상대방의 단어 카드 속 단어 추측할 수 있게 한다. 단어 카드 속 단어의 모음을 제거하여 쓰고 상대방이 그 단어가 무엇인지 찾아내게 하거나 허공이나 상대방의 등에 단어를 교대로 쓰면 상대방이 그 단어를 알아내는 게임 등을 할 수도 있다.

- **문맥 속에서 추측하기**: 주어진 문맥을 통해 단어를 추측하게 하는 활동으로 고립적인 단어가 아닌 문맥 안에서의 단어를 확인하게 하는 활동이다. 우선 동료로 하여금 추측해야 할 단어의 품사를 맞추게 하는데, 이때 문장 안에서의 위치 등으로 힌트를 제공할 수도 있다. 혹은 함께 나타나는 주변 단어를 알려주어 연어 관계를 통해 추측하게 할 수도 있다.

- **사전 이용하기**: 학습자가 사전을 활용하는 교실 활동도 다양하게 수행할 수 있다. 자모 순서, 표제어, 문법, 발음 정보, 정의 등의 이용을 담은 사전의 배치에 대해 알아야 하며, 사전 표제어들이 기입된 방식에 대해 이해해야 한다. 다의어, 동음이의어, 동형이의어들 간의 서로 다른 의미 구별하거나, 이중 언어 사전일 경우 번역한 대응어가 필요한 단어의 의미를 가장 잘 반영한 것인지 대조하고 분석하기 등의 활동을 할 수도 있다. 가장 적합한 단어의 의미를 선택하는 과정에서 동의어, 반의어 등의 다른 정보를 이용할 수도 있다.

이렇게 어휘 학습을 위한 교실 활동은 학습자들이 교사의 특별한 안내 없이도 체계적인 어휘를 학습할 수 있는 기회를 제공받을 수 있는 장점이 있다. 교사는 교실 활동을 통해 목표 단어의 다양한 맥락과 상황을 제시하여 반복 학습할 수 있도록 구성해야 하며, 체계적인 방식에 의해 유형화된 연습 문제들을 통해 학습자들이 예측하고 학습할 수 있도록 과제를 준비할 필요가 있다.

이밖에도 다양한 교실 활동이 있다. 활동들은 어휘 워크북이나 어휘 연습 자료를 활용하는 것들인데, 동료와의 협력 활동도 가능하고 학습자 스스로 자가 학습도 가능하다.[49]

---

49) 아래 예시들은 강현화(2009)의 어휘 워크북에서 가져온 것이다.

〈예시 1〉 의미 지도 그리기

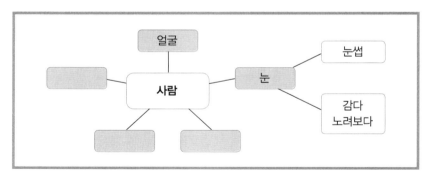

[그림 12] 의미 지도 그리기를 활용한 어휘 교수 예시

〈예시 2〉 관련 있는 어휘 모으기

[그림 13] 관련 어휘 모으기 활동 예시

〈예시 3〉 어휘 분류하기

※ 다음 어휘를 분류해 보십시오. 왜 그렇게 분류했는지 이야기해 보십시오.

감자, 고구마, 고추01, 곡식, 귤, 나물01, 땅콩, 당근, 레몬, 맥주, 보리, 복숭아,
버섯02, 사과, 상추, 시금치, 쌀, 양배추, 양파, 오이, 옥수수, 요구르트, 주스,
차, 커피, 콩, 포도주, 호박

〈예시 4〉 관련 어휘로 확장하기

※ 우리는 〈집〉과 관련된 어휘를 배웠습니다. 다음의 〈집〉 관련 어휘의 의미를 옆
  학생과 이야기하거나 사전을 찾아 확인하십시오.

가스레인지, 가습기, 수도꼭지, 천장

〈예시 5〉 어휘 구분하기

※ 다음은 〈기분 · 감정〉 어휘입니다. 긍정적인 기분 · 감정을 나타내는 어휘에 동
  그라미 치십시오. 그리고 다른 학생들과 비교해 보십시오.

걱정스럽다, 고독, 고통스럽다, 곤란, 공감, 공포, 괴롭다, 귀중하다,
그리움, 근심, 깜깜하다, 난처하다, 놀랍다, 다행스럽다, 당황하다,
두려움, 든든하다, 막연하다, 만족스럽다, 망설이다, 머뭇거리다,
미련, 미소, 미움, 믿음, 밉다, 부담스럽다, 분노, 불쾌, 상쾌하다,
서럽다, 서운하다, 설레다, 속상하다

4.3 어휘 게임

어휘 게임은 언어 놀이라고도 불리며, 어휘 학습에서는 긴 역사를 지니고 있다. 어휘를 성공적으로 상기하는 경험이 잦을수록 더 회상하기 쉬워진다'는 원리에 바탕을 두며, 되도록 빠른 시간 내에 어휘를 상기시키도록 유도하는 게임을 활용하는 것이다. 무엇보다도 학습자의 '흥미'를 높일 수 있고 무기력한 학생들에게도 활력을 불어넣을 수 있다. 또한 학습자 주도적인 수업으로 이끌 수 있는 장점이 있다.

하지만 어휘 게임은 단점도 있는데, 맥락 없이 고립된 어휘를 단독으로 다루면 학습자는 피상적인 과정만을 겪을 수 있으므로 주의해야 하며, 무엇보다도 학습자들이 단순한 시간 낭비가 아닌 어휘 학습의 일환임을 깨닫게 하는 것이 중요하다. 따라서 의미 있는 어휘 게임의 설계와 어휘 게임의 효용성 여부에 따른 신중한 판단이 요구된다. 효용성이 없다면 인지적으로 심도 있는 다른 활동들에 시간을 쓰는 것이 더 낫기 때문이다. 어휘 게임의 종류는 매우 다양한데, 아래와 같은 다양한 게임이 있다. 학습자의 숙달도에 적절한 게임의 종류를 선택하는 것이 중요하다. 우선 개별 단어에 초점을 두는 어휘 게임이 있다. 이러한 게임들은 단어와 의미의 연결, 단어와 형태와의 연결, 단어와 발음과의 연결 등을 강화할 때 사용되는 방법으로 주로 초급 학습자들에게 많이 활용되는 어휘 게임들이다.

- **실물 보고 한국어로 써 보기**: 본 것을 많이 기억해 내고 정확하게 쓰는 사람이나 그룹이 이기는 게임이다.
- **모음 찾기 게임**: 어휘에서 모음을 빼고 자음만을 제시하면서 교사가 그 어휘를 발음해 주면 학생들이 알맞은 모음을 찾는 게임이다. 이 게임은 발음 수업과 연계해서 할 수 있으며 특정 모음의 구별을 어려워하는 학습자들에게 이용하기에 좋다.
- **틀린 철자 찾기**: 그룹을 나누어서 틀린 철자가 있는 카드를 찾게 하는 게임이다.
- **보고 기억하기**: 어휘를 섞은 종이를 나눠주고 외우게 한 다음 외운 어휘를 말하게 한다.
- **이야기 듣고 그림 그리기**: 이야기를 연상할 수 있는 사진이나 그림을 고른 후 교사가 이야기를 해 준다. 학생은 듣고 그림을 그린 후 원본과 비교해 본다. 위치를 나타내는 어휘인 '위, 아래, 왼쪽, 오른쪽, 앞, 뒤, 옆' 등을 교수할 때 편리하다.

- **같은 소리로 시작하는 말 잇기**: 교사가 단어를 제시하면 그와 같은 자음으로 시작하는 단어의 목록을 말하거나 쓰는 게임이다. 예를 들어 '사'로 시작하는 단어를 제시하면, 학습자들이 차례로 '사과, 사람, 사전, 사진' 등의 단어를 말하는 게임이다. 반대로 같은 소리로 끝나는 말 잇기 게임도 가능하다.

다음으로는 어느 정도의 어휘량을 갖춘 학습자들이 어휘를 다시 회상하거나 새로운 어휘를 확장할 때 사용할 수 있는 게임들이다. 이미 배운 어휘를 강화하는 어휘 복습 활동이 가능하며, 조별 게임을 통해 동료가 제시하는 새 단어를 학습하게 되는 기회를 얻을 수도 있다.

- **핵심어휘 찾기**: 읽기 수업과 관련된 게임으로 조별로 나누어 각각 다른 본문을 조에 주고 몇 분 동안 본문을 훑어보게 하고 주제 등에 관한 핵심 어휘를 비교해 보도록 한다. 본문의 길이가 지나치게 길거나 어려우면 학습자의 흥미를 떨어뜨릴 수 있다.
- **이야기 사슬**: 학생들에게 하나씩 어휘를 나눠주고 그 단어를 이용해서 문장을 만들게 한다. 이 때 문장들을 이었을 때 하나의 이야기가 되도록 해야 한다. 학습자들의 의사소통이 자유롭게 일어나고 이야기를 구성하는 능력이 키워지는 장점이 있다.
- **낱말 맞추기**: 가로, 세로 열쇠의 설명을 보고 단어를 써 나가는 게임이다. 어휘의 복습 방법으로 이용하기에 좋은 게임이다.
- **모눈종이(격자틀) 속 어휘 찾기**: 사각형 속에 어휘를 숨겨 놓고 어휘를 찾게 하거나, 해당 어휘의 설명을 보고 찾게 하는 게임이다. 무의미한 음절을 사각형 속에 나열해 놓고 그 속에 유의미한 어휘를 넣어 두어 학습자가 찾게 하는 게임이다.
- **끝음절 잇기**: 교사가 어휘 하나를 제시하면 학생들이 그 어휘의 마지막 음절과 같은 음절로 시작되는 어휘를 계속 이어서 말해 가는 게임으로 어휘의 맞춤법을 연습하고 확인하는 데 좋은 방법이다.
- **사전 찾기 게임**: 학습자가 어떤 어휘를 말하면 나머지 학생들이 그 발음을 적고 사전을 찾는 게임이다. 중급 이상에서 적당하며 글자의 모양과 발음이 일치하는 어휘를 선택하는 것이 좋다.
- **설명이나 예문 듣고 어휘 맞추기**: 한 학생에게만 어휘를 보여 주고 제시된 그 어휘를 한국말로 설명하거나 예문을 제시하면 다른 학생들이 알아맞히는 게임이다.
- **스무고개 게임**: 어휘 분류를 활용하여 학생들의 질문과 대답으로 20번 안에 해당 어휘를 맞히는 게임이다. 상하위어 어휘 학습의 확인에 도움이 될 수 있다.

제 12 장

어휘 평가

① 어휘 지식 유형의 평가

언어 능력에 대한 의사소통적 시기에서의 평가는 언어 표현의 정확성 보다는 평가에 주어진 과제의 수행에 바탕을 둔 의사소통의 효율성에 중심을 둔다. 하지만 실제 언어 평가 상황에서는 언어 능력과 언어 수행을 명확히 구분하기가 어렵다. 만약 수용적 시험과 생산적 시험 중 하나만 편중적으로 평가를 실시한다면, 실제 학습자의 어휘 지식을 측정하는 데에 실패할 수도 있으므로 수용적 지식과 생산적 지식 모두를 평가해야 한다.

또한 평가해야 할 어휘 지식의 다양한 측면도 고려해야 한다. 단어 형태에 대한 지식부터, 단어 형태와 의미를 연결하는 지식, 문장 안에서 다른 단어와 함께 사용하는 능력, 해당 단어를 문법적으로 정확하게 사용할 수 있는 능력, 해당 단어와 의미 관계를 가지는 단어를 아는 능력 등을 다양하게 평가해야 한다. 아래는 어휘 평가와 관련되는 어휘 지식의 유형이다.

[표 5] Webb(2005)의 어휘 지식 유형 및 샘플 테스트 항목

지식 유형	R/P	수용적 지식과 생산적 지식의 정의
철자법 지식	R	학습자가 정확한 철자를 알고 있다.
	P	학습자가 정확한 철자를 생산할 수 있다.
의미 및 형태	R	학습자가 정확한 L1 의미를 알고 있다.
	P	학습자에게 L1 의미를 제시하면, 해당 형태의 단어를 생산할 수 있다.
통합적 지식	R	학습자가 단어의 통합 관계를 알고 있다.
	P	학습자가 단어의 통합 관계를 생산할 수 있다.
문법적 지식	R	학습자는 단어가 문법적으로 정확히 쓰였는지 알고 있다.
	P	학습자는 문법적으로 정확하게 단어를 사용할 수 있다.
계열적 지식	R	학습자가 단어의 계열 관계를 알고 있다.
	P	학습자가 단어의 계열 관계를 생산할 수 있다.

R=수용적 지식(Receptive knowledge) // P=생산적 지식(Productive knowledge)

그런데 어휘 평가의 목적에 따라 구체적으로 평가되어야 할 어휘 항목들은 아래와 같은 다양한 범주를 포함할 수 있을 것이다.

- 어휘의 문자적 의미
- 어휘의 비유적 의미
- 관용적 표현의 의미
- 어휘의 계열 관계에 따른 의미
- 구조나 맥락 속에서 사용되는 어휘의 용법
- 결합 규칙에 따른 어휘의 용법
- 어휘의 함축적 의미
- 어휘의 맥락적 의미
- 유사 어휘 간의 의미 차이
- 문장 내에서의 어휘의 중요성 정도

② 어휘 평가의 방법

2.1 분리 평가와 통합 평가

어휘 평가는 그 목적에 따라 언어의 다른 영역과 분리해서 평가할 수도 있고, 통합적으로 평가할 수도 있다.

- **분리 평가**
  : 언어는 문법, 어휘 등 상이한 부분으로 구성되어 있고 말하기, 듣기, 쓰기, 읽기와 같은 상이한 기술로 구성되어 있다는 이론에 근거를 두고 언어의 세부적 요소에 대한 지식 정도를 측정하는 방식이다. 이 때 어휘는 별도의 영역으로 분리되어 평가된다.

- **통합 평가**
  : 통합 평가는 의사소통에 있어 문법, 어휘, 듣기, 말하기 등 몇 개의 언어 기술이 동시에 사용된다는 것에 근거를 두고, 통합적인 의사소통 능력 측정에 초점을 맞추어 평가하는 방식이다. 이 때 어휘는 말하기, 듣기, 쓰기, 읽기와 같은 의사소통적 기능 영역에 포함되어 함께 측정된다.

어휘를 언어 지식과 분리하여 평가할 것인가 통합적으로 평가할 것인가에 대해서는 상반된 입장들이 있다.

먼저 통합 평가를 주장하는 입장에서는 어휘는 듣기, 읽기, 쓰기 영역에서 충분히 측정이 가능하므로 독립된 영역으로 다룰 필요가 없다고 본다.

분리 평가의 대상은 주로 어휘·문법 영역인데, 결과적으로는 어휘나 문법에 관한 항목을 측정하는 문제가 듣기, 읽기, 쓰기 영역에서 중복 출제됨에 따라 영역 간의 변별적 특성이 드러나지 않고, 이들 영역이 지나치게 강조되는 결과를 초래할 수 있다고 본다. 또한 어휘·문법 능력은 언어 사용 맥락 속에서 측정되어야 하는데, 어휘·문법 영역의 문항이 주로 사용법에 대한 지식 중심으로 측정되어 한국어 사용 능력 측정이 아닌 사용법 측정 시험이 될 수 있다고 우려한다.

이와는 달리, 분리 평가를 주장하는 입장도 있다. 어휘 영역의 분리 평가가 갖는 문제점에 동의하면서도 그 필요성을 주장한다. 이들의 논의는 한국어는 대부분의 학습자에게 낯선 언어로 응시자 수도 초급과 중급의 비중이 매우 크다는 점에 주목한다. 초급 수준의 학습자는 언어의 총체적 사용 능력보다는 하위 영역의 능력을 산발적·분절적으로 갖추고 있는 경우가 많으므로, 독립된 영역으로 설정하여 분리 평가하는 것이 바람직하다고 보는 것이다. 타 언어의 외국어 시험도 어휘·문법을 독립된 평가 영역으로 설정하는 것을 근거로 삼기도 한다.

2.2 어휘 평가의 고려사항

어휘 평가에서 고려할 사항들은 아래와 같은 것들을 생각해 볼 수 있다.

우선, 단어 형태의 생산적 지식을 측정하려면 어휘 등급별 산출 시험이나 번역 테스트와 같이, 학습자가 한 맥락이나 의미적인 단서를 보고 연관이 되는 단어 형태를 생산하도록 유도하는 테스트 등이 필요하다. 어휘 지식을 이용해서 평가할 수도 있다. 단순히 맞고 틀리고가 아니라 학습자의 단어 지식에 대해 0점~3점(혹은 5점)까지로 척도를 두어 점수를 매기는 방법이다.

또한, 단어 지식에 대한 평가는 한 번의 테스트가 아닌, 여러 번에 걸친 다중적 테스트가 학습자의 지식을 명확하게 측정하는 데에 도움을 줄 수 있다. 따라서 가능한 다양한 방법으로 어휘 지식을 여러 차례에 걸쳐 확인하는 것이 어휘 지식의 평가에 근접할 수 있는 중요한 요소가 된다. 왜냐하면 일회적으로 어떤 테스트에 맞는 답을 했다고 해서 해당 단어에 대해 모두 알고 있다고 보기는 어렵기 때문이다. 그런데 이러한 순차적인 다중 평가는 몇 가지 문제를 일으키기도 한다. 같은 단어를 하나 이상의 테스트로 시험을 할 때에는 시험의 순서 배정에 주의를 기울여 선행 테스트가 다음 테스트에 영향을 주지 않도록 해야 한다. 이에 본 테스트에서 그 다음 시험에 나올 단어에 대한 지식을 얻어서 문제를 풀지 않도록 시험의 순서를 정해야 한다. 테스트의 난이도 면에서도 쉬운 테스트가 앞서고 그 다음에 어려운 문제가 이어지게 배정하는 것이 중요한데, 어려운 테스트가 먼저 이루어지고 선다형 테스트나 인터뷰 같은 간단한 테스트가 그 다음으로 시행이 될 때, 앞 시험의 단어의 지식 영역이 점화되어 후행 테스트를 더 쉽게 만들 수도 있기 때문이다.[50]

아울러, 학습자의 점수를 평정하는 데에 있어서, 단순히 한꺼번에 더해서 평균으로 비교하여 산정하는 방법도 문제가 된다. 단순한 평균보다는 질적으로 어떤 문항에서 어떤 점수를 받았는지를 체크하는 것이 중요하다. 예를 들어, 두 명의 학습자가 테스트에서 똑같이 40점을 득점하였더라도, 그들이 점수를 획득한 방법은 완전히 다를 수 있기 때문이다.

마지막으로, 어휘 시험에서 또 하나의 문제는 난이도이다. 만일 시험이 너무 간단하면 천정 효과(ceiling effect)를 초래하여 많은 학습자들이 만점을 받게 될 것이다. 그리고 만일 시험이 너무 어려우면, 바닥 효과(floor effect)를 초래하여 많은 학습자들이 매우 낮은 점수를 얻게 될 것이며, 학습자가 배운 단어의 부분적 지식 측정이 불가능해질 수도 있다. 따라서 난이도를 적절하게 고려한 시험을 설계하는 것이 중요하다.

2.3 어휘 테스트의 환경적 특성

어휘 테스트를 둘러싼 다양한 요인들은 테스트에 영향을 미치게 된다.

첫째, 테스트 포맷에 영향을 받는다. 학습자들에게는 수용 지식 테스트가 무언가를 생산하거나 단어 형태를 골라야 하는 생산 지식 테스트보다

---

50) 이것을 점화 효과(priming effect)라고도 하는데, 번역 테스트와 같은 어려운 테스트가 먼저 시행되고, 선다형 테스트나 인터뷰 같은 간단한 테스트가 이어지면 올바른 평가가 어렵다는 것이다.

더 쉽다. 또한 선다형이나 연결하기 테스트 같은 인지 테스트는 재생 테스트보다 더 쉽고, 숙달도가 낮은 학생에게는 목표어로 된 것을 선택하는 것보다는 자신의 모국어로 된 것을 선택하는 것이 더 쉽다. 그리고 인지 테스트에서 정답과 나머지 선택지가 형태나 의미적으로 관련이 없는 것이 비슷한 선택지가 있는 것보다 더 쉽다. 아울러 선다형 테스트의 선택지가 많은 것이 적은 것보다 더 쉽다고 알려져 있다.

둘째, 선행 학습도 테스트와 관련을 가진다. 단어를 배웠던 방식 그대로 테스트하면 더 쉽다. 수용적으로 배운 단어는 수용 지식 테스트가 쉬울 가능성이 높지만, 구두로 배운 단어는 구두 테스트가 더 쉬울 것이다. 배운 단어가 똑같은 문맥에 나온다면 다른 문맥에 나온 경우보다 더 쉽고 테스트 항목의 순서 역시 배운 순서 그대로 나온다면 테스트가 더 쉬울 것이다.

셋째, 교수 환경과 테스트 환경이 유사한지가 영향을 미친다. 테스트가 진행되는 물리적 상황이 영향을 미치는 것이다. 익숙한 교실에서 테스트가 진행되거나, 연구자가 아닌 가르쳤던 교사가 직접 테스트를 진행한다면 더 쉬울 것이다.

넷째, 학습과 테스트 간의 시간 차이에 영향을 받는다. 학습과 테스트 간의 시간차가 크면 테스트는 더 어려워질 것이다. 일반적으로 지연된 사후 시험은 즉각적 사후 시험에 비해 낮은 점수 결과가 나온다. 어떤 테스트에서는 의도적으로 학습과 즉각적 사후 시험 사이에 약간의 시간차를 두거나 관계없는 활동을 해서 최근에 배운 단어가 더 잘 재생되는 현상을 줄이기도 한다.

2.4 어휘 테스트의 유형

어휘 테스트는 흔히 어휘에 대한 전반적 지식을 모두 평가하기 어렵고 어휘의 부분 지식에도 적용된다. 즉, 단어를 부분적으로 알고 있어도 점수를 부여하게 되므로 학습자들이 단어를 잘 모르더라도 정답을 맞히거나 부분적으로 정답을 알 수 있다. 이러한 어휘의 부분적 지식을 평가하는 테스트의 유형은 아래와 같이 다양하다.

- **선다형 테스트**: 2항~5항의 답항 중 하나를 고르는 방식이다. 선택 답항의 품사가 다르거나 정답 이외의 선택지가 의미적 유사성이 없는 경우에는 난이도가 상대적으로 낮을 수 있고, 정답과 나머지 선택지가 의미적으로 유사한 경우에는 난이도가 높아지므로 답항의 설계가 매우 중요하다.

〈예시 1〉

> ※ 다음 중 빈칸에 가장 적절한 것을 고르시오.
>
> 그 신발의 _____은 얼마예요?
>
> ① 돈   ② 가격   ③ 할인   ④ 요금

- **분류 테스트**: 특정 주제와 연계하여 분류를 유도하는 테스트이다.

〈예시 2〉

> [보기] 승용차, 비행기, 가슴, 다리, 강, 귀걸이, 바다, 산, 오토바이, 등산, 스키, 낚시, 머리, 독서, 목걸이, 버스, 허리
>
> 1) '교통수단'과 관련된 단어를 모두 찾으시오.
>
> 2) '신체'와 관련된 단어를 모두 찾으시오.

- **필수 선택 테스트**: 두 개 중에서 한 개를 필히 골라야 하는 테스트이다.

〈예시 3〉

> ※ 다음 중 빈칸에 가장 적절한 것을 고르시오.
>
> 1. 도서관에서는 항상 _____ 해야 합니다.
>   ㉠ 시끄럽게   ㉡ 조용히
>
> 2. 그는 나보다 _____ 출발했지만, 더 늦게 도착했다.
>   ㉠ 먼저   ㉡ 나중에

- **인터뷰 테스트**: 인터뷰를 통해 단어에 대한 지식에 점수를 부여할 수 있다.

〈예시 4〉

> ※ "과일과 관련된 단어예요."로 시작하면서, 대화를 통해 해당 단어에 대한 지식
> 여부를 평가한다.
>
> [과일]이 뭔가요?
>
> [과일]에는 어떤 것들이 있어요?
>
> _____ 씨는 어떤 [과일]을 좋아해요?
>
> 어디에서 [과일]을 사나요?

- **진위(T/F) 테스트**: 단어 학습이 잘 이루어졌는지 동일한 문맥을 사용하여 테스트
하는 방법이다.

〈예시 5〉

> ※ 다음 문장이 맞으면 T, 틀리면 F에 표시하시오.
>
> (1) 사과는 과일이다.   [T / F]
>
> (2) 책상은 먹는 음식이다.   [T / F]

2.5 선다형 어휘 테스트의 특성

선다형 어휘 테스트는 특히 어휘가 문맥화 되지 않아도 되므로, 이러한
편리성으로 인해 손쉽게 자주 사용되는 테스트이다. 숙달도 평가나 성취도
평가에서 선다형 테스트는 채점의 용이성으로 인해 활발하게 사용된다.
하지만 약점도 가지고 있으며, 선다형 문항을 설계할 때에 고려해야 할 몇
가지 요소가 있다.

선다형 테스트의 특성

'번역 테스트', 'O/× 테스트', '쓰기 테스트', '인터뷰 테스트' 등의 테스트
와는 달리, 선다형 어휘 테스트는 학습자에게 제시된 선택지 중 정답만 측

정한다. 이로 인해 받아들여지는 지식의 측정에는 유리하지만, 반대로 수험자가 가지고 있는 지식을 충분히 보여주지 못하는 약점을 가진다.

선다형 테스트의 어휘 항목들은 우선, 다른 테스트에 비교하여 문맥화가 덜 되는 테스트이므로, 언어 숙달도는 문맥화된 측정 방법으로 이루어져야 한다고 보는 관점에서 보면 이러한 테스트는 학습자의 전체적인 숙달도를 측정하는 데에 비효과적일 수 있다.

또한 선다형 어휘 테스트는 어휘 지식이 아닌 것도 요구될 수 있다. 예를 들면 읽기 지문과 연계된 테스트는 읽기 기술이나 선택지에서 사용된 문법에 대한 지식이 연계된다. 아울러 하나의 선택지만 고르기 위한 최소한의 전략, 선택지가 문맥에 맞는지 볼 수 있는 능력, 확실히 틀린 답을 제거하는 능력, 어려운 항목에 너무 오래 시간을 낭비하지 않고 쉬운 항목으로 넘어가는 것 등의 다양한 전략이 필요하기 때문이다. 특히 추측하기는 선다형 테스트에서 아주 중요한 역할을 담당한다.

좋은 선다형 어휘 항목은 만들기가 쉽지 않으며 선다형 항목을 만드는 데에 노력이 많이 필요하다. 하지만 채점은 편리하여 컴퓨터 기반 활용에도 적합하다. 한편, 선다형 어휘 시험이 일반적인 언어 사용을 반영하지는 못한다. 실제 일상생활에서 우리가 모르는 단어를 읽거나 듣게 될 때, 선택지가 주어지지는 않기 때문이다. 반면, 어휘 번역 테스트는 비교적 일반 언어 사용과 부합하다는 점에서 비교될 수 있다.

선택지 만들기

선택지를 만들 때, 목표 어휘만을 사용해야 하는지 학습자의 모국어를 사용해도 되는지가 논의 대상이 될 수 있다. 한 연구에서는 언어 능력이 높은 학습자에게는 모국어 선택지가 큰 도움이 되지 않았지만, 언어 능력이 낮은 학습자에게는 모국어 선택지가 주어졌을 때의 점수가 10%정도 높게 나타나기도 했다. 모국어 선택지가 제공되면 학습자의 친근성이 높아지며 보통 단순한 단어 동의어를 고르는 문제이므로, 목표어로 이루어진 테스트에서 나오는 복잡한 문법을 안 다루어도 된다는 편리함이 있다. 특히 읽기 실력에 제약을 덜 받게 된다. 하지만 다수 국적의 학습자가 함께 공부하는 교실에서 학습자의 모국어를 반영한 어휘 테스트를 만드는 일은 비현실적이다. 또한 목표어가 아닌 서로 다른 모국어 버전의 테스트를 본 학습자들의 점수를 동일하게 비교하기가 어렵다고 보는 관점도 있다. 하지만 모국어 선택지 버전의 테스트는 목표어의 문법 지식이나 읽기 지식과 연계되지 않는다는 점에서는 다른 언어 지식에 영향을 받지 않고 오롯이 어휘만을 테스트 할 수 있다는 장점도 있다.

또한 선다형 항목 당 몇 개의 선택지가 적정한가에 대한 논의도 중요하다. 정답을 포함하여 3개가 최적이라고 보기도 하나 일반적으로는 4개의 선택지가 가장 많이 사용된다. 정답 외의 선택지가 4, 5개 있어도 그 중 몇 개가 비효율적이며 쉽게 정답이 아님을 알 수 있다면 그 항목은 가치가 없다. 또한 신뢰도와 타당성을 고려해 볼 때 선택지가 많은 것 보다는 문제 항목이 많은 것이 좋다. 만일 테스트에 제한 시간이 있다면 삼지선다형 항목 40개가 사지선다형 항목 30개 보다 나을 수도 있다. 따라서 선택지의 수량이 문제가 아니라 선택지를 얼마나 잘 만들었느냐에 초점을 두어야 한다.

정답 외의 선택지의 유형은 선다형 항목 난이도에 큰 영향을 미친다. 학습자가 활동에서 학습할 지식의 양, 그리고 활동과 테스트 간에 시간을 고려하여 적당한 난이도를 설계하는 것이 중요하다. 난이도는 목표 단어의 의미와 정답 이외의 선택지에서 나타나는 개념 간의 유사성에 근거하여 정할 수 있다. 정답 외의 선택지들 모두가 목표 단어의 의미와 비슷하거나 밀접한 관계가 있는 것들이라면 최상의 난이도가 된다. 반면에 정답 외의 선택지들 모두가 목표 단어 의미와 거리가 먼 것들은 최소의 난이도가 된다. 중간 레벨 난이도의 항목에는 정답 외의 선택지들이 같은 품사지만 의미적으로 많이 다른 것들이 주로 선정된다.

선다형 시험의 문제는 정답을 전혀 모르는 상태로도 25%의 점수를 득점할 수 있다. 단순히 선택지 1번만 내리 선택한다거나, 임의적으로 추측하여 선택해도 된다. 이런 가능성 때문에 많은 연구자들이 선다형 테스트에서의 임의적 추측 가능성 문제를 어떻게 다루어야 할지에 대해 고민했다. 임의적 추측에 의한 점수를 조정하는 공식을 개발하고자 하거나 '모르겠다'의 선택지를 사용하는 방법, 오답에 대한 감점을 만들기도 했다. 그런데 선택지 중에 '모르겠다'를 포함해야 하는지도 논의의 대상이 된다. 사지선다형이라면 '모르겠다' 항목은 추측 의욕을 꺾을 수도 있어 부정적인 영향을 미칠 수도 있다. 이 항목은 정답을 모른 채 우연한 추측을 하는 경우를

방지할 수는 있지만 이러한 해석이 늘 정확하다고 보기는 어렵다.[51]

하지만 어휘 테스트 추측이 다 부정적인 것은 아니다. 추측은 부분적인 지식, 잠재의식적인 지식을 반영할 수도 있다. 어떤 단어들은 본 적이 없다고 생각하지만 잠재적인 지식을 발휘하여 맞는 답을 선택하게 될 때도 있다. 선택지를 만들고 나서 이를 확인하고 예비 시험을 실시해 보는 것도 점검에 있어서 중요하ᅵ학습자의 어휘량을 계산하는 데에는, 문제 항목 당 원점수가 아주 중요하다.

선다형 테스트와 성취도 평가

성취도 평가에서 어휘는 이해력과 표현력 테스트를 모두 포함해야 한다. 어휘를 평가할 때 숙달도 평가에서는 평가 대상 어휘의 선정이나 이해 어휘와 표현 어휘의 비중이 문제가 될 수 있음에 반해 성취도 시험은 숙달도별 학습 어휘가 정해져 있으므로 이러한 문제에서 다소 자유롭다. 성취도 평가의 문항 형식은 선다형이 가장 많으며, 연결형(줄 잇기, 보기 선택형), 진위형, 완성형, 단답형 등이 포함되어 있다. 초급에서는 개별 단어에 초점을 두지만, 중급 단계로 갈수록 관용 표현, 연어, 사자성어, 고난이도 한자 어휘 측정이 많아지는 경향을 보인다.

예

- 서로 반대말로 연결된 것이 아닌 것을 고르십시오.

  ① 부지런하다–게으르다　　　② 외향적이다–내성적이다
  ③ 소극적이다–적극적이다　　　④ 활발하다–명랑하다

---

51) 학습자가 '모르겠다'를 선택하는 경우의 수는 다양하다. 자신이 없는 경우 정답과 '모르겠다'를 복수 선택하거나, 모르더라도 반드시 답이나 오답만 선택하는 경우, 정말 모르는 경우에만 '모르겠다'를 선택할 수도 있기 때문이다. '모르겠다'를 어떻게 활용할지가 중요하다.

예

● 다음과 관계있는 것을 고르십시오.

전공

① 국문학, 사회학, 의학, 경제학

② 온대, 몬순, 냉대, 열대

③ 서울, 도쿄, 모스크바, 베이징

❸ 숙달도 평가에서의 어휘 평가

3.1 외국어 평가에서의 어휘 평가

어휘 영역의 대부분의 숙달도 평가에서 독립된 영역으로 다루어져 왔으나, 최근 실시되고 있는 국외의 숙달도 시험에서 어휘를 독립적으로 평가하지 않고 나머지 의사소통 기능 영역에 포함하여 총체적으로 다루는 것이 대부분이다.[52] 따로 어휘 영역을 평가의 영역으로 설정하는 시험은 아래와 같다.

● 어휘 독립 시험

MELAB 듣기, 문법, 어휘, 독해

G-TELP 듣기, 독해 및 어휘, 문법

TEPS 어휘, 문법, 읽기, 듣기

JLPT 문자 · 어휘, 문법, 독해, 청해

KLPT 듣기, 어휘, 문법, 읽기, 담화[53]

---

52) TOEFL, TOEIC, GRE, IELTS, CELA, NEAT, DELF&DALF, TCF/TCF-DAP, Goethe-Zertifikat Deutsc, Test-DAF, DSH, DELE, HSK, JPT, S-TOPIK, EPS-TOPIK

53) KLPT는 한글학회에서 실시하는 외국어로서의 한국어 능력시험이었으나 최근 시험이 활발하지 않다.

우선, MELAB 평가는 영어를 사용하는 북미, 영연방 국가의 입학을 희망하는 영어 비모국어 성인 학습자가 취업 목적으로 보는 시험이다. G-TELP(General Test of English Language Proficiency)은 영어 능력을 종합적으로 평가하는 시험으로, 수험자의 영어 능력을 철저하게 분석하고 진단하여 수험자가 자신의 언어 능력으로 무슨 일을 어느 정도로 할 수 있는지 알려 주는 시험이다.

TEPS는 국가 공무원 선발 및 국가자격 시험에서 영어 과목을 대체하고, 대학의 입학 및 졸업 기준으로 사용되며 공공기관과 기업을 포함한 다양한 기관에서 채용 및 인사 평가 요소로 사용하는 시험이다.

JLPT는 일본에서 일상생활을 하는 데 필요한 일본어 능력을 갖추고 있는지를 확인하고 일본어를 보급하기 위한 목적으로 시행되는 평가로서, N1, N2, N3 등급은 언어 지식(문자 · 어휘 · 문법), 독해, 청해의 3개 영역을 평가하며, N4, N5 등급은 언어 지식(문자 · 어휘 · 문법) 독해, 청해의 2개 영역을 평가한다.

3.2 한국어 능력 시험

숙달도 평가인 한국어 능력시험(TOPIK)에서는 2014년을 기점으로 직접 평가에서 간접 평가로 대체되었다.

[표 6] 1997년~2014년 7월(1회~34회): 초급, 중급, 고급

교시	영역	유형	문항수	배점	총점
제1교시	어휘 · 문법	선택형	30	100	200
	쓰기	서답형	4~6	60	
		선택형	10	40	
제2교시	듣기	선택형	30	100	200
	읽기	선택형	30	100	

[표 7] 2014년 7월(35회) ~ 현재: 초급, 중 · 고급

시험수준	교시	영역	유형	문항수	배점	총점
TOPIK I (초급)	제1교시	듣기	선택형	30	100	200
		읽기	선택형	40	100	
TOPIK II (중고급)	제1교시	듣기	선택형	50	100	300
		쓰기	서답형	4	100	
	제2교시	읽기	선택형	50	100	

숙달도 시험에서 어휘 평가가 직접적으로 이루어지다가 읽기를 비롯한 나머지 의사소통 기능 영역에 간접적으로 포함되게 된 것은 2014년 이후 이다. 직접 평가가 간접 평가를 대체하게 된 이유는 평가의 타당도에 더 큰 비중을 두려는 경향이 강해졌고, 학습자의 어휘나 문법에 대한 능력은 결국 말하기, 듣기, 읽기, 쓰기의 의사소통 영역 내에서 총체적으로 평가할 수 있다고 보기 때문으로 해석된다.

어휘 평가의 목표 및 내용

4.1 어휘 평가의 목표

한국어 어휘 평가에 대한 구체적인 평가 준거에 대한 논의는 찾아보기 어려우나, 국립국어원 주도로 이루어진 『국제 통용 한국어교육 표준 모형 개발(2010)』 보고서에서 등급별 어휘 교수의 목표 및 내용을 찾아볼 수 있다. 당시에는 7급 교육과정으로 제시되어 있으며, 숙달도별 어휘 교육의 목표에 따른 구체적인 내용 기술은 다음과 같다.

● 1급
1. 자신의 생활과 관련된 주변의 사물 어휘를 알고 바르게 사용한다. 2. 위치어를 알고 바르게 사용한다. 3. 가장 기본적인 의사소통(인사, 소개 등)에 필요한 기본 어휘를 알고 바르게 사용한다. 4. 감정을 표현하는 가장 기본적인 어휘(기

쁘다, 슬프다 등)를 알고 사용한다.

- **2급**

  1. 일상생활에 필요한 기본적인 어휘를 알고 사용한다. 2. 공공장소에서 사용되는 기본 어휘를 알고 사용한다.

- **3급**

  1. 자신의 전문 분야(직업적, 학문적 영역 등)와 관련된 어휘를 안다. 2. 외모, 성격 등을 표현하는 어휘를 안다. 3. 공적인 상황에서 사용하는 기본적인 어휘를 안다. 4. 빈도수가 높은 관용 표현을 안다.

- **4급**

  1. 자신의 관심 분야(직업적, 학문적 영역 등)와 관련된 어휘를 사용한다. 2. 사회 현상과 관련한 기본적인 어휘를 안다. 3. 빈도수가 높은 관용 표현을 맥락에 맞게 사용한다. 4. 빈도가 높은 비유적 표현을 안다.

- **5급**

  1. 자신의 전문 분야(직업적, 학문적 영역 등)와 관련된 어휘를 알고 사용한다. 2. 정치, 사회, 문화 전반과 관련된 어휘를 안다. 3. 신문기사, 논설문 등에서 자주 사용되는 어휘를 안다. 4. 사회 현상을 나타내는 추상적인 어휘를 안다. 5. 자주 쓰이는 시사용어를 안다. 6. 빈도가 낮은 어려운 한자어를 안다. 7. 자주 쓰이는 사자성어, 속담 등을 알고 사용한다. 8. 빈도가 높은 속어, 유행어 등을 안다. 9. 감탄사, 접속 부사 등의 독립어(어머, 저기, 뭐 등)를 이해하고 상황에 맞게 사용한다. 10. 빈도가 높은 신조어, 약어 등의 의미를 안다.

- **6급**

  1. 정치, 사회, 문화 전반과 관련된 어휘를 적절하게 사용한다. 2. 신문기사, 논설문 등에서 자주 사용되는 어휘를 사용한다. 3. 사회 현상을 나타내는 추상적인 어휘를 사용한다. 4. 자주 쓰이는 시사용어를 사용한다. 5. 빈도가 낮은 어려운 한자어를 사용한다. 6. 신문기사, 논설문 등에서 사용되는 어휘를 대부분 안다. 7. 사회 현상을 나타내는 추상적인 어휘를 대부분 안다. 8. 자주 접하지 않는 속어, 유행어, 신조어, 약어 등의 의미를 추측하여 안다. 9. 대부분의 맥락에서 비유적 표현의 의미를 안다. 10. 사고 도구어와 전문어의 의미를 안다.

- **7급**

  1. 신문기사, 논설문 등에서 사용되는 어휘를 대부분 사용한다. 2. 사회 현상을 나타내는 추상적인 어휘를 대부분 사용한다. 3. 자주 접하지 않는 속어, 유행어, 신조어, 약어 등을 추측하여 사용한다. 4. 사고 도구어와 전문어를 사용한다.

4.2 어휘 평가의 내용

그간의 한국어 숙달도 평가에서 나타난 어휘 평가의 내용은 주로 다음과 같다. 문항 형식은 선다형이 주를 이루었으며, 일부 단답형도 있다. 문항 유형별 평가의 형식과 평가의 의도는 다음과 같다. 평가 어휘 유형은 단일 어휘 항목이 주를 이루었지만 연어, 관용표현, 속담, 사자성어, 속어 등 결합 형식도 있었다.

- **평가 형식**
  ① 그림보고 알맞은 표현 찾기 ② 대화 완성하기 ③ 문장 완성하기 ④ 유의어 찾기 ⑤ 반의어 찾기 ⑥ 의미가 다르게 쓰인 것 찾기 ⑦ 어휘의 쓰임이 바른 것 찾기 ⑧ 어휘의 쓰임이 바르지 않은 것 찾기 ⑨ 글에 알맞은 표현 찾기 ⑩ (지문) 문장 완성하기 ⑪ (지문) 글 안에서 유의어 찾기

- **평가 의도**
  ① 기본 어휘 파악하기 ② 유의어 파악하기 ③ 반의어 파악하기 ④ 다의어 파악하기 ⑤ 동음이의어 파악하기 ⑥ 관용 표현 파악하기 ⑦ 연어 파악하기 ⑧ 속어 파악하기 ⑨ 속담 파악하기 ⑩ 사자성어 파악하기 ⑪ 맥락에 맞는 어휘 파악하기 ⑫ 어휘의 맥락적 의미+유의어 파악하기

- **제시문의 유형**
  ① 한 문장 ② 두 문장 ③ 대화 ④ 확장 대화 ⑤ 생활문 ⑥ 안내문 ⑦ 연설문 ⑥ 논설문 ⑦ 설명문 ⑧ 기사문 ⑨ 사설 ⑩ 문학작품

그간의 평가에서 다루어졌던 예시를 살펴보면 다음과 같다.

(1) 단어나 문장의 내용에 맞는 그림 찾기: 초급 단계에서 철자의 식별력과 기초 어휘력을 측정하기 위한 것으로 주어진 단어나 문장을 읽고 해당되는 그림을 찾는 유형이다. 오해를 피하기 위해 지시하는 그림의 내용이 분명해야 한다.

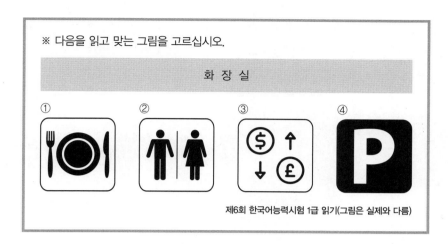

※ 다음을 읽고 맞는 그림을 고르십시오.

화 장 실

① ② ③ ④

제6회 한국어능력시험 1급 읽기(그림은 실제와 다름)

(2) **그림 보고 알맞은 단어, 표현 찾기:** 초급 단계에서 기초 어휘력을 측정하기 위한 유형이다. 주어진 그림을 보고 해당되는 단어나 표현을 찾는 유형이다. 그림을 제시할 때 오해를 피하기 위해 지시하는 그림의 내용이 분명해야 한다. 고립적인 어휘의 의미만을 파악하는 유형이 되지 않도록 하기 위하여 간단한 문장 또는 대화와 함께 제시되기도 한다.

※ 〈보기〉와 같이 그림을 보고 물음에 알맞은 것을 고르십시오.

〈보기〉 가: 이 사람은 지금 뭐해요?
        나: 책을 (   ).

① 만나요.
② 입어요.
③ 찾아요.
④ 읽어요.

제8회 한국어능력시험 1급 어휘 · 문법(그림은 실제와 다름)

(3) 그림 보고 대화 완성하기: 초급 단계에서 그림을 보고 사물의 이름이나 동작을 나타내는 기본 동사, 부사 등의 어휘를 찾는 유형이다.

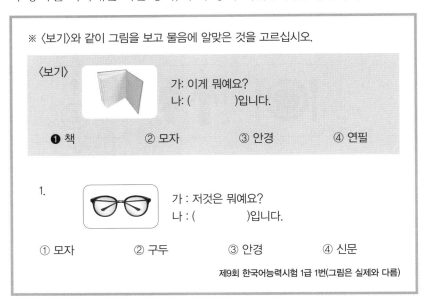

※ 〈보기〉와 같이 그림을 보고 물음에 알맞은 것을 고르십시오.

〈보기〉

가: 이게 뭐예요?
나: (   )입니다.

❶ 책   ② 모자   ③ 안경   ④ 연필

1.

가 : 저것은 뭐예요?
나 : (   )입니다.

① 모자   ② 구두   ③ 안경   ④ 신문

제9회 한국어능력시험 1급 1번(그림은 실제와 다름)

(4) 틀린 문장 고르기: 주어진 문장 내에서 어휘의 사용이 올바르지 않은 것을 찾아내는 문제이다.

※ 다음 밑줄 친 부분이 틀린 것을 고르십시오.

① 무더운 여름에는 입맛을 잃기 쉬워 <u>하필</u> 건강을 해칠 수도 있다.

② 한 고등학교 학생이 지난 3년 동안 자격증을 <u>무려</u> 여덟 개나 취득하였다.

③ 선수들의 얼굴에서 이번에는 <u>기어이</u> 우승을 하겠다는 의지를 읽을 수 있었다.

④ 인터넷이 정보의 바다라고 하지만 그 속에서 <u>정작</u> 필요한 자료를 찾는다는 것은 무척 어려운 일이다.

제8회 한국어능력시험 6급 어휘 · 문법 6번

(5) 바른 문장 고르기: 주어진 문장 내에서 어휘의 사용이 올바른 것을 찾아내는 문제이다.

※ 다음 밑줄 친 부분이 바르게 사용된 문장을 고르십시오.

① 은진이는 첫인상이 좋더니 하는 일마다 <u>눈에 거슬린다.</u>
② 입구에 들어서면 제일 먼저 곧고 높은 탑이 <u>눈에 어린다.</u>
③ 두 사람은 <u>눈에 넣어도 안 아플</u> 정도로 항상 붙어 다닌다.
④ 그 때 너희들과 바닷가로 여행 갔던 일이 아직도 <u>눈에 선하다.</u>

제5회 한국어능력시험 4급 어휘·문법 22번

---

(6) 설명에 맞는 어휘 찾기: 어휘의 사전적인 의미를 제시하고 해당 어휘를 찾는 유형이다. 고립적인 어휘의 의미 파악을 요구하므로 의사소통적 맥락에서의 어휘 사용과 이해를 측정하는 것은 불가능하다.

※ 보기에서 낱말을 찾아 쓰십시오.

동료	유학생	음치	환영회	이삿짐	대학생	송별회

1. 회사에서 같이 일하는 친구: _____

2. 외국에서 공부하는 학생: _____

3. 어떤 사람이 처음 온 것을 축하해 주는 파티: _____

이화여대 「말이 트이는 한국어 Ⅱ」 워크북 제1과

---

(7) 짝 찾아 맞추기: 대응쌍을 이루는 단어들을 여러 개 제시하고 의미적으로 관계가 있는 것을 찾아 짝을 짓도록 하는 문제 유형이다. 유의어와 반의어, 상위어와 하위어, 원인과 결과, 내용물과 용기 등 하나의 짝을 이루는 어휘 쌍을 평가할 수 있다. 문장이나 문맥을 제시하지 않기 때문에 실제로 단어가 쓰이는 문맥에서의 의미 파악 능력은 측정할 수 없어 숙달도 평가 유형으로는 적합하지 않다.

※ 서로 관계 있는 것을 찾아서 연결하십시오.

1. 고양이	•	• ① 개굴개굴
2. 개구리	•	• ② 야옹
3. 닭	•	• ③ 엉엉
4. 아이가 우는 소리	•	• ④ 멍멍
5. 강아지	•	• ⑤ <u>꼬꼬댁 꼬꼬꼬</u>

이화여대 「말이 트이는 한국어 Ⅱ」 워크북 제1과

---

(8) 다의어 고르기: 제시된 세 개의 문장에 공통적으로 들어갈 다의어를 고르는 문제

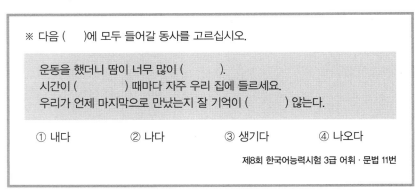

※ 다음 (   )에 모두 들어갈 동사를 고르십시오.

운동을 했더니 땀이 너무 많이 (   ).
시간이 (   ) 때마다 자주 우리 집에 들르세요.
우리가 언제 마지막으로 만났는지 잘 기억이 (   ) 않는다.

① 내다   ② 나다   ③ 생기다   ④ 나오다

제8회 한국어능력시험 3급 어휘 · 문법 11번

(9) 유의어 고르기: 주어진 문장 내에 제시된 어휘와 바꾸어 쓸 수 있는 것을 고르는 문제이다.

※ 다음 밑줄 친 부분의 의미가 비슷한 것을 고르십시오.

> 내일이 <u>어려우시면</u> 선생님께서 편하게 만나실 수 있는 시간을 다시 알려 주세요.

① 약하시면　　　② 곤란하시면　　　③ 불쌍하시면　　　④ 피곤하시면

제9회 한국어능력시험 3급 어휘 · 문법 6번

---

(10) 반의어 고르기: 주어진 문장 내에 제시된 어휘와 반대되는 어휘를 고르거나 밑줄 친 표현과 의미가 상반되는 표현을 찾는 문제이다.

※ 다음 밑줄 친 부분과 의미가 반대인 것을 고르십시오.

1. 자다가 새벽에 이상한 소리가 들려서 눈을 <u>떴어요.</u>

　① 졌어요　　　② 감았어요　　　③ 내렸어요　　　④ 닫았어요

제9회 한국어능력시험 3급 어휘 · 문법 12번

2. 가 : 시험이 다가오니까 마음이 초조하시지요?

　나 : 저도 그렇지만 어머니께서 더 <u>마음을 졸이고</u> 계실거예요.

　① 마음을 쓰고　　　　　　② 마음을 놓고
　③ 마음이 불편하고　　　　④ 마음이 멀어지고

제6회 한국어능력시험 4급 어휘 · 문법 9번

---

(11) 단어 간의 관계 추론하기: 여러 개의 단어를 제시하고 의미적으로 관계가 있는 것을 찾도록 하는 문제 유형이다. 상위어와 하위어, 원인과 결과를 나타내는 한 쌍의 어휘 관계를 평가할 수 있다. 문장이나 문맥을 제시하지 않기 때문에 실제로 단어가 쓰이는 문맥에서의 의미 파악 능력은 측정할 수 없다.

※ 다음과 관계있는 것을 고르십시오.

일회용품	쓰레기	공장 매연	유조선	침몰	농약

① 환경 오염   ② 소음 공해   ③ 경제 개발   ④ 환경 개발

경희대학교 「한국어」 중급 Ⅱ 제6과

---

(12) 문장이나 대화의 빈 칸에 적절한 어휘 고르기: 문장의 일부분을 빈 칸으로 제시하고 문맥에 맞는 단어나 표현을 고르는 문제이다. 숙달도 단계에 따라 알맞은 어휘를 평가할 수 있도록 문항을 구성할 수 있으며 문장, 대화뿐만 아니라 비교적 길이가 긴 다양한 유형의 서술문까지 지문을 폭넓게 사용할 수 있다. 가능한 한 실생활에서 사용되는 자연스러운 문장이나 단락을 제시해 수험자의 어휘력을 평가하는 것이 좋다.

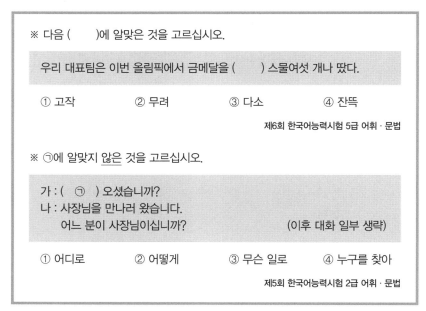

※ 다음 (   )에 알맞은 것을 고르십시오.

우리 대표팀은 이번 올림픽에서 금메달을 (   ) 스물여섯 개나 땄다.

① 고작   ② 무려   ③ 다소   ④ 잔뜩

제6회 한국어능력시험 5급 어휘 · 문법

※ ㉠에 알맞지 <u>않은</u> 것을 고르십시오.

가 : (㉠) 오셨습니까?
나 : 사장님을 만나러 왔습니다.
　　어느 분이 사장님이십니까?   (이후 대화 일부 생략)

① 어디로   ② 어떻게   ③ 무슨 일로   ④ 누구를 찾아

제5회 한국어능력시험 2급 어휘 · 문법

(13) 문장 내 단어의 의미 찾기: 어휘력을 측정하기 위한 전형적인 유형으로 대개 밑줄을 친 단어와 뜻이 가장 비슷한 단어나 구 또는 반대 의미의 단어나 구를 고르는 유형이다. 숙달도에 따라 다양한 어휘, 연어 표현, 관용 표현 등을 제시할 수 있다. 하지만 밑줄 친 단어만 보고 답을 찾을 수도 있다는 점에서 자칫 지엽적인 어휘력을 평가하게 될 위험이 있어 가능한 한 문맥을 활용할 수 있도록 유도해야 한다.

※ 다음 밑줄 친 부분과 의미가 비슷한 것을 고르십시오.

어렸을 때 나쁜 <u>버릇</u>을 안 고치면 어른이 된 후에도 고치기 어렵다

① 습관　　　　② 취미　　　　③ 특기　　　　④ 책임

제8회 한국어능력시험 3급 어휘 · 문법

---

(14) 공통적으로 들어갈 어휘 고르기: 두 개에서 세 개의 문장이 주어지고 각 문장의 빈 칸에 공통적으로 들어갈 어휘를 고르는 유형이다. 대개 중·고급 단계에서 다의어 또는 동음이의어의 의미나 용법 파악을 요구한다.

※ 다음 (　　　)에 공통적으로 들어갈 단어의 기본형을 쓰십시오.

책상 위에 사진이 몇 장 (　　) 있었다.
우리 회사는 지금 어려운 상황에 (　　) 있다.
동생에게 연락을 받고 나니까 이제 마음이 (　　).

(　　　　　　　　　　　　　　　　　　)

제7회 한국어능력시험 4급 어휘 · 문법

---

(15) **문장 내 어휘의 의미나 쓰임의 적절성 파악하기:** 문장 내에서 어휘가 의미적으로 적절하게 사용되고 있는가를 파악하도록 하는 유형이다. 주로 다의어 또는 동음이의어의 의미 변별, 문맥에 따른 관용 표현, 속담, 사자성어, 연어 결합의 적절성을 평가하는 데 활용된다. 중·고급 단계에 적절한 평가 유형으로 실생활과 관련한 다양한 맥락 속에서 제시하는 것이 좋다.

※ 다음 밑줄 친 부분 중 잘못 된 것을 고르십시오.

① 도둑이 제 발 저린다더니, 그 사람 마음은 도무지 모르겠어요.
② 무슨 일이든 열심히만 한다면 산 입에 거미줄이야 치겠습니까?
③ 큰돈을 쓰고도 이익을 못 보셨다니, 밑 빠진 독에 물 붓기로군요.
④ 이 옷은 길가에서 싼 값에 산 것인데, 역시 싼 것이 비지떡이네요.

제7회 한국어능력시험 6급 어휘·문법

---

(16) **대화나 문장을 읽고 의미에 맞는 단어, 표현 고르기:** 주어진 대화나 문장을 읽고 내용에 맞는 단어나 표현을 고르는 유형이다. 단일한 어휘 항목에서부터 관용 표현, 속담, 사자성어 등 모든 유형의 의미 파악을 물을 수 있다. 실생활에서 접하기 쉬운 맥락을 제공함으로써 중·고급 단계에 적절한 의사소통 능력을 평가할 수 있다.

※ 다음 (　)에 알맞은 말을 고르십시오. ☞ 속담 고르기

> 가: 그 회사에 취직하기가 아주 힘들다면서요?
> 나: 지원자들이 워낙 많아서 그 회사에 들어가기가 (　　　　　) 예요.

① 수박 겉 핥기　　　　　　　　② 쇠귀에 경 읽기
③ 하늘의 별 따기　　　　　　　④ 누워서 떡 먹기

제6회 한국어능력시험 4급 어휘 · 문법

※다음 (　)에 알맞은 것을 고르십시오. ☞ 형용사 고르기

> 이 제품은 반품 시 배송료나 취소 수수료 등의 부담이 있으므로 (　　) 구매를 부탁드립니다.

① 신속한　　　　② 신중한　　　　③ 귀중한　　　　④ 예민한

제9회 한국어능력시험 6급 1번

(17) 대화나 문장을 읽고 의미에 맞지 않는 단어, 표현 고르기

※ 다음 글을 읽고 물음에 답하십시오.

> 식물은 태양 에너지와 공기, 그리고 땅 속의 물과 양분을 이용하여 탄소 동화 작용을 한다. 이 과정에서 식물은 공기 중의 이산화탄소를 흡수하고 산소를 (　㉠　) 한다. 인간의 삶에 필수적인 산소를 만들어 낸다는 점에서 식물은 인간의 생존 환경을 조성하는데 일정한 역할을 한다. 인간은 자원의 획득과 개발을 위하여 숲을 (　㉡　) 파괴해 왔지만, 이러한 행위는 곧 인간 자신의 생존 기반을 파괴하는 어리석은 일이 아닐 수 없다.

㉡에 들어갈 말로 알맞지 않은 것을 고르십시오.

① 함부로　　　② 대수롭게　　　③ 마구잡이로　　　④ 닥치는 대로

제7회 한국어능력시험 5급 25번

(18) 글을 읽고 문맥에서 어휘, 어구의 의미 파악하기: 어휘나 어구의 의미를 문맥 내에서 유추, 파악하는 능력을 측정한다. 어휘의 이차적인 의미나 문맥 내에서의 쓰임을 확인할 수 있다. 학습자의 현 수준보다는 난이도가 조금 높은 어휘나 어구를 확인하는 것이 좋으며 문맥 내에 답의 근거가 되는 말이 있어야 한다. 읽은 내용을 바탕으로 답을 쓰기 때문에 읽기 평가에서도 많이 활용된다.

※ 밑줄 친 단어의 의미를 가장 잘 설명한 것을 고르십시오.

아이들의 심한 장난 때문에 방을 아무리 <u>치워도</u> 깨끗한 날이 없어요.

① 더럽혀도   ② 수선해도   ③ 정리해도   ④ 세탁해도

제4회 한국어능력시험 3급 어휘 · 문법

---

(19) 글을 읽고 본문에서 바꾸어 쓸 수 있는 어휘 찾기: 문맥 안에 있는 유사 표현을 고르는 유형이다. 전체적인 문맥을 파악하는 능력과 함께 어휘나 어구의 의미 이해를 요구한다. 다양한 유형의 제시문 안에서 어휘, 연어 표현, 관용 표현 등의 의미 파악 능력을 평가할 수 있어 중·고급 단계에서 많이 활용된다.

※ ㉡과 바꾸어 쓸 수 있는 말을 본문에서 찾아 쓰십시오.

　　사람은 충족이 안 된 욕구가 있어야 움직이게 마련이다. 배가 고파야 어느 음식이든 반갑고 고맙다. 이미 배가 부른 사람에게는 산해진미를 (㉠) 좋아할 리가 없다. 성장 과정에서 부족함을 경험해야 성취 동기가 강하게 형성되고 성인이 되었을 때 왕성하게 활동하는 것이다. 어릴 때 해 달라는 대로 다 해 준다면 무력한 사람이 되기 쉽고, 그런 사람에게는 어떤 일을 이루고자 하는 욕구가 형성될 수 없다.

(　　　　　　　　　　　　　　　)

제8회 한국어능력시험 5급 어휘 · 문법

제 13 장

어휘 학습과 사전

① 언어교육용 사전

1.1 사전의 정보

사전은 정보의 출처일 뿐만 아니라 언어 학습의 보조 교재이기도 하다. 사전은 목표 어휘의 다양한 언어 정보(발음, 문법, 의미, 화용, 관련어 등)를 제공한다는 점에서 언어 교육에서는 필수적인 자료이다. 수업에서 모든 어휘가 다루어질 수 없으므로 학습자들은 필연적으로 사전의 도움을 받게 되며 사전을 통해 언어 발달을 이루게 된다. 또한 사전은 교육 현장에서 교육의 절차에서 학습의 도구로 활용되기도 한다는 점에서 교재로서의 효용도 가진다. 아울러 사전의 표제어인 어휘는 언어 교육의 측면에서 볼 때, 교재, 평가, 교수요목 등의 교육과정의 모든 영역에 연계되는 기초 언어 항목이 된다.

사전은 목표 어휘의 다양한 언어 정보(발음, 문법, 의미, 화용, 관련어 등)를 제공한다는 점에서 언어교육에서는 필수적인 자료이다. 수업에서 모든 어휘가 다루어질 수 없으므로 학습자들은 필연적으로 사전의 도움을 받게 되며 사전을 통해 언어 발달을 이루게 된다. 또한 사전은 교육 현장에서 학습의 도구로 활용되기도 한다는 점에서 교재로서의 효용도 가진다. 아울러 사전의 표제어인 어휘는 교재, 평가, 교수요목 등의 교육과정의 모든 영역에 연계되는 기초 언어 항목이 된다. 이런 측면을 고려한다면 사전과 언어교육과의 연관성을 살펴보는 것은 학술적으로도 중요한 의미를 가진다. 보통 외국인을 대상으로 하는 언어교육용 사전들은 매우 낮은 빈도의 단어들은 포함하지 않는다. 또한 통제된 정의용 어휘를 사용하고 아래와 같이 발음, 예문, 문법에 대한 안내, 빈도 수준, 반의어와 동의어 등 단어의 사용에 관한 다양하고 풍부한 정보를 제공한다.

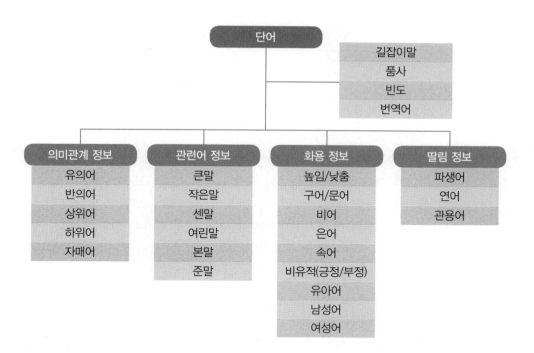

단어		
	길잡이말	
	품사	
	빈도	
	번역어	

의미관계 정보	관련어 정보	화용 정보	딸림 정보
유의어	큰말	높임/낮춤	파생어
반의어	작은말	구어/문어	연어
상위어	센말	비어	관용어
하위어	여린말	은어	
자매어	본말	속어	
	준말	비유적(긍정/부정)	
		유아어	
		남성어	
		여성어	

  학습자는 사전을 통해 어휘의 발음 정보, 의미 정보, 문법 정보, 예문 정보, 어휘의 계열적 통합적 관계 정보 등을 학습하게 되므로, 이미 대부분의 단어의 발음이나 용법의 정보를 알고 있는 모어 화자의 사전 사용에의 요구와는 다른 구체적인 정보를 요구한다. 따라서 외국인을 대상으로 하는 한국어 학습 사전은 언어 자료의 실제성을 제공해야 하며, 문어와 더불어 구어 정보의 제공이 필수적이라 하겠다. 또한 국외에서도 사용이 편리한 사전에의 접근성(온라인, 전자사전), 메타언어의 용이성(이중어 사전), 의미 이해와 흥미의 제고에 도움을 주는 장치들(의미 파악에 도움을 주는 예문, 멀티미디어 정보, 문화적 정보 등)이 부가적으로 필요하다.

1.2 학습자용 사전의 종류

  언어의 내용 관점에서 학습자 사전을 구분하면 단일어 사전, 이중어 사전, 이중어화(반이중어) 사전이 있다.

```
이중어 사전                    단일어 사전
   ○            ○            ○
          반-이중어 사전
```

이중어 사전은 전형적인 목표언어(L2)→학습자 모국어(L1)와의 대역사전으로 L2 단어의 의미가 L1 대응어를 사용하여 제시된다.[54] 이중어 사전은 규모와 질에 있어서 매우 간단한 사전부터 방대한 표제어를 가진 사전까지 다양한 차이를 보인다. 이중어 사전의 가장 큰 장점은 학습자들이 언어를 배우기 시작할 때부터 바로 사용할 수 있다는 점에 있다. 초기 학습자들이 가장 많이 사용하는 사전은 이중어 사전이라고 알려져 있다. 교사들, 번역가들, 학습자들이 종종 이중어 사전이 가질 수 있는 부정적 전이 현상을 비판하지만 실제 활용도 면에서는 이중어 사전의 사용이 많은 편이다.

이중어화 사전 혹은 반-이중어 사전은 단일어 사전의 풍부한 자료의 장점과 이중어 사전의 접근성을 결합하려는 시도로 만들어진 사전이다. 이중어화 사전은 보통 단일어 사전의 틀에 L1 번역이 덧붙여진 형태이다.

단일어 사전은 목표 언어로만 이루어진 사전으로 초급 학습자가 사용하기에는 어려움이 있다. 효과적으로 사용하기 위해서는 적어도 2,000 단어(정의용 어휘의 대략적인 크기)의 지식을 요구한다.

다음으로, 사전은 언어 형식 관점에서 구분할 수도 있다. 사전은 종이책(인쇄)인 경우도 있지만, 휴대용 전자 사전과 같은 전자식이거나 웹 기반 온라인 사전일 수도 있다. 대부분의 주요 단일어 사전은 온라인에서 무료로 사용 가능하기 때문에(컴퓨터뿐 아니라 휴대 전화와 다른 전자 기기를 통해) 직접 사전을 소유하기보다는 온라인을 검색하고 접근하는 방식으로 많이 사용된다. 또한 초급 학습자들의 의미 이해를 돕기 위해 사진이나 그림, 소리 등의 정보가 부가되는 사전도 있다.

---

54) 몇몇 사전들은 또한 L1→L2 부분을 포함하기도 한다.

❷ 언어 학습에서의 사전

2.1 사전 사용의 효용성

언어 학습에서의 사전 사용은 학습자의 이해를 돕고 산출을 지원한다. 학습자들은 듣기, 읽기, 번역하기 중에 발견한 모르는 단어를 찾아보거나, 부분적으로 아는 단어의 의미를 확인하거나, 문맥으로부터 추측한 단어의 의미가 맞는지를 확인하는 이해 영역에 활용된다. 또한 말하기, 쓰기, 번역하기에서 필요한 모르는 단어를 찾아보거나, 산출에서 필요한 부분적으로 아는 단어의 철자, 발음, 의미, 문법, 사용에서의 제한점, 연어, 굴절, 파생형을 찾아보는 등 산출 영역에도 활용된다. 또한 이미 알고는 있지만 단어의 정확한 철자를 확인하거나 머릿속에 떠오른 단어가 실제로 존재하는지 여부를 확인하거나 오류를 교정하기 위해 사용할 수도 있다.

교사들은 사전에 나오는 단어 중 학습할 모르는 단어를 선택하여 학습의 대상으로 삼거나, 학습자들이 부분적으로 알고 있는 단어를 관련어로 확장하거나, 단어의 어원 등을 포함한 지식을 늘리는 데에 활용할 수도 있다.

학습자들이 사전을 사용하는 목적이나 방법에 대한 연구는 많지 않다. 사전 사용에 대한 조사는 주로 설문 조사를 바탕으로 해 왔는데, 대부분 읽기에서 부딪히는 어려움을 해결하기 위해서 사전을 많이 사용하며, 학습자들은 목표어 단일어 사전보다는 모국어가 병기된 이중 언어 사전을 더 많이 사용하며, 가능한 이해하기 쉬운 단어로 설명이 되어 있는 사전을 선호한다고 알려져 있다.[55]

학습자의 사전 사용에 대해서 늘 긍정적인 의견만 있는 것은 아니다. 학습자들은 불필요하게 단어를 자주 찾기 때문에 읽기 중 사전의 사용은 읽기 과제에서 더 많은 시간을 소요하는 결과를 낳는다는 지적도 있다. 또한 이해 영역에서의 사전 사용의 효과가 입증되지 못했으며, 심지어 어휘 추

---

55) 학습자 선호를 조사하는 설문 항목은 ① 학습자들이 선호하는 사전의 종류: 이중언어 혹은 단일 언어 (Tomaszczyk, 1979) vs 전자 혹은 인쇄(Li, 1988) ② 학습자들이 선호하는 정의의 종류: 통제된 어휘 혹은 통제되지 않은 어휘 (MacFarquhar과 Richards, 1983), L1 혹은 L2(Laufer와 Kimmel, 1997) ③ 구 vs 문장 정의 형식(Cumming과 Cropp과 Sussex, 1994) ④ 학습자들이 사전에서 보길 원하는 정보의 종류 등에 대한 연구가 이루어졌다.

측을 방해하여 어휘 습득의 효과를 방해한다는 지적도 있다.

하지만 학습자의 사전 찾기는 어휘 학습에 있어서 긍정적인 효과를 가지며, 찾은 단어가 읽기 과제와 특별히 관련이 있는 경우에 학습자가 단어의 뜻을 찾기 전에 이를 추측하기 위해 노력한다면 어휘 학습에 매우 효과적이라고 알려져 있다. 학습자들이 사전을 사용하는 주요 목적은 단어의 뜻을 찾는 것이며, 그 다음으로 철자 점검, 문법 점검[56] 등의 순으로 사용된다.

2.2 언어교육용 학습자 사전

한국어교육용 사전으로는 『외국인을 위한 한국어학습사전』, 『한국어 기초사전』 등의 국가 주도로 이루어진 사전이 있다.[57] 민간에 의한 한국어 학습사전은 2000년 이후 발간이 활발했다. 목록만을 제시한 목록집의 형태이거나, 초급 학습자에만 초점을 맞춘 제한된 어휘를 대상으로 하거나 특정 품사(동사, 형용사)나 어휘군(실무 어휘, 생활 어휘)에 초점을 맞춘 소규모 사전이 많은데, 이는 학습자의 대부분이 초급과 중급이 다수를 차지하고 있는 현실과 무관하지 않다. 아래는 대표적인 한국어교육용 사전들이다. 몇몇 사전들을 제외하고는 대역어가 제공되지 않는 목표어로만 이루어진 단일어 사전이어서 초급 학습자의 접근성이 높지 않다.

『의미로 분류한 현대 한국어 학습 사전』: 한국문화사(2000), 『(한국어 학습용) 어미·조사사전』: 커뮤니케이션북스(2001), 『외국인을 위한 한국어 기본 어휘 가나다라』: 연세대학교출판부(2005), 『Handbook of Korean Vocabulary』: 한국문화사(2005), 『(외국인을 위한) 한국어문법 2 』(2005) 커뮤니케이션북스, 『Korean fundamental Vocabulary』: 가람(2005), 『한국어 필수 단어 6000』: 랭기지플러스(2006), 『외국인을 위한 한국어 학습 사전』: 신원프라임(2006), 『Korean Picture Dictionary: 다락원

---

56) 쓰기 중 사전 사용은 철자 점검이 단어의 의미 확인 목적보다 앞선다고 알려져 있다.

57) 잘 알려진 영어교육용 단일어 사전에는 Longman Dictionary of Contemporary English, Collins COBUILD Advanced Learner's English Dictionary, Oxford Advanced Learner's Dictionary, Macmillan English Dictionary for Advanced Learners, Cambridge Advanced Learner's Dictionary 등이 있다.

(2006), 『(외국어로서의) 한국어 문법사전』(2006) 하우, 『(한국어교육을 위한) 한국어 연어사전』: 커뮤니케이션북스(2007), 『외국인을 위한 한국어 생활 어휘』: 두산동아(2008), 『한 면에 쏙 들어오는 동사 풀이 (한국어 동사 500 활용 사전)』: 소통(2008), 2000 『Essential Korean Words for Beginners』: 다락원(2008), 『외국인을 위한 실무 한국어 어휘』: 박문각(2008), 『한 면에 쏙 들어오는 형용사 풀이 (한국어 형용사 500 활용사전)』: 소통(2009), 『Step by Step Korean 1 through 15 Action Verbs』: 한국문화사(2008), 『Step by Step Korean 2 through 15 Descriptive Verbs』: 한국문화사(2008), 『한국어기초사전(온라인사전)』: 국립국어원(2012), 『한국어교육 문법』: 한글파크(2016)

『(의미로 분류한) 현대 한국어 학습사전(2000)』는 15,000단어를 43개의 의미 부류로 구분한 어휘집으로 표현 기능을 가지고 있으나, 한-한 사전으로 만들어져 있어 학습자가 직접 사용하기에는 쉽지 않다. 『Korean Picture Dictionary(2006)』은 대역어와 그림, 주제별 분류를 했다는 점에서 가나다 순의 사전과는 구별된다. 약 3,800여개의 단어(부록 포함)에 대한 그림 정보와 영어, 중국어, 일본어, 인도네시아어, 베트남어, 몽골어, 러시아어, 프랑스어, 독일어 등 9개 언어로 번역되었다. 대역어를 제공하고 있고 워크북을 제공하고 있어 사전과 학습을 겸하며, 주제별로 단어를 구분하고 연어 정보를 제공하여 표현 사전의 기능을 수행하고 있긴 하지만 어휘집의 형태이다.

『외국인을 위한 한국어 학습 사전(2006)』은 5,500개(부표제어 포함 8,000)의 표제어를 포함하고 있다. 단순한 의미 제공을 넘어 언어교육을 위한 다양한 정보를 제공(발음, 의미, 형태정보, 문법, 화용 차이, 관련어 정보 등)하고 있다. 다만, 표제어 선정을 위한 말뭉치의 문어 비중이 높고 한국어 단일어 사전이라는 점 때문에 학습자의 활용성과 접근성에 부족한 측면이 있다.

『한국어기초사전』은 5만이라는 표제어 규모와 다양한 언어 정보와 멀티미디어 정보, 웹 사전 형태, 10개 언어의 대역을 제공하고 있어 학습자 친화적 사전이다. 표제어 선정은 한국어교육의 선행 연구 목록과 〈연세한국어사전의 표제어〉 등을 참고하고, 한국어 교재 및 일반 한국어 말뭉치를 기반으로 삼았다. 표제어와 뜻풀이의 번역 제공, 다양한 층위의 예문(단어 단위, 구 단위, 문장 단위, 대화 단위) 제공, 이해를 돕기 위한 사진이나 동영상과 같은 멀티미디어 보조 자료를 제공한 점 등은 선행 사전들과 차별

화된다. 한국어 기초 사전에서 제공하는 다중 매체의 정보는 아래와 같다.

[표 8] 다중 매체 정보 유형별 현황

유형		구축 표제어 수
발음	음성	53,533
다중 매체 정보	사진	3,574
	동영상	157

이밖에도 특수 사전으로 『(외국어로서의) 한국어 문법사전』, 『(한국어 학습용) 어미·조사사전』, 『(한국어교육을 위한) 한국어 연어사전』, 『(외국인을 위한) 한국어문법 2』, 『한국어교육 문법』 등이 출간되었다.

모두 단일어 사전이며, 한국어교육을 위한 문법과 어휘를 다루고 있으며, 형태 중심으로 항목별로 기술했다는 점에서 사전에 속하지만, 항목별로 많은 문법 설명을 더하고 있어 사전과 문법서의 중간 형태에 가깝다. 이 중 어휘를 다루고 있는 『(한국어교육을 위한) 한국어 연어사전』은 약 1,500개의 표제어에 대해 말뭉치 분석을 기반으로 하여 약 40,000개의 연어 정보를 제시하고 있다.

학습자 사전의 특징은 일반 어학 사전과 구별되는 점이 두드러지는데, 일단 표제어 선정에 실제 사용 어휘를 기반으로 하여 빈도 중심으로 선정하고자 하는 점, 학습자 편의를 위해 다양한 언어 정보를 제공하고자 한점, 언어 사용의 관용성을 보여주는 구 단위 표제어 및 고정 표현의 표제어 선정에 적극적인 점, 언어 외의 정보를 의미 파악을 돕고자 그림이나 사진 정보를 적극적으로 제공하는 점 등이 특징으로 나타났다. 국외 사전과 비교해 보면 영어 사전류는 뜻풀이 메타언어의 통제 및 기초 문법 정보 제공에 더 초점을 둔 반면, 한국어 사전은 대역어나 특정 품사나 어휘군 사전에 더 중점을 두어 왔음을 확인할 수 있다.

2.3 언어교육용 학습자 사전의 특성

한국어 학습자의 학습에 도움이 되는 사전의 요소는 무엇인가를 정하는 것은 학습자의 실제적인 요구에서 출발해야 할 것이다. 한국어 학습자들의 사전에 대한 요구는 모국어 학습자에 비해 훨씬 다양하며, 요구하는 영역에서도 차이를 보인다.[58]

학습자의 사전 사용의 요구를 파악하는 일은 사전의 거시구조와 미시구조를 구성하는 시작점이 된다. 즉, 그들은 무엇을 필요로 하는가에서 출발해야 한다는 것이다. 학습자 사전은 사용자가 모어 화자가 아니라는 점에서 단어의 형태, 의미, 사용에 대한 정보를 학습자들이 접근 가능한 방식으로 제공해야 한다. 예를 들면 뜻풀이에서의 이해 가능한 통제된 단어 사용, 문맥을 통한 정의, 자주 사용되는 단어들의 빈도 표시, 실제 사용되는 유용한 예문, 해당 단어가 나타나는 문법적 패턴에 대한 안내, 같은 어휘군에 속하는 단어 제시 등과 같은 정보가 필요하다. 학습자 사전은 학습을 위해서 필요한 도구 중의 하나이므로 실제로 언어 학습에 도움을 주어야 한다.

첫째, 단어 간의 관계를 보여주어야 한다. 학습자가 고빈도 어휘를 알고 있다면, 이들을 근간으로 하여 다른 단어를 보다 쉽게 학습할 수 있다. 많은 단어들은 한 언어의 기본이 되는 핵심 어휘와 밀접하게 연계되어 있다. 단어들의 관계는 형태 및 의미의 연관성으로 인하여 고빈도 어휘의 지식이 저빈도 어휘의 학습을 용이하게 할 정도로 충분히 가깝기 때문이다. 따라서 사전은 학습을 돕기 위하여 형태 및 의미가 충분히 가까운 경우에 그 연관성을 보여줄 필요가 있다. 이러한 정보 제공은 학습을 돕기 위한 기억 증진 장치를 제공하기 위함이다.

조어 단위가 되는 요소가 더 많은 단어에 나타나고 그 단어들이 더 고빈도일수록 해당 단위의 학습은 더 유용해진다. 예를 들어 '-하다'는 많은 단어를 만들어내며, '공부하다, 사랑하다'와 같이 하다로 만들어진 개별 단어의 빈도도 아주 높다. 학습자 사전에 단어의 빈도 수준, 단어 간 형태적 유사성 정도(구어와 문어), 관련 단어 간의 의미 공유의 정도, 고빈도와 저빈도 단어와 관련한 명확한 설명 등이 포함되어야만 단어의 중요도 파악

이나 유사 단어 간의 구분이 가능하다.

둘째, 단어의 핵심 의미를 표시하는 것이 중요하다. 사전에서는 보통 한 단어의 다양한 의미(sense)를 다의 항목으로 제시한다. 예를 들어, '밥을 먹다', '물을 먹다', '가스를 먹다', '욕을 먹다', '뇌물을 먹다'와 같이 의미가 나열되는데, 사실 이것은 '음식물을 먹다'라는 핵심 의미에서 나온 입장이라고 보고, 단어의 다양한 쓰임의 근본이 되는 핵심 의미에 주의를 기울일 필요가 있다는 것이다. 핵심 의미에 초점을 맞추는 것은 학습자들이 배워야 하는 단어의 숫자를 감소시킬 수 있으며, 목표 언어 사용자들이 한 단어의 용법을 통해 서로 다르게 세상을 바라본다는 것을 알아차리게 된다. 양 언어에서 비슷한 단어들은 다른 경계선을 가질 뿐만 아니라 다른 종류의 기준을 사용하여 구분됨을 확인할 수 있게 된다. 어떤 언어에서는 의미는 모양이나 형태와의 관련을 가질 수도 있고, 어떤 언어에서는 기능과 더 관련을 가질 수도 있기 때문이다. 단어의 다양한 의미가 서로 매우 밀접하게 관련이 있는 것으로 보게 된다면 이중 어떤 의미를 만나더라도 그 단어에 대해 잠재적인 강화적 반복이 될 수 있다. 따라서 사전은 가능하다면 단어의 핵심 의미를 묘사하고 표시할 필요가 있다. 따라서 고빈도 단어의 핵심 의미를 기술하고 이러한 핵심 의미들을 학습자 사전에서 가장 잘 보여주고 통합하는 것은 사전 작업에서 아주 중요한 일이 된다.

셋째, 사전도 교재의 일종이므로, 학습자들에게 가장 적절한 사전을 선택하는 것도 중요한 일이다. 사전을 선정하기 위해서는 사전에 나타난 정보의 종류와 질을 검토하고, 학습자들이 필요로 하는 요소를 파악하고, 텍스트 이해, 언어 산출, 언어 학습, 사전 표제항 이해에 있어서 효과가 어떠한지를 살피는 것이 중요하다.[59]

---

59) 이해(듣기, 읽기)를 위한 언어교육에서의 어휘 단위는 단어보다는 단어족의 개념이 유용하므로, 단어족을 이루는 어휘군이 예문이든 관련어 정보를 통해 제시되는 것이 바람직하다. 반면 산출(말하기, 쓰기)의 측면에서는 개별 파생어의 정보를 모두 알아야 하므로 명시적인 표제어 제시와 설명이 중요하게 된다.

- **사전의 쓰임을 결정하는 것:** 이해 혹은 언어 산출 혹은 언어 학습을 돕기 위한 사전으로서 검토할 것인가 여부
- **사전의 사용자를 결정하는 것:** 특정 언어권 혹은 다수 언어권 집단, 특정 수준 학습자, 언어 교사의 관점에서 검토할 것인가 여부
- **검토할 사전의 버전을 결정하는 것:** 인쇄, 웹기반, CD-ROM
- **검토의 방식을 결정하는 것:** 총괄적인지(어떤 사전이 가장 최상의 것인지를 결정하는지) 형성적인지(어떤 사전이 사전의 발전을 이끌고 있는지)를 결정

사용자의 필요에 맞는 것인지, 사용되는 환경에 맞는지, 사전학의 원칙들을 잘 적용하였는지 등을 평가의 기준으로 삼을 수도 있다. 많이 사용되는 기준은 (1) 외형(페이지의 크기와 레이아웃, 글자 크기, 색깔의 사용) (2) 거시 구조(표제항의 숫자, 주요 표제항과 하위 표제항) (3) 미시 구조(각 표제항의 정보의 종류) (4) 표제항 외의 추가적인 문제(소개, 특별한 섹션, 부록) 등이다. 평가에서 분석할 항목을 정할 때, 중요한 단어의 특성들을 대표할 수 있는 항목을 선택하여 검토하는 게 좋다.

③ 학습자 사전의 구조

3.1 거시구조

사전의 거시구조는 표제어들의 집합이다. 사전에 담길 표제어의 숫자와 유형, 범위, 제시 순서 등에 관한 것들을 담고 있다. 표제어의 수는 사전의 목표와 관련이 되는데, 이해용 사전이라면 표제어의 수가 많을수록 좋을 것이며, 산출용 사전이라면 산출을 도울 이미 조합된 구 단위의 표제어가 많아야 할 것이다.

첫째, 사용의 목적이나 사용자에게 적절한 사전의 표제어의 수를 정해야 한다. 자료 분석을 근거로 한다면 한국어 화자들이 일상생활에서 접하는 전체 단어의 약 90% 이상을 약 5만 개의 단어가 차지한다. 국내외에서 초급 학습자를 대상으로 하는 사전의 규모는 약 5천 개 내외가 다수이다. 하지만 한국어 교육기관에서 사용되는 교재와 한국어능력시험 출제 자료에

출현하는 단어의 수가 약 3만 단어 정도이고 일상 어휘의 90%를 5만 단어가 커버하고 있다는 점을 고려한다면, 중고급 학습자들에게는 5만 단어 규모의 사전이 필요하다. 아래는 기초 사전의 표제어 수이다.

[표 9] 단위별 현황

구분	표제어 수	비율	뜻풀이(의미) 수	비율	표제어 예
단어[1]	50,041	96.312	69,405	96.774	한글, 맛, 함께, 신나다, 만들다
구	920	1.771	940	1.311	고가 도로, 자연 현상, 목적격 조사
문법·표현[2]	996	1.917	1,374	1.916	-ㄴ 것 같다, -ㄹ까 싶다, -ㄹ 만큼
합계	51,957	100	71,719	100	

*〈참고〉 부표제어 현황

구분	개수	비율	뜻풀이(의미) 수	비율	표제어 예
속담	656	22.77	702	21.979	나무만 보고 숲을 보지 못한다
관용구	2,225	77.23	2,492	78.021	개미 새끼 하나 볼 수 없다
합계	2,881	100	3,194	100	

또한 파생어나 합성어와 같은 복합어의 경우 이들의 구성 요소만을 올릴 것인지, 복합 형태 모두를 등재할 것인지에 따라 표제어 수가 좌우될 수 있다. 모국어 사전의 등재소란 기본적으로 접사의 의미와 어근의 의미를 알면 해당 파생어의 의미를 안다고 보며 사전에 모든 파생어를 올리기는 현실적으로 어렵기 때문에, 모든 파생어를 등재하지는 않지만 학습자 사전에서는 보다 친절할 필요가 있다. 특히 '-하다, -되다, -시키다' 등의 파생어를 사전에 어디까지를 반영할 것이냐가 문제인데, 개별 파생어의 빈도 정보를 고려하여 적극적으로 제시할 필요가 있다.

이는 합성어의 경우에도 마찬가지이다. 합성어 역시 사전에 하나의 등재소로 등재됨이 원칙이나, 같은 이유로 모두 사전에 오르는 것은 아니다.[60] 따라서 사전의 표제어를 기반으로 한 합성어 선정은 실제 언어 사용에서의 목록과 괴리가 있을 수 있다. 합성어의 생산적인 어근이 되는 것들은 구 단위 예문 등의 정보로 함께 제시해 주는 것이 중요하다. 아래는 기초 사전에서 제시하고 있는 어휘의 등급별 숫자이다.

[표 10] 어휘 등급별 현황

등급	별표 개수	표제어 수	비율
초급	★★★	1,942	3.738
중급	★★	3,982	7.664
고급	★	5,106	9.827
등급 없음	없음	40,927	78.771
합계		51,957	100

1) 표제어 뒤에 별표(★)를 붙여 한국어 숙달도 단계별 어휘 등급들 표시함.

둘째, 표제어의 유형을 계획해야 한다. 사전의 등재소는 단어 외에도, 접사, 어미, 구, 관용어 등의 다양한 단위가 대상이 된다. 구 단위 표현의 적극적 수용은 관용성을 파악하지 못하는 학습자들에게 도움을 준다. '사회'를 포함하는 합성어나 구는 아래와 같이 다양한데, 단어 여부와 관계없이 학습자들이 이들을 한 단위로 인식하는 것은 중요하다.[61] 독립 표제어로 제시하든, 예문에 구 단위를 제시하든, 하위 표제어(부표제어)로 제시하든 다양한 방법으로 이러한 단위를 반영해야 한다. 이들은 학습자의 모국어에서는 한 단어일 가능성도 있으므로 구 단위 등재에 초점을 두어야 하며, 보다 명시적인 등재와 목록 관리가 학습에는 유용하다.[62]

---

60) '버스'의 경우, 표준국어대사전에 표제어로 등재되어 있는 것은 '고속버스, 완행버스, 공항버스, 마을버스, 관광버스, 노선버스, 마이크로버스, 미니버스, 셔틀버스, 스쿨버스, 시내버스, 시외버스, 직통버스, 직행버스' 등이다. 실제 일상생활에서 사용되는 '간선 버스, 리무진 버스, 심야 버스, 좌석 버스, 통근 버스, 순환 버스' 등은 사전에 표제어로 등재되어 있지 않다.

61) 표준국어대사전에 '사회'를 포함한 단어 혹은 구가 약 700여 개가 등재되어 있다.

62) 예를 들어, '학교생활', '가정생활' 등은 〈표준〉에 합성어로 등재되어 있으나, 조어 방식이 유사한 '회사 생활',

예

- 사회봉사, 사회사업, 사회생활, 사회단체 // 사회 경제, 사회 계층, 사회 과학, 사회 교육, 사회 규범, 사회 문제, 사회 보장, 사회 보장 제도, 사회 운동, 사회 정의, 사회 제도, 사회 복지 // 계급 사회, 선진 사회

아울러 문법 형태소의 이형태, 의존성 명사, 한자성 어근의 등재도 문제가 될 수 있다. 문법 형태소의 이형태에 낯선 초급 학습자들에게는 노출되는 형태를 모두 제공할 필요가 있다. 목적격 조사 중 축약형으로 나타나는 'ㄹ'도 따로 등재하여 인식시킬 필요가 있다. 일부 명사는 의존명사적 쓰임으로도 사용될 수 있으므로, 개별 형태로는 빈도가 낮더라도 학습자 사전에서는 이를 보다 적극적으로 반영할 수 있다.[63]

예

- 목적격 조사 이형태: 을, 를, ㄹ
- 바람: 술 바람, 잠옷 바람, (급히) 먹는 바람에

일음절 한자어는 접사는 아니지만 매우 활발한 조어 단위가 될 수 있다. 예를 들어 '서(書)'는 접사는 아니라 생산적 어근으로 활용되는 한자 어근이므로 이러한 정보도 학습자에게는 매우 중요한데, 사전의 정보만으로는 파악이 어렵다. 따라서 복합어는 고빈도 조어 단위가 되는 것들에 달린 관련 복합어들을 관련어의 형태든, 별도의 표제어든 어떤 방식으로든 충분하고 명시적으로 제시하는 게 필요하다.

'직장 생활' 등은 등재되어 있지 않다. 사전에서의 합성어 인정 여부와 관계없이 이러한 복합구를 하나의 단위로 인식하여 제시하는 것이 효율적일 수 있다.

63) 문법적 표현인 '–는 바람에, –ㄹ 리가 없다, –ㄹ 수밖에 없다, –는 수밖에 없다' 등의 구 단위 표현 역시 학습자들에게는 적극적으로 등재어로 제시되는 것이 학습에 도움을 준다.

● **서(書)**

도서, 안내서, 신청서, 신고서, 성명서, 교훈서, 사직서, 진정서, 서약서, 경위서, 탄원서, 견적서, 명세서, 고지서, 계약서, 계산서, 사직서, 증명서, 사유서, 확인서, 청구서, 답변서, 합의서, 동의서, 사직서, 수험서, 자퇴서, 인증서, 약정서, 자술서, 의견서, 진단서, 통지서, 진술서, 추천서, 보증서, 예언서, 지도서, 승낙서, 평가서, 학습서, 수험서, 참고서

   아울러 비표준 단어 등도 고려의 대상이 된다. 때로는 가표제어라고 해서, 용언의 활용형이나 비표준 표제어를 제시하고, 이를 용언의 기본형이나 표준적 표제어에서 설명하기도 한다.

   셋째, 언어 교육에 적합한 표제어의 범위를 선택해야 한다. 빈도 정보 외에도 언어 교육에 필수적인 기본 어휘와 구어, 상용 비표준어, 준말 등이 고려되어야 한다. 자주 다루어지는 화제별 어휘나, 다양한 장르에서 자주 사용되는 어휘, 표현 어휘와 이해 어휘의 고려도 함께 이루어져야 한다. 또한 고유명사나 외래어, 신어의 비중이 논의의 대상이 된다. 고유 명사나 외래어의 등재 범위를 결정하는 일은 쉽지 않다. 고유 명사의 선정 범위가 고려의 대상이 될 수 있다. 소위 한국의 문화를 알기 위해서는 일반 명사 외에 다양한 고유 명사에 대한 정보가 필요하다. 성취 문화를 파악하기 위한 역사적 인물(세종, 이순신 등), 국가 명(고구려, 백제, 신라, 조선 등), 시대적 사건(갑오경장, 해방, 6.25, 월드컵)을 나타내는 어휘들이 필요할 수 있다. 이들은 문화 어휘로 표현되기도 한다. 세세한 지명(남대문 시장, 동대문 시장, 코엑스 등)에 이르면 포함 여부의 근거가 모호해지지만, 실제 언어 생활에서는 활발히 접하게 되는 단어들이기 때문이다. 한국어 기초사전에서 제시하는 관련 어휘의 유형별 현황이다.

[표 11] 관련 어휘 유형별 현황

유형	표제어 수(비율)	뜻풀이(의미) 수(비율)
유의어	8,172(45.438)	9,643(41.95)
반대말	2,067(11.493)	2,587(11.254)
큰말	596(3.314)	1,067(4.642)
작은말	611(3.397)	1,105(4.807)
센말	258(1.435)	446(1.94)
여린말	287(1.596)	503(2.188)
참고어	5,269(29.297)	6,418(27.92)
높임말	46(0.256)	69(0.3)
낮춤말	12(0.067)	15(0.065)
본말	331(1.84)	570(2.48)
준말	336(1.868)	564(2.454)

전통적으로 사전은 외래어의 등재를 보수적으로 처리하므로 최신 외래어가 적음에 반해, 실제 언어에서의 외래어 비중은 매우 높아서 학습자들에게는 실생활과의 괴리가 있을 수 있다. 구어에서 외래어의 사용 빈도가 상대적으로 더 높을 수 있으므로, 실제 사용 언어와 사전과의 괴리가 가장 큰 영역이라고 볼 수 있다. 학습자 사전에는 실제 언어 사용 양상을 고려하여 보다 적극적으로 고유명사나 외래어가 포함되기도 하는데, 학습자들이 드라마나 인터넷 사이트에서 나온 단어를 찾아보고 싶을 때, 해당 단어를 제공하기 위함이다.

신어의 등재 여부도 정착 여부에 따라 목록을 한정하는 일이 쉽지 않다. 온라인 사전의 경우에는 표제어의 첨삭이 용이하므로, 현재의 말뭉치에 기반하여 신어의 폭넓은 수용이 필요하다.

넷째, 표제어의 제시 순서도 고려의 대상이 된다. 모든 표제어들을 단순히 가나다 순으로 배열할 수도 있고, 구 단위 표제어나 관용 표현을 해당 키워드 아래에 부표제어로 제시하는 방법도 있다. 이 때 해당 키워드 중에서도 가나다 순으로만 제시하는 경우도 있고, 키워드 모두에 부표제어를 표시하는 방법도 있다. 예를 들어 '일기 예보'라는 부표제어를 기술할 때 '일기'에만 부표제어를 기술할 수도 있고, '일기'와 '예보' 모두에 넣어주는 방법도 있다. 하지만 이러한 배열은 검색을 활용할 수 있는 전자사전에서는 큰 의미를 가지지 않는다. 동형어의 선정과 표시 문제도 논의의 대상이 된다. 외국인 학습자에게 사전의 접근성은 매우 중요하다. 한자어가 많은 한국어에서는 필연적으로 동형어가 발생되는데, 어깨번호를 통한 표제어의 변별은 친절하지 않은 방식이다. 일률적인 어깨번호의 배열보다는 괄호와 같은 길잡이말의 제시가 필요하다. 즉각적인 의미 인지가 가능하다는 점에서 유용하다.

> ● 배1(사람의 배), 배2(탈 것), 배3(과일), 배4(식물의 씨앗 부분), 배5(기쁨이 두 배), 배6(술이 한 배), −배7(불량배)

아울러 품사 통용어의 처리 방법 역시 고려해야 한다. 별도 처리 방식(동형어 처리), 한 표제어의 두 용법으로 처리(의미항목을 로마자로 구분하는 방법), 대표적인 품사만을 처리하는 방식으로 구분할 수 있다.

> ● 별도 처리: 어디「대명사」, 어디「감탄사」
>
> ● 함께 처리: 어디 [Ⅰ]「대명사」 [Ⅱ]「감탄사」
>
> ● 단독 처리: 어디「대명사」

3.2 미시 구조

미시 구조는 표제어 하나의 구체적인 내용을 어떻게 기술할 것이냐의 문제이다. 개별 표제어의 어휘 정보로 기초 정보(품사), 활용 정보, 의미 정보, 예문 정보(통사적 결합 정보), 관련어 정보(계열적 관계 정보), 문법 정보(격틀, 논항 정보), 화용 정보 등을 제시하는데, 이는 한국어 학습에 도움을 주는 필수적인 요소가 된다. 이밖에도 빈도 정보, 번역어, 발음 정보(듣기 기능), 연어 정보, 멀티미디어 정보 등의 제공은 언어 학습에 도움을 줄 수 있다.

학습자들이 사전을 찾는 가장 큰 이유 중의 하나는 의미를 파악하기 위한 것인데, 모르는 단어를 찾았을 때 한국어로만 설명이 되어 있다면 의미를 파악하기란 쉽지 않다. 따라서 이를 보충할 수 있는 장치들을 마련해야 하는데, 번역어를 제공하는 방법(다국어 대역사전)과 구체물인 경우 해당 단어의 이해를 돕는 그림, 사진, 동영상 등을 제공하는 것이 좋다. 번역을 제공할 경우에는 뜻풀이 전체를 번역하여 이해를 돕는 방법과 해당 단어에 대당하는 학습자 모국어 단어를 제시하는 두 가지 방법을 사용하여 이해를 돕는다. 단어의 의미를 이해하는 데에 도움을 주는 멀티미디어 자료 등은 한국어 교수 시에도 자료로 활용될 수 있어 학습 자료로서의 기능도 하고 있다고 하겠다.

학습자들이 독학을 하거나 음운 규칙에 익숙하지 못한 경우, 해당 발음을 직접 듣고자 할 것이다. 따라서 해당 단어는 물론, 용언의 활용형에 대한 발음 정보를 제공하여, 발음에 대한 이해뿐만 아니라 발음 연습도 이루어지게 도울 수 있다. 활용 정보 역시 중요한데, 학습자들은 용언의 기본형을 알아도 활용형에 대한 이해가 없으면 해당 용언으로 연계하기가 쉽지 않다. 특히 불규칙 용언의 경우, '걸어서 간다'와 같은 문장에서 '걸어서'가 '걷다'의 활용형인지를 알기 어려울 수 있다. 따라서 이러한 정보가 제공되어야 검색을 통해 듣거나 읽기 자료에서 나타나는 다양한 용언의 활용형의 의미를 파악할 수 있게 된다.

문법 정보는 해당 단어가 사용되는 문법적 환경에 대한 정보이다. 용언의 경우, 함께 공기하는 조사에 대한 정보를 포함한다. 때로는 해당 용언과 어울리는 주어나 목적어에 특정 의미를 가진 어휘군(사람 명사 혹은 사물을 나타내는 구체 명사 등과 같은 어휘군)이 올 때 이에 대한 정보나 자주 어울리는 부사 등에 대한 정보가 필요한데, 이러한 정보가 문법 정보로 제공되어야 한다. 이러한 정보는 작문을 할 때에 효과적으로 활용될 수 있다.

학습자들에게 가장 중요한 정보는 예문 정보이다. 예문은 구 단위 예문 외에도 문장 단위나 대화 단위 예문을 통해, 자주 어울리는 공기 정보를 제공하고 해당 숙달도에 적절한 예문을 통해 의미 파악에도 기여해야 하며, 실제 대화상에서 상호작용으로서의 언어 사용 양상을 보일 수 있어야 한다. 이러한 예문들은 수업 현장에서 적극 활용하여, 특정 단어나 문법을 가르치는 데에 예문 정보로 활용할 수 있을 것이다. 아래는 한국어 기초사전의 표제어 '학교'의 예시이다. 구 단위, 문장 단위, 대화 단위의 예시를 제공하고 있다.

학교 (學校☑) ★★★

Pronunciation [학교 🔊]
Part of Speech 「명사」 Noun

school
일정한 목적, 교과 과정, 제도 등에 의하여 교사가 학생을 가르치는 기관.
An institution where teachers teach students in accordance with a certain purpose, curriculum, or policy, etc.
- **학교**를 설립하다.
- **학교**를 세우다.
- **학교**를 졸업하다.
- **학교**에 가다.
- **학교**에 다니다.
- **학교**의 수업이 끝난 후 나는 친구들과 교실에 남아 공부를 했다.
- 유치원에 다니는 딸도 내년이면 여덟 살이 되어 **학교**에 가게 된다.
- 초등학생인 아들은 **학교**에서 돌아오면 그날 있었던 일을 이야기해 주곤 했다.
- 가: **학교**를 졸업하면 뭐 할 거야?
  나: 취직해서 돈 벌어야지.

　　관련어 정보나 활용형 정보 역시 어휘 확장이나 어휘 연습의 측면에서 매우 중요한 언어교육적 정보이다. 특히 유의, 반의, 상하위 등의 관련어 정보는 언어학적 정보 외에 사회에서 통용되는 의미 관계 정보를 폭넓게 제공함으로 해서 실제 사용에서 어휘 확장에 도움을 주어야 한다. 필요하다면 원어나 빈도 정보를 함께 제공할 수도 있을 것이다.

④ 학습자의 사전 사용과 어휘 교육

사전 사용은 수업 중의 과제의 특성, 사전의 특성, 학습자의 특성, 시험의 특성과 관련이 있다.

우선, 학습자들이 실제로 사전에 있는 단어를 보는가를 고려해야 한다. 학습자들이 과제를 할 때 항상 단어를 찾아보지는 않을 수 있다. 특히 인쇄된 사전의 사용은 점차 사라지고 있다. 인쇄된 사전에서의 단어의 검색이 과제의 수행을 느리게 만들고 과제에서의 전반적인 수행을 반드시 개선시키지는 않는다면 학습자들은 사전을 활용하지 않을 것이다.

둘째, 사전에서 찾는 단어가 과제와 관련이 있는가를 고려해야 한다. 사전 검색을 통해 찾는 단어가 과제의 수행과 연계되면 검색은 더욱 활발해질 수 있다. 반면에 사전 검색은 어휘 학습을 도울 수도 있지만 텍스트의 이해를 방해할 수도 있기 때문이다.

셋째, 텍스트에서의 모르는 단어의 밀집도는 사전 사용에 영향을 끼칠 가능성이 있다. 모르는 단어의 밀집도에 따라 사전 검색의 양과 성공에 영향을 받을 수 있다. 또한 숙달도에 따라 사전 검색의 효과가 다른지를 고민해 봐야 할 것이다. 숙달도에 따라 이중언어 사전을 사용할 것인지 단일어 사전을 사용할 것인지에 대한 고려가 필요하다. 만약 학습자가 표제어의 뜻풀이를 이해할 수 없다면 사전 사용은 문제가 생기게 된다. 따라서 단일어 사전을 사용하는 데 필요한 어휘 지식과 이해 기술의 한계 수준이 있는가를 고민해 볼 필요가 있다.

넷째, 사전 사용은 훈련의 문제인지를 고려해야 한다. 학습자들의 사전 사용의 기술이 반드시 숙달도와 밀접하게 관련된 것은 아니라고 알려져 있는데, 사전 사용 훈련이 숙달도의 효과를 최소화할 수 있을지도 고려의 대상이다.